Auf dem Pfad

Frédérique Lebelley

# AUF DEM PFAD

*Erfahrungen mit*
*H.H. Sri Sri Ravi Shankar*

Shankara Europe

Titel der Französischen Originalausgabe: *Célébrez la vie – Leçons de sagesse de Sri Sri Ravi Shankar*
Autorin: Frédérique Lebelley

Deutsche Übersetzung: Brigitta Gasser

ISBN 978-90-77840-77-1

Shankara Europe
Ketelstraat 54
3680 Neeroeteren
Belgien
Tel. +32 (0) 89 510 093
Fax +32 (0) 89 510 094
Email: info@shankaraeu.com
Website: www.shankaraeu.com

*Meinem Meister*
*und allen,*
*ohne Unterschied von Rasse,*
*Nationalität*
*oder Religion.*

*„Ohne dich, wo wäre ich?"*

# INHALT

*„Ich bin nichts.*
*Ich will nichts.*
*Ich bin hier, um euch zu dienen."*

*Gebet im Atem*
*ist Stille.*

*Weisheit ohne Worte*
*ist Stille.*

*Mitgefühl ohne Absicht*
*ist Stille.*

*Handlung ohne Handelnden*
*ist Stille.*

*Lächeln mit der ganzen Schöpfung*
*ist Stille!*

*Dein Leben ist eine Schrift. Es ist ein heiliges Buch.*
*Das Leben ist die Heilige Schrift.*
*Der Schlüssel ist die göttliche Liebe,*
*wenn sich unsere Kehle verengt.*
*Das Leben ist der Ausdruck des Unaussprechlichen.*

*Sri Sri Ravi Shankar*

## 1
# DAS GESICHT DER OFFENSICHTLICHKEIT

Draussen, der Schwarzwald. Das Attribut schwarz wird in der Region nur durch dunkle Tannen unterstrichen, die sich eng aneinanderreihen. Da sind Risse im Boden, die wie grüne Teppiche wirken und lange, natürliche und von der Sonne verschmähte Spuren. Man glaubt, das Ende einer Verfolgung von Flüchtlingen zu sehen, in der Stille der Angst, unter dem Hass einer tödlichen Salve.

Straßburg ist nur achtunddreißig Kilometer entfernt. Lange war das für mich zu weit, da ich mir nicht vorstellen konnte, deutsches Gebiet ohne einen Schwächeanfall zu betreten, und noch weniger, eines Tages fähig zu sein, mit allem abzuschließen.

Dieser Kriegsvergangenheit mit einer Wut zu drohen, die den Wunden nicht erlauben würde, sich zu schließen, wäre heute nicht mehr mit meinem Gewissen zu vereinbaren. Denn von diesem heftigen Schwur, der wie eine Pflicht erschien, bleibt in Wirklichkeit weder Wut noch Schmerz, nicht einmal mehr Abneigung zurück.

Nur noch die Energie, handeln zu wollen, mit den Werkzeugen, die das Schicksal mir leiht, um die Chancen zu erhöhen, niemals wieder „so etwas zu sehen“. Also, draußen der Schwarzwald, imposante aber entzückende Landschaft. Gleiche Kulisse wie einst, mit nahen Tannen, aber mit diesem zusätzlichen Etwas, das durch einen friedvollen Geist hervorgerufen wird. Das Fenster meines Zimmers öffnet sich zum Ende eines Grabens, unterhalb eines Gemüsegartens, der sich an einen Hang klammert. Einige Gemüsesorten mischen sich unter die Blumen. Die Parzelle unterscheidet sich von denen der Nachbarn durch ein gewisses Etwas, das von einer ausländischen Ausstrahlung zeugt.

Auf dieser Seite des großen Gebäudes ist es kalt, selbst im Sommer, aber ich bin gern hier. Ich sah es hier schon während eines ganzen Aufenthalts unaufhörlich regnen. Ich habe so harte Winter erlebt, dass das Wasser der Wasserfälle gefror. Die Schönheit all dieser Zustände gewinnt jedoch die Oberhand.

Im Gebäude sind die Spuren der schlimmen Tage ausgelöscht. Der riesige, styllose Kasten diente vielen Nomaden als Zufluchtsort. Flüchtlinge, sagt man. Die katastrophalen Lager ließen einen unerträglichen Geruch zurück, der selbst Jahre später, nach der Fertigstellung der Sanierungsarbeiten, noch in den Kleidern zu riechen war.

Jetzt ist das Leben in diesen Mauern sehr angenehm. Ich zähle meine Reisen nicht mehr – zwei oder drei jährlich, seit acht Jahren. Weder das Land – das ich von der Landkarte gestrichen hatte – noch die Sprache – die ich nicht hören wollte – noch das Volk – das ich, alle Generationen mit eingeschlossen, verabscheute – befinden sich außerhalb von mir.

Was sind das für Leute, dieser Mann, diese Frau, dieses Kind unter den fünfhundert Menschen um mich herum, die aus allen Kontinenten hergekommen sind, um ein oder zwei Wochen in dieser Ecke von Baden-Württemberg zu verbringen?

Wer ist Deutscher, wer nicht? Das spielt keine Rolle mehr. Von nun an wird ein Mensch nie mehr zuerst über seine Nationalität, seine Kultur, seine Religion, seinen sozialen Status, seine Ansichten, seine physischen Merkmale oder etwas anderes definiert werden... Dieser Geist, der urteilt, abtrennt, Mauern sieht, wo es nur kleine Unterschiede gibt, existiert nicht mehr. Er erkennt jetzt die poetische Vielfalt einer Welt, wo die Gegensätze sich ergänzen. Was lebendig ist, kann töten, was gefährlich aussieht, kann auch retten.

Die Leiden und der Kummer, die mich ausmachten, und seien sie noch so dickköpfig gewesen, haben sich in Lebensfreude verwandelt. Im Laufe der Jahre blieb dieser gesegnete Zustand erhalten, ohne sich hervorzutun, ganz einfach voller Vertrauen in seine Stabilität. Sich auf jeden Fall der Tatsache bewusst, dass – falls er kneifen sollte – er sich die Möglichkeit für einen Triumph offenhalten musste.

Späte Lehre, und wie! Letztendlich aber ohne Reue: Es hatte eben so sein müssen. Trotzdem... Was für eine Unwissenheit, Überheblichkeit, wie viel zugefügtes und ertragenes Leid, wie viele nicht anerkannte Wohltaten und unnötige Schwierigkeiten, wie viel angesammelter und um sich herum verbreiteter Stress, was für ein Mangel an Bewusstsein... Es gab schon so viel Liebe, viel Zärtlichkeit, kein bisschen Boshaftigkeit, aber das Wichtigste fehlte, damit es funktionieren konnte „im Sinne eines Wachstums“: Es fehlte an Weisheit.

Gibt es in Frankreich wohl ein einziges menschliches Wesen, von dem man sagen könnte: Es hat die höchsten Qualitäten, die nötig sind, um Weisheit zu verbreiten, weil es selbst eine Inkarnation des Wissens ist? Wenn ja, dann wurde das Geheimnis gut gehütet.

Auf jeden Fall musste ich nicht suchen. Das Leben hatte mir ein unverhofftes Geschenk bereitgehalten: Die Lehre von Seiner Heiligkeit Sri Sri Ravi Shankar Narayana.

Der Eindruck einer Kultur vom anderen Ende der Welt ist praktisch nie aufgekommen. Ich konnte mir gerade noch die Frage stellen: „Worum geht es im Inneren, jenseits der Form?“, und schon war das Gefühl des Unbekannten verschwunden. Das Wissen, das von Sri Sri Ravi Shankar gelehrt wird, inspiriert durch die Bhagavad-Gita, die Upanishaden und durch andere heilige, von den alten Rishis geerbte Texte, war mir schon vertraut. Nicht wegen ihrer ohnehin sehr diskreten kulturellen Resonanz, die in mir nichts wachrief, sondern weil sie mich in die Welt der Kindheit zurückversetzte, als ich noch nicht begonnen hatte zu lesen.

Das Wesentliche an der Lehre von Sri Sri Ravi Shankar war zwischen den Zeilen zu finden. Sie entfaltete sich jenseits des Intellekts, im Paradies der Stille, zu dem ich immer gefühlsmäßig Zugang gehabt hatte, auch wenn es mir in der Zwischenzeit abhanden gekommen war.

Auf Sanskrit nennt man eine Initiation *Diksha*. *Dis* bedeutet „Intellekt“ und *ksha* heißt „der Horizont des Endes“. *Diksha* bedeutet also: Zum Ende des Intellekts gehen – den Intellekt transzendieren.

Erziehung heißt *Shiksha*, der „Horizont der Disziplin“ – die vollkommene Disziplin. Der Lehrer bringt Shiksha, Erziehung. Ein spiritueller Lehrer – ein Guru – bringt *Diksha*. Er bringt dich vom Intellekt zum Königreich des Seins. Das ist eine Reise vom Kopf zum Herzen. Vollständige Disziplin ist *Shiksha*. Vollkommene Intelligenz ist *Diksha*.

Ich habe es immer geliebt, zu lernen. Mehr, als zu wissen. So sehr, dass ich den Zustand der Unwissenheit, der dem Lernen vorausgeht, sehr schätzte. Das, was ich mit Leidenschaft aufnahm, erschien mir immer ein wenig wie ein fünftes Rad am Wagen. Es war etwas Weiteres, das ich nun wusste, das in Wirklichkeit gar nicht aufgenommen werden konnte: Es blieb deshalb auch nicht hängen. Die meisten der angehäuften Informationen machten sich früher oder später aus dem Staub und ließen nur die dürftige Befriedigung zurück, eine Zeit lang vorhanden gewesen zu sein... Nichts von dem, was ich auf der intellektuellen Ebene gelernt hatte, half mir wirklich, besser mit meinem Leben klarzukommen, als wenn ich eine Analphabetin gewesen wäre. Es sind Worte, die verantwortlich sind für die große Mehrzahl der Probleme oder des Kummers, mit denen ich mich in meinem Leben auseinandersetzen musste. Ist das nicht meistens der Fall? Worte, die wie Waffen verwendet werden.

Tödliche verbale Leichtigkeit...

Überall Worte, die das Elend zudecken, Konzepte, die herunterdrücken wie eiserne Vorhänge: Blockaden eines Geistes, der glaubt, alles zu wissen, der in den Worten schmort, sie kocht, sie würzt, sie bis zum Gehtnichtmehr aufzwingt, um seine eigene Sicht, seine eigenen Ideen und Gefühle anzupreisen... Geschwätz ohne Ende, um Anerkennung in der Sprache des anderen zu finden.

Die Bildung hat mir keinen Frieden im Geist gebracht, ohne den es keine Tiefe geben kann, sie hat nicht dazu geführt, dass ich weniger von meinen Emotionen durchgeschüttelt wurde. Ich war auch weiterhin der Sklave meiner Ängste und Wünsche, nicht freier, nicht freundschaftlicher, nicht bewusster, was meine Verantwortung anging... Ich habe auch nie feststellen können, dass das Aneignen von Bildung jemals gereicht hätte, um Wunder in der Zivilisation zu bewirken, um Konflikte zu reduzieren, um die menschlichen Werte zu verstärken, um sich vermehrt für andere einzusetzen, um wirklich eine Kunst des Lebens zu entwickeln. Es blieb immer beim frommen Wunsch. Nicht einmal die vollkommenste Gelehrsamkeit hätte mich vom Unerträglichen befreien können: Von der Unruhe. Und sie hätte mir auch nicht erlaubt, das Wesentlichste zu verstehen: Wer bin ich, wenn man von den üblichen Identifikationen einmal absieht?

Im Grunde genommen hatte ich nur leiden gelernt. Die Prüfungen waren für mich die Wiege des Glücks. Sie haben ihre übliche Aufgabe erfüllt: Die Engstirnigkeit zu zerstören, Heiterkeit und Reife zu bringen. Sie haben die Illusion, der Schöpfer meines Lebens zu sein, gnadenlos ans Licht gebracht. Und sie haben mir Vertrauen in die Liebe ermöglicht. Jedes Erdbeben war ein Segen, sicher, aber wenn der Himmel mir nicht einen Rettungsdienst von Format geschickt hätte, der mich aus meiner Verwirrung herausholen konnte, hätte ich das Handtuch schon vor langer Zeit geworfen...

Leiden bedeutet, in immer denselben Mechanismen gefangen zu sein und sich nicht daraus befreien zu können. Dann entsteht Krankheit. So war es jedenfalls bei mir. Natürlich waren es die Lungen.

Erstickungsanfälle, eine beunruhigende Diagnose, die Wissenschaft, die nicht genug bekommen konnte. Aber das alles war nicht schlimm. Da war nur dieses wahnsinnige, dringende Bedürfnis, frei atmen zu können. Wer verhinderte es? Seit meiner Kindheit, die ich hinter den Mauern eines Waisenhauses verbracht hatte, glaubte ich sehr schlau darin zu sein, das Eingesperrtsein auf die listigste Art und Weise erkennen zu lassen. Die Makel der Gesellschaft, die Laster in den menschlichen Beziehungen, die Ungeheuerlichkeiten der Welt hatten schon seit langer Zeit meine Aufmerksamkeit auf sich gelenkt. Analysen und Kritik waren an der Tagesordnung, seit dreißig Jahren immer die gleichen, seit den 68er-Jahren... Etwas konnte sich dieser stolzen Sehschärfe entziehen: Ich war mein eigener Kerkermeister.

Was war mein Leben wert? Erfolg, Misserfolg... Das zählte nicht. Es sind andere Dinge, die eine gute Bewertung verdienen würden. Wie sieht es aus mit meiner Fähigkeit, ein Lächeln um mich herum zu verbreiten? Sind diejenigen glücklich, die ich zu lieben glaube? Wenn ich Zeit in Gesellschaft von anderen verbringe, bewirkt dies, dass sie sich leichter oder dass sie sich schwerer fühlen? Lautet meine geheime Frage: „Was kannst du für mich tun?“ oder etwa: „Was kann ich für dich tun?“

Man sagt, dass der Meister kommt, wenn der Schüler bereit ist...

Als ich mich bis zum Überdruss mit mir selbst beschäftigt und den Gipfel der Wut darüber erreicht hatte, andere durch blindes Benehmen vergiftet zu haben, tauchte Sri Sri Ravi Shankar in meinem Leben auf, völlig zufällig, als nichts mehr in mir war, als nichts zu wollen. Keine Erwartung, keine Suche, kein Ideal, kein Glaubensbekenntnis. Und vor allem keinerlei Bedürfnis nach einem Meister, mit dem ich mich auseinandersetzen musste. Kein Denken mehr. Nur noch Luft! 360 Grad um mich herum!

Und gerade frische Luft war das, was der Weise aus Indien in den Westen brachte mit seiner ganzen Persönlichkeit.

Er ist ein Beispiel an Schönheit und durch seine Lehre der Kunst des Lebens ist er leicht aber auch fordernd.

*„Existieren ist eine Tatsache, leben ist eine Kunst“*, sagt er. Und diese Kunst kann man lernen, wie alle anderen auch, was auch immer die persönlichen Voraussetzungen sein mögen.

Die Chancen im Westen stehen gut, da der geniale Schöpfer hier zwar fähig ist, dem materiellen Wohlstand ausgezeichnet den letzten Schliff zu geben, aber auf dem Trockenen sitzt, wenn es darum geht, ein dauerhaftes Glück zu ermöglichen. Erstaunlich ist, dass er auf seinen Irrtümern beharrt.

Sri Sri Ravi Shankar ist kein hinduistischer Missionar, der ausgezogen ist, um den Westen zu erobern. So etwas ist gar nicht möglich. Er selbst braucht nichts mehr. Er ist ein selbstverwirklichter Meister, der von allen Wünschen frei ist, der Wunsch mit eingeschlossen, Anhänger zu finden. Er ist da, um sich um die zu kümmern, die ihn um seine Hilfe bitten, wissend, dass das nur ein kleiner Teil derjenigen ist, die diese Hilfe eigentlich benötigen würden. Er erzwingt jedoch nichts. Er sagt: „*Es gibt Samen, die länger brauchen um zu keimen als andere. Und solche, die überhaupt nicht keimen. Die Welt ist nicht einheitlich...*" Er lässt es sich nicht anmerken, und doch bekleidet er die schwierigste Funktion, die es auf dieser Erde gibt. Meistens stellt er nur fest, dass seine Aufgabe darin besteht, ein Lächeln in jedes Gesicht zu zaubern. Das ist alles. Das Grau durch Farbe zu ersetzen.

Eines Tages erzählte ihm eine Frau, dass sie Innenarchitektin sei. Sri Sri Ravi Shankar antwortete: „*Dann machen wir ja die gleiche Arbeit!*"

Es gibt nichts Schwierigeres, als den Frieden in der Welt zu verbreiten, und er arbeitet hart daran. Sein Leben ist das eines Heiligen, der sich vollständig den anderen widmet.

Er kümmert sich um ihre spirituelle Weiterentwicklung, verleitet aber niemanden dazu, jemandem ein X für ein U vorzumachen:

„*Diese Welt war immer gleich. Viele Inkarnationen haben stattgefunden, viele Heilige sind gekommen, trotzdem ist das Universum das gleiche geblieben. Jahr um Jahr geschieht immer dasselbe, und du wirst es nicht verändern können. Lass los!*"

Was nicht heißt, dass wir nichts tun sollen. Die Wohltätigkeitsorganisation von Sri Sri Ravi Shankar ist zur Zeit die zweitgrößte der Welt, gleich nach dem Internationalen Roten Kreuz, was die Anzahl der freiwilligen Helfer betrifft. Aber er lässt diese Fiebrigkeit, alles revolutionieren zu wollen, ohne es auch tatsächlich zu können, gar nicht erst aufkommen. Denn dies würde nur zu weiteren Sorgen führen. Er sagt:

*„Dieser Wunsch ist eine Illusion. Du willst alles ändern, nur dich selbst nicht, nur deinen Verstand nicht, nur deine Vision nicht. Es ist dumm, die Freiheit oder die Erleuchtung zu wollen... Entspanne dich und begnüge dich damit, zu sein... Das was wir am nötigsten brauchen, ist wir selbst zu sein."*

Sein... Ein ganzes Programm bestehend aus bewusster Handlung... Das die Menschen nicht zum Leiden bringt. Mit dessen Hilfe sie sich so steuern können, dass sie sich nicht überwältigen oder dominieren lassen von etwas, das gar nicht ist. Und damit sie klar sehen können, was ist, ist das Beseitigen von Stress ein Muss. Es gibt keine Kunst des Lebens mit Stress. Die größte Verfeinerung ist dann nur noch ein Witz.

Die menschliche Natur bewegt sich in Richtung Evolution, jene der Welt zieht nach unten. Die Natur der Welt besteht darin, Irritationen zu verursachen. Jeder muss selbst wissen, ob er sich weiterhin einfangen lassen will. Verärgerung oder Wut können ausgelöst werden...

Schmeicheleien oder Zufriedenheit kommen vor... Wie kann man sich einbilden frei zu sein, wenn man einwilligt, sich benutzen zu lassen wie eine Maschine, bei der es ausreicht, dass auf einen Knopf gedrückt wird? Wenn es um den Kampf gegen den Stress geht, ist der Atem der Sieger in allen Kategorien. Richtig atmen zu lernen hat erste Priorität. Wie unglaublich das heute auch tönen mag, ich wusste über die existenzielle Wichtigkeit meines eigenen Atems nicht Bescheid. So geht es vielen im Westen. Wer lernt das schon? Wer ist schon kompetent genug, auf diese entscheidende Notwendigkeit hinzuweisen?

Sri Sri Ravi Shankar ist *Yoga Shiromani*, höchster Ausbilder, wenn es um die Vereinigung mit dem Selbst geht. Diese uralte Wissenschaft vom Atem ist eines der größten Geheimnisse des Lebens. Man weiß, dass die Harmonie zwischen Körper, Geist und Atem Stabilität und Wohlbefinden bringt. Die drei sind miteinander verbunden. Man hat sich immer schon, zu allen Zeiten, darum bemüht, den Geist zu beherrschen, ihn in den Griff zu bekommen, um Frieden zu erhalten. Der Geist ist jedoch sehr abstrakt. Man kann ihn nicht festhalten. Wie kann man ihn beruhigen? Es ist leichter über den Atem zu gehen, der die natürliche Verbindung zwischen Körper und Geist darstellt. Jeder Emotion entspricht ein bestimmter Atemrhythmus. Wenn man wütend ist, fließt der Atem anders, als wenn man heiter oder glücklich ist. Indem man nun dem Atem einen bestimmten Rhythmus vorgibt, werden die mentalen Muster durchbrochen: Die Spannungen und die Blockaden, die sie schmerzlich haben entstehen lassen, schmelzen dahin. Auf diese Weise können Erregung, Nervosität, Angst, Wut und Müdigkeit kontrolliert werden. Der Geist wird mit Hilfe des Atems ganz ruhig.

Wenn man von den Auswirkungen von Stress befreit wird, bessern sich viele Atemprobleme, das Nervensystem wird stabiler und das Bewusstsein wird klarer. Die unmittelbaren wohltuenden Wirkungen haben meine täglichen Übungen in Freude verwandelt.

Die Disziplin wird jeden Tag mit Sicherheit belohnt. Der Atem wird neben seiner Nützlichkeit zum Nektar. Er ermöglicht nicht nur den Genuss, zu erleben, dass die Ordnung wiederhergestellt wird, sondern erlaubt dir – wenn auch nur für Sekunden – das Gefühl von vollständiger Glückseligkeit zu erfahren. Gleichzeitig versinkst du in der Meditation. Wenn der Geist sich beruhigt, kann Meditation geschehen. Du ruhst in dir, eingetaucht in diese innere Leere, wo das Selbst wohnt. Hier findet die große Liebesbegegnung mit dem „Ich weiß nicht" statt und bringt dir das Wissen, das du solange gesucht hast. Es ist unmöglich, alleine dahin zu kommen. Die Verzweiflung hätte mich mit Sicherheit überwältigt. Vor dieser Tür gab es vielleicht mehr Tote als auf allen Schlachtfeldern. Wenn man alleine ist läuft man Gefahr, bedrückt zu sein, zu verbittern, die Lust am Leben zu verlieren, ärgerlich oder überheblich zu werden. Man kann nicht auf einen Lehrer verzichten, wenn es darum geht, in diesen sehr dunklen und neuen Gebieten des Bewusstseins Fortschritte zu machen. Genauso, wie man sich auch nicht selbst operieren kann. Dazu ist ein Chirurg nötig. Selbst wenn man nur lernen will

Auto zu fahren, braucht man die Hilfe eines anderen. Wie kommt man also dazu eine so abstrakte Reise alleine, autodidaktisch, machen zu wollen? Ein spiritueller Meister ist unerlässlich. Jesus sagte: „Es gibt keinen Weg zum Vater außer durch mich." Buddha sagte dasselbe, Krishna sagte es und alle anderen im Laufe der Zeiten ebenfalls... Dieses gleiche Selbst in jedem... In Indien steht der Guru an der Spitze der Pyramide aller Meister. Es gibt niemanden, der darübersteht. Guru bedeutet: „Derjenige, der dich von der Unwissenheit befreit" durch das Wissen um die Unwissenheit.

Es handelt sich nicht um eine weitere Indoktrinierung, sondern darum, weniger zu wissen. Das beweist, dass man viel zu gewinnen hat, wenn man verliert.

Sri Sri Ravi Shankar sagt:

*„Das Leben ist ein Mysterium, die Liebe ist ein Mysterium, Gott ist ein Mysterium. Du kannst es voll und ganz leben. Du kannst das niemals verstehen. Deine Möglichkeiten zu verstehen entsprechen dem Wunsch, den Ozean in eine Tasse hineinbringen zu wollen.*

*Du kannst dich mit Gott vereinigen, ihn aber niemals kennen. Du kannst Wissen über die Welt erlangen, über das, was relativ ist: Du wirst das Unbeständige kennenlernen. Das Beständige kannst du nur fühlen. Die Wahrheit kannst du niemals kennen, die Beständigkeit kann gefühlt und bewiesen werden, die Unbeständigkeit kannst du nur kennen."*

Das Einzige, was man sagen kann ist „vielleicht", meinten die alten Meister.

Ich war nicht neugierig Sri Sri Ravi Shankar kennenzulernen, trotz allem, was ich ihm bereits verdankte. Er lebte in Indien und hatte erst in einigen Monaten vor, in den Westen zu reisen. Es war nicht einmal sicher, dass er Paris besuchen würde... Frankreich ist so etwas wie ein Schlusslicht im Bereich der Spiritualität.

Ich las die Wissensbriefe, die er jede Woche in die hundertvierzig Länder schickte, in denen er Schüler hatte. Ich hörte mir auch die

Aufnahmen seiner Vorträge an. Der Meister antwortete dort auf die gewöhnlichen Sorgen mit einfachen, klaren, lustigen und tiefsinnigen Bemerkungen, die seine Begabung in Pädagogik erkennen ließen. Das Wissen begann in mein Leben einzuströmen, in jede Zelle meines Körpers, so wie es geschieht, wenn man verliebt ist... Ich erlag dem Zauber des Unbekannten, das sich vor mir öffnete und mir so vertraut war wie mein eigenes Wesen. Ohne jegliche Trennung. Dieser Reichtum war grenzenlos und würde mich bis zu meinem letzten Tag nähren. Ich brauchte mich um nichts mehr zu sorgen. Alles was ich wollte war schon da, das ganze Wissen war in mir vorhanden, ich trug es in mir. So wie jeder andere auch. Das Gefühl von Einsamkeit löste sich auf. Die Tatsache, dass ich beim Meister angekommen war, dass ich ihm zuhörte, bewirkte, dass ich mich ergab. Für den Rest, für die Weiterentwicklung trug er die Verantwortung. Und ein wenig auch ich. Das war der Beginn einer authentischen Ausdehnung.

Mit siebenundvierzig Jahren war ich nicht frühreif... Obwohl ich nicht das Geringste dazu beigetragen hatte, genoss ich den Zauber, mit mir selbst im Reinen zu sein. Ich hatte einen Schlussstrich unter meine Fehler der Vergangenheit gezogen. Unter meine eigenen und unter diejenigen, die sich meiner Vergebung widersetzten. Sri Sri Ravi Shankar hat die seltene Begabung, sie durch ein Schnalzen mit den Fingern zum Aufgeben zu bringen. Die Schuldgefühle, die Bitterkeit, die Prozesse... Schluss mit den Klagen, die Vergangenheit ist jetzt vorbei!... Sie ist nicht mehr als ein Traum... Wach auf!

Er sagte:

*„Lass die Vergangenheit los. Versuch gar nicht erst, sie zu analysieren. Das ist, wie wenn du einen Mülleimer auskippst und ihn dann aussortierst: Das ist von gestern, das ist von vorgestern...!*

*Befreie deinen Geist. Die Kunst des Lebens bedeutet, sich diese Fähigkeit anzueignen. Es ist ganz einfach. Es braucht nur ein wenig Geschick: Die Fähigkeit, deinen Geist von der Vergangenheit zu befreien und von den Ängsten vor der Zukunft. Und die Fähigkeit, mit jeder Situation umgehen zu können, die dir begegnet."*

Der Meister befürwortete dieses Glück, das die Weiterentwicklung erleichtert, unterstützte die Auswüchse einer „goody-goody" Spiritualität aber keineswegs. Ebenfalls nicht gespreiztes Getue, Illusionen von Emporkömmlingen und Verallgemeinerungen, wie zum Beispiel: „Alle Probleme dieser Welt werden von den Perfektionisten verursacht."

Bei ihm bedeutete Frieden nicht einfach nur Ruhe... Ich war ihm dankbar dafür.

*„In einigen Jahren wird dein Kopf unter dem Schlamm sein, füll ihn also nicht mit Schlamm, solange du noch am Leben bist!"*

Er machte aufrichtige, enthusiastische und vor allem glückliche Sucher aus seinen Schülern. Wozu sonst sollte das alles gut sein?

Er sagte:

*„Wissen ist eine Belastung, wenn es dir deine Unschuld raubt.*

*Wissen ist eine Belastung, wenn es dicht glauben lässt, etwas Besonderes zu sein.*

*Wissen ist eine Belastung, wenn es dir den Eindruck vermittelt, weise zu sein.*

*Wissen ist eine Belastung, wenn es nicht im Leben integriert ist.*

*Wissen ist eine Belastung, wenn es dich nicht frei macht."*

Zum ersten Mal sah ich Sri Sri Ravi Shankar auf einem Foto. Eine zierliche, weiße Gestalt mit schwarzen Haaren von einer Länge, die selbst in Indien ungewöhnlich für einen Mann war. Ein sehr dichter Bart unterstrich seine Männlichkeit. Ich fühlte mich von diesem neuen Bild nicht angesprochen, es störte mich sogar etwas. Die Angemessenheit dessen, was er lehrte, entging mir jedoch nicht: Durch die Wahrheit in seinem Lächeln und das Licht in seinem Blick – jegliche Unvollkommenheit verbot sich von selbst – zeigte sich der Glanz seiner Seele. Ich hatte das Foto in meinem Büro aufgestellt. Es löste eine Katastrophe bei meiner Familie aus. Das ging vom Verdacht bis zur Verteufelung, im Freilauf. Alle waren sich darin einig, meine Wahl zu verdammen und mich dazu zu bringen, aufzugeben. Ich versorgte das Foto schließlich, das mir in

Wirklichkeit nur äußerlich wichtig gewesen war. Das alles war zwar unangenehm. Aber es bestärkte mich in der Entschlossenheit, mein Leben niemals mehr durch Vorurteile von anderen einschränken zu lassen, so lieb sie mir auch sein mochten. Ich wusste, wie sehr sie in der Angst und in den ungelösten, persönlichen Zweifeln gefangen waren.

Ich werde nicht mehr *„der Fußball der Meinung anderer“* sein, wie Sri Sri Ravi Shankar es ausdrückt.

Diese Feindseligkeit, die noch da war, war eine Chance. Sie spielte die Rolle eines Gurus, da sie mein Urteilsvermögen schärfte. Das ging einher mit dem was die Lehre des Meisters verlangte. Anstatt zu jammern, konnte ich erkennen, dass jede Person, und sei sie noch so ungerecht, feindselig und grausam gewesen, ihre Rolle gespielt hatte, um mir beim Wachsen zu helfen. Das war wie eine Offenbarung für mich. Das große Problem dabei war nur ein hartnäckiger Widerwille gegen die Menschheit.

Vom Moment an, als ich dieses mangelnde Verständnis für die Menschheit akzeptierte, hatte es nur noch Vorteile. Zum einen, weil es die intime Erfahrung schützte, die ich gerade durchmachte. Und zum anderen, weil es deren Geheimhaltung legitimierte, obwohl die fehlende Kommunikation bewirken konnte, dass mehr Fragen gestellt wurden. Die Erfahrung wurde geschützt, weil es darüber auch nicht viel zu sagen gab, nicht mehr als über eine unendlich kostbare Liebesgeschichte. Und besonders deshalb, weil ich die Einzelheiten ihres Verlaufs im Wesentlichen selbst nicht kannte. Die Resultate bei der Gesundheit waren positiv, die Veränderung des Nervensystems war unglaublich. Die Lebensfreude konnte den Aggressionen immer besser standhalten. Das alles war ein Geheimnis. Wie fand der Organismus die therapeutische Antwort ohne Arznei? Wie konnte dieses Wissen es ermöglichen, ein solides Rüstzeug zu erlangen, ohne dass der Intellekt wirklich davon betroffen war? Was war das Wesen dieses Meisters, der den grundlegendsten Bedürfnissen nachkam, ohne selbst eine „Beziehung“ gelebt zu haben?

Wenn ich zugegeben hätte, dass ich es nicht verstand und dass das für mich in Ordnung war, hätte das dazu geführt, dass meine

Angehörigen den Notruf alarmiert hätten. Es ist sehr verbreitet, von Dingen zu sprechen, über die man nichts weiß. Der Intellekt hat da keine Komplexe. Aber das erwachte Bewusstsein hat die Tugend, die Schwächen seiner Behauptungen besser einschätzen zu können.

Und es hat auch die Fähigkeit, die Beobachtungsgabe zu verbessern, das Beobachten der eigenen Gedanken, Empfindungen und Gefühle und festzustellen, wie sehr sie sich andauernd verändern. Die Weiterentwicklung bei einem Meister geschieht in der zehnfachen Geschwindigkeit. Meine Eindrücke von gestern sind schon nicht mehr diejenigen von heute. So kann man sich viele nichtssagende Gespräche sparen.

Sri Sri Ravi Shankar sagt:

*„Liebe, Schönheit und Wahrheit sind jenseits von Beweisen. Niemand kann den Beweis für sie erbringen. Wenn jemand die Existenz Gottes zu beweisen versucht, begibt er sich auf einen dornigen Weg. Alles, was bewiesen werden kann, kann auch widerlegt werden. Gott ist jenseits von unseren Beweisen und Widerlegungen. Gott ist eine Erfahrung.“*

Früher machte mir der Name Gottes Angst. Was ich darüber wusste war bedrückend. Die ganze Traurigkeit darum herum... Und dann diese Freude: Das war noch schlimmer. Gott und Meister gleichzeitig, wenn man in diesem Glauben von „weder Gott noch Meister“ erzogen worden ist, ist ein wenig viel: Die ersten Zeiten mit dem Wissen von Sri Sri Ravi Shankar waren in dieser Hinsicht nicht gerade einfach... Trotz der Anziehungskraft seiner Formulierungen, lief es mir bei der Vorstellung von Gott kalt den Rücken hinunter... Ich hatte noch nie begriffen, was man unter Gott verstand. Und war auch nicht scharf darauf, es zu verstehen. Ich lernte gerade, gut auf dieser Erde zu leben, ich hatte keine Lust, zu planen... Meine Vorbeugungsmaßnahmen wurden durch ein Geheimnis in Frage gestellt, das ich aufnahm wie eine greifbare Realität. Jedesmal, wenn ich mich am Anfang in die Meditation flüchtete, die mir helfen sollte, durch eine der kritischsten Phasen meines Lebens zu gehen, kam die Erinnerung an das versteckte Foto zurück. Das abgelehnte Bild unterstützte mich.

Das Foto des Meisters machte seine beruhigende Arbeit hinter meinen verschlossenen Lidern tatsächlich. Und obwohl keine einzige von meinen quälenden Fragen auch nur den Anflug einer Antwort gefunden hatte, fühlte ich mich schon davon befreit. Ich hatte keine besondere Neigung zur Frömmigkeit, ergriff aber doch den Rettungsanker, zufrieden mit dieser Laune des Unbewussten. War es nun nötig, diese Zurückhaltung noch mehr zu erschüttern, die doch eigentlich so gerne nachgeben wollte? Ein gewisser Tag war in dieser Hinsicht ausschlaggebend. Völlig vertieft in meine Andacht, fühlte ich die geistige Gegenwart des Heiligen in seinem weißen Dhoti so deutlich, wie wenn es die Wirklichkeit oder eine Illusion davon wäre. Da war er, stand aufrecht neben mir und umhüllte mich mit seinem Schal. Im Schutz dieses „sweet home“ weinte ich und bedankte mich für die vollständige Erleichterung.

Sobald die Gefühle sich gelegt hatten, hätte man das Phänomen leicht unter der Rubrik „heilsame Erfindungen der Verzweiflung“ ablegen können, wenn es nicht eine plötzlich Erkenntnis ausgelöst und starke Konsequenzen gehabt hätte.

Zum ersten Mal hatte ich diese „Gegenwart“ im Herzen meiner Existenz wahrgenommen, die mich immer begleitet hatte, solange ich denken kann, auch wenn es mir nicht möglich gewesen war, ihre Identität festzustellen. Sowohl im Guten als auch im Schlechten. Schon während der Hölle meiner Kindheit war sie da gewesen. Ich war jahrelang in einem Institut eingeschlossen gewesen, wo die Grausamkeit die einzig mögliche Sprache zu sein schien. Wie hätte ich als kleines Mädchen so viele Misshandlungen überwinden können, ohne mich zu beschweren und mit dem Gefühl, nicht wirklich ernsthaft gelitten zu haben, wenn nicht mit ihrer Hilfe? Das Vertrauen in ihre Hilfe hat mir geholfen aufzuwachsen, ohne dass ich sie jedoch hätte benennen können.

Diese göttliche Gegenwart, die dich dazu bringen kann, aus Dankbarkeit zu weinen, war in jeder Sekunde meines Lebens anwesend, in verschiedenen aber ebenfalls eindeutigen Erscheinungsformen. Das war mir bisher noch nie bewusst geworden. Dieser unbekannte Meister hatte mir ermöglicht, es in aller Deutlichkeit zu sehen. Bevor er mich nach und nach dazu brachte, diese Präsenz ohne Unterscheidung überall, in allem und in jedem zu fühlen.

Zweifellos hört man ganz einfach das, was man hören soll. Sri Sri Ravi Shankars Worte erreichten mich immer gerade zur richtigen Zeit in meinem Leben. Genau die, die ich brauchte. Er erhellte jeden meiner Schritte. Ich weiß heute, dass jeder seiner Schüler dieses gleiche Gefühl hat, seine besondere Aufmerksamkeit zu erhalten, so genau ist die Übereinstimmung zwischen seiner Intervention und dem Bedürfnis. Der Meister schiebt den Stein auf dem Spielfeld vorwärts, in eine Richtung, die der Schüler nachvollziehen kann. Jetzt oder später.

Er sagte:

*„Das ganze Universum wurde von Gott erschaffen. Nichts ist jenseits oder außerhalb von Gott. Das Selbst und das Unbewusste sind Gott. Es braucht nur etwas Geschick, um das von verschiedenen Gesichtspunkten aus zu sehen, wie die Wellen des Ozeans. Wenn Gott allgegenwärtig und allmächtig ist, ist Satan ein Teil von Gott: Gott ist das Gute und das Schlechte.“*

Schon lange bevor ich ihn getroffen hatte, war Sri Sri Ravi Shankar für mich zum Gesicht der Offensichtlichkeit geworden.

## 2
# DER ZAUBER DER NATÜRLICHKEIT

Man sagt, dass die uralte Weisheit, die durch einen lebenden Meister fließt, mächtiger ist als alle Schriften der Welt zusammen.

Ich hatte nicht die geringste Ahnung, was diese Gnade bedeuten könnte, die Schülerin eines erreichbaren Meisters zu sein. Ich hatte bis zu diesem Zeitpunkt noch niemals etwas von selbstverwirklichten Menschen gehört, deren Existenz auch nicht alltäglich ist. Außer vielleicht in der Bibel, wo die Rede von sechsunddreißig Gerechten ist, die in jeder Epoche erscheinen, um zu verhindern, dass unser Planet völlig im Chaos untergeht...

Von den schlimmsten und völlig unverständlichen Dingen, die Menschen einander antun können, wusste ich genug. Von den besten jedoch, die von tiefster Empfindsamkeit zeugen, wusste ich absolut nichts. Einige christliche Gesichter, die auf eine freundliche Weise verdienstvoll waren, drängten sich manchmal in den Vordergrund meiner Vorstellungen. Meistens geschah dies eher, wenn mir etwas Unangenehmes passiert war, als wenn ich etwas Ruhmvolles vollbracht hatte. Mutter Teresa löste ein lebhaftes Echo in mir aus, als sie mit Lady Di auftrat. Und die Weisheit des Dalai-Lama sorgte bei seinen politischen Besuchen für Lebendigkeit.

In einer Zeit, wo die Kommunikationsmittel sämtliche Wohnungen erreichen, ist es für die Gerechten nicht einfach, in der Anonymität zu verbleiben. Das geht so weit, dass auch vor Geschichten nicht Halt gemacht wird, in denen Kokain, Sex oder die Verlockungen des Geldes eine Rolle spielen. Bei den Medien ist es normalerweise nicht üblich, auf die Schönheit der Menschen hinzuweisen.

*„Wenn du die Natur des Zweifels beobachtest“, sagt* Sri Sri Ravi Shankar, *„wirst du feststellen, dass er sich immer gegen etwas Positives richtet. Du zweifelst niemals am Negativen. Du kennst das aus Erfahrung: Du zweifelst an der Ehrlichkeit von jemandem, niemals an seiner Unehrlichkeit. Du zweifelst an den guten Eigenschaften einer Person, niemals an ihren Fehlern...“*

Für mich konnte ein Heiliger nur tot sein, die Ankunft eines Messias nur erhofft werden, und ein Erleuchteter nur erleuchtet sein. Und was die Gurus betraf, fand ich es besser, mich gar nicht darüber auszulassen... Ich zweifelte übrigens nicht daran, dass die gängigen Karikaturen Hand und Fuß hatten... Ich entdeckte jedoch auch, wie sehr sie die Grenzen der Rechtschaffenheit überschritten.

Ich war weit davon entfernt, mich mit Sri Sri Ravi Shankar zu befassen.

Im Frühjahr 1995 war der Meister nach Paris gekommen, um einen öffentlichen Vortrag im Museum Guimet zu halten. Ich hatte ihn verpasst. Ich hatte mich jedoch entschlossen, an einem Fortgeschrittenenkurs teilzunehmen, der vom nächsten Tag an in seiner Gegenwart stattfinden würde. Mich in einer Gruppe von zweihundert Personen zu integrieren, dürfte zwar einer kleineren Vergewaltigung gleichkommen. In der Theorie kannte ich die Vorteile davon – das Teilen ist ein wichtiger Faktor für die Weiterentwicklung. Aber in der Praxis zeigte es sich doch, dass ich eine Schwäche für eine Spiritualität hatte, die sich in meinem eigenen Zimmer abspielte. Also gut, ich würde mich diesem Leben in der Gemeinschaft halt für ein paar Tage aussetzen! Das Programm war vielversprechend – von Sri Sri Ravi Shankar geleitete Meditationen – und wir würden alle Abende in seiner Gesellschaft verbringen. Das war ein Privileg, das ich damals noch nicht richtig zu schätzen wusste.

In dieser Zwischenzeit, als der Meister noch nicht da war, aber bald anwesend sein würde, nahm ich eine abwartende Haltung ein. Die erste persönliche Begegnung ereignete sich während der festlichen Zeit des *Satsangs.*

Zwischen all den Leuten zu meditieren war ja schon nicht einfach für mich gewesen. Aber Mantras auf Sanskrit zu singen überstieg damals die Schwelle meiner Anpassungsfähigkeit, was exotische Unterhaltung betraf. Zu jener Zeit wäre es für mich gar kein Problem gewesen, mich nackt – mit dem Rücken nach oben – an einen Strand in die Sonne zu legen.

Die Augen in der Öffentlichkeit zu schließen, oder was noch schlimmer war, irgendetwas anzustimmen – selbst wenn es von Claude François gewesen wäre – brachte mich dagegen zutiefst durcheinander.

Die Leute sangen, alle, ohne ein Ego zu kennen. Sie wiederholten „Om Namah Shivaya… Om Namo Bhagavate Vasudevaya" mit der gleichen Begeisterung, wie man alte, volkstümliche Lieder singt. Sie taten das voller Aufrichtigkeit, entspannt, fröhlich und leidenschaftlich. Aber selbst diese beneidenswerte Natürlichkeit brachte mich nicht dazu, aus mir herauszukommen. Ich merkte jedoch, wie sehr die Reinheit der Gesänge die Kraft besaß, den Seelenfrieden hervorzurufen, selbst dann wenn man nicht mitsang.

Ein plötzlicher Trubel in der Menge kündigte das Eintreten des Meisters an. Alle standen auf und bildeten spontan ein Ehrenspalier. Auch damit fühlte ich mich nicht besonders wohl. Bis zu diesem Tag hatte ich mich nur erhoben, wenn die *Marseillaise* gespielt wurde, und auch das nur widerwillig und nur beim Eintreten der hohen Beamten des Schwurgerichts. Dieses Mal bewegte ich mich jedoch nicht. Einige meiner Freunde, von denen ich eigentlich angenommen hatte, dass sie nicht auf den Kopf gefallen wären, verneigten sich bis zum Boden, als der Meister vorbeiging. Irgendetwas musste ich wohl verpasst haben…

Es war offensichtlich, dass Sri Sri Ravi Shankar kein persönliches Interesse an diesen Zeichen der Hingabe hatte. Sie gingen durch ihn hindurch und wurden ohne Zwischenaufenthalt an ihren himmlischen Bestimmungsort zurückgeschickt. Es kam auch vor, dass er die Leute mit einem Handzeichen davon abbrachte.

Eingehüllt in kostbare aber schlichte Seide, wie es in Indien üblich ist, bewegte sich der Meister mit der Anmut eines Engels vorwärts. Seine nackten Füße schienen kaum den Boden zu berühren... Manche brannten darauf, ihn zu berühren, traten aber vor dieser Erscheinung zurück... Seine Leichtigkeit erinnerte an eine Feder oder an eine Musiknote, die sich materialisiert hatte...

Auf der mit Blumen übersäten Bühne zeugten mit Schleifen verzierte Geschenke, Spiele und Plüschtiere von einer Dekoration, die einem eher kitschigen Geschmack entsprang, und die dazu gedacht war, ihm zu gefallen oder ihn zu amüsieren. Die Verbindung zu dem, was ich durch seine Schriften über den Weisen wusste, konnte nicht so ohne Weiteres hergestellt werden, obwohl der Humor überall zu erkennen war und die Lust an einer einfachen Spiritualität, die keine großen Umstände machte.

Der dunkelhäutige Engel setzte sich im Lotussitz auf das mit weißem Leinen überzogene Sofa, wie ein Schmetterling sich auf eine Blüte setzt. Sein Blick hieß jeden willkommen, der im Publikum saß. Was für eine Kraft war in diesem Augenblick wahrzunehmen... Tiefe, Sanftheit..., die von irgendwo herkamen. Eine Ballade der Unendlichkeit über den Köpfen... Das war die erste Segnung. Von Zeit zu Zeit erschien in seinem schwarzen Bart die Andeutung eines so göttlichen Lächelns, dass er auch Lebenslust auf diejenigen übertrug, die ihn nicht willkommen geheißen hatten.

Die Beleuchtung des Saals war nicht optimal. Der Meister bat durch Gesten, dass jemand sie änderte: An der einen Stelle sollte eine Glühbirne, die ihn störte, ausgeschaltet, dafür woanders eine eingeschaltet werden.

Ein endloses totales Chaos vor dem elektrischen Kasten. Er kommentierte geduldig: „*Licht zu machen ist das Heikelste!... Aber man muss nur den richtigen Schalter finden...*“ Alle lachten schallend. Die Verbindung war hergestellt.

Seine Blicke gingen durch den Saal und ließen erkennen, dass er seine Aufmerksamkeit überall hatte. Er sprach Englisch und wurde simultan übersetzt. Er erkundigte sich, ob niemandem etwas fehlte, ob jeder zufrieden mit seiner Unterbringung war und mit dem – natürlich vegetarischen – Essen... Er wollte eine echte Antwort erhalten: „*Zögere nicht, zu sagen, was dir fehlt, sonst wirst du wiederkäuen und nicht den gleichen Nutzen haben. Es sind kostbare Momente, die du hier verbringst. Wir haben es nötig, einmal im Jahr für eine Woche auszuspannen, um uns tief auszuruhen...* So viel Sanftheit war in diesem „wir" zu spüren... „*Good, good, good... Wie viele von euch haben eine lange Reise hinter sich gebracht, um hierherzukommen?*" Einige hoben die Hände. Glücklich wiederholte der Meister die Namen der aufgezählten Länder: „*Vereinigte Staaten... Kolumbien... Litauen... mit dem Bus!... Slowenien... China... Iran? Yes? Oh... Mongolei... Südafrika... Vierundzwanzig Länder sind hier vertreten?... Wie viele von euch sind müde...? Niemand!*" *Er lacht:* „*Wir werden trotzdem früh ins Bett gehen, hmmm?... Morgen früh um sechs Uhr können wir uns für das Yoga wieder hier treffen, nein, besser um sechs Uhr dreißig, oder um sieben Uhr? Was ist am besten? Ihr wollt lieber um sieben Uhr? Gut. Später werden wir um fünf Uhr dreißig beginnen. Und wir werden drei oder vier Tage im Schweigen verbringen... Ihr redet, redet, redet... Ihr lasst euch auf eine Diskussion ein, ihr seid frisch und gut aufgelegt und zum Schluss seid ihr vollkommen erschöpft. Ihr laugt euch mit Worten aus. Gewöhnlich wird man still, wenn man von etwas aufgewühlt wird, zum Beispiel von einem Trauerfall: Schon schweigt man. Hier erfahren wir das Schweigen als Ausdruck einer tiefen Freude, als Ausdruck von Frieden.*

*Man ist sonst eher geneigt, seiner Freude lautstark Ausdruck zu verleihen... Hast du Angst, dich beim Schweigen zu langweilen? Aber wenn du dich so in deiner eigenen Gesellschaft langweilst, wie langweilig musst du dann wohl für die anderen sein? Ist so etwas eine Beziehung? Der Austausch von gegenseitiger Langeweile? Wir müssen lernen, uns mit uns selbst wohl zu fühlen... Das Schweigen ist die Mutter aller Talente. Worüber unterhältst du dich? Über die Vergangenheit, das ist wie ein Kaugummi. Wer interessiert sich schon dafür? Weißt du, wie sehr du die Leute langweilst? Du hast keine Ahnung.*

*Kennst du diese Geschichte? Vier Schüler werden von ihrem Meis-*

*ter zum Schweigen angehalten. Sie sitzen schweigend vor einem Sonnenuntergang. Ein Passant wendet sich an sie, um nach der Zeit zu fragen. Der erste Schüler antwortet: „Es tut mir leid, ich bin im Schweigen." Der zweite stellt fest: „Oh, du hast gerade gesprochen..." und der dritte: „Ihr habt beide euer Schweigen gebrochen. Ich werde es dem Meister erzählen." Und schließlich der vierte: „Ich bin der einzige, der Stillschweigen bewahrt hat!"*

*Du sollst ein Schweigen von guter Qualität einhalten, das dich tief heilen kann. Was tun wir jetzt?"*

Strahlendes Lächeln als Antwort. Die meisten Schüler, die sich hier befanden, kannten den Schalk des Meisters seit langer Zeit... Er brauchte keine Vorschläge, er erfand unaufhörlich Neues... Trotzdem meinte er: „*Hmmm...?*", wie wenn er auf eine Idee wartete. Es würde hier ohnehin keine Hauptvorlesung stattfinden.

Der Meister ließ etwas Zeit verstreichen, damit ein Zuhörer sich eventuell melden konnte. Er beschäftigte sich damit, die Dinge um sich herum zu betrachten. Zwei Holzstücke erregten seine Aufmerksamkeit. Er versuchte, ihre Funktion zu verstehen. Es handelte sich um Kastagnetten. Jemand zeigte ihm mit Handzeichen, wie man sie benutzen musste. Er schaute ein paar Sekunden zu und begann dann, einen schwungvollen Flamenco zu improvisieren.

Er erklärte:

*„Nimm das Leben nicht so ernst. Wenn du das Leben zu ernst nimmst, wird es nicht ausbleiben, dass du durcheinandergebracht wirst. Die einzige Möglichkeit, deinen Gleichmut zu bewahren besteht darin, das Ganze als Spiel zu betrachten und nichts allzu ernst zu nehmen."*

Er hatte ein Plüschtier an den Ohren hochgenommen und schlug sie ihm nun um die Schnauze. Er untersuchte es sorgfältig... Der versteckte Mechanismus kam überraschend in Gang, und man konnte einen armseligen „Rock´n´roll" hören. Der Meister betätigte abwechslungsweise „*on, off, on, off*", sodass die Parodie eines „Swings" entstand. Seine Gesten, sein Gesichtsausdruck, alles an ihm verwandelte diesen eigentlich bedeutungslosen Moment in etwas sehr Reizvolles. Er sagte:

*„Die Wissenschaftler haben kürzlich die Theorie aufgestellt, dass Kinder ungefähr vierhundert Mal am Tag lachen. Die Jugendlichen nur noch etwa fünfzehn Mal. Und die Erwachsenen lachen höchstens noch einmal täglich. Das Lachen und das Lächeln haben eine wohltuende Wirkung auf deine Gesundheit. Meine Arbeit besteht darin, aus euch allen wieder Kinder zu machen.*

*Die Spiritualität lässt dich einfach, natürlich und wie ein Kind werden. Intelligent zu sein und trotzdem seine Unschuld zu bewahren, ist das Kostbarste, was es auf dieser Welt gibt. Je intelligenter eine Person ist, je mehr neigt sie dazu, kompliziert zu werden. Die Unschuld eines Unwissenden hat überhaupt keine Bedeutung. Wenn du jedoch beide Dinge entwickeln kannst, sowohl die Qualität des Herzens wie auch die des Gehirns – das ist möglich – dann ist die perfekte Grundlage gelegt."*

Gewohnt das Wort an das Publikum zu richten, näherte er sich dem Mikrophon, richtete die Höhe ein und klopfte darauf, um anzuzeigen, dass es nicht mehr eingeschaltet war.

Dann fuhr er fort:

*„Es passiert dir öfters, dass du nicht klar siehst, was du willst, weil du noch nie in dich hineingeschaut hast. Du wirst von flüchtigen Gedanken, flüchtigen Emotionen und flüchtigen Wünschen gesteuert. Wach auf und realisiere, dass das alles aus Gedanken besteht, nur aus Gedanken, nur aus Gedanken. Deine Wertschätzung der Schönheit ist nur ein Gedanke, deine Abneigung gegen ein hässliches Objekt ist nur ein Gedanke. Nichts als ein Gedanke, der durch den Geist zieht... Werde dir bewusst, dass es sich nur um einen Gedanken handelt, und du wirst frei sein. Die Erkenntnis, dass ein Gedanke nur ein Gedanke ist, bringt Freiheit. Wenn du annimmst, dass ein Gedanke der Realität entspricht, dann bist du blockiert."*

Der Tonfall seiner Stimme, der nichts Bestimmtes bewirken will, glitt wohlig zwischen den Worten und den Pausen hin und her. Er beruhigte das Tempo, eingestimmt auf den natürlichen Rhythmus des Atems, sobald die innere Unruhe nachgelassen hatte.

Der Meister tat nichts, um eine bestimmte Wirkung zu erzielen. Dennoch war seine Autorität beeindruckend. Das hatte mit dem

Wissen zu tun, aber auch damit, dass es sich hier um eine Persönlichkeit handelte, die durch nichts mehr zu erschüttern war. Absolut gar nichts auf dieser Welt war in der Lage, ihn aus dem Gleichgewicht zu bringen. Ich entdeckte mit jeder Faser meines Herzens die ansteckende Kraft seiner Unerschütterlichkeit.

*„Wir haben zwei Hirnhälften: Eine für die Musik und eine für die Logik. Die beiden Hirnhälften, die rechte und die linke, müssen im Gleichklang arbeiten. Wir müssen uns um uns selbst kümmern, emotional und intellektuell. Wenn wir denken – oder sprechen – ist nur ein Teil des Geistes aktiv. Der Satsang schließt beide Seiten ein. Satsang bedeutet Ganzheit. Wenn wir zusammen singen wird der Geist all derer, die daran teilnehmen, in Einklang gebracht.*

*Singen ist sehr wichtig im Leben; es erlaubt dem Geist, heimzukehren. Der Friede kommt aus dem Inneren."*

Jemand fragte: „Warum sollen wir Mantras auf Sanskrit singen? Es stört mich, wenn ich die Bedeutung nicht kenne."

Sri Sri Ravi Shankar antwortete:

*„Die Bedeutung ist nicht wichtig. Weißt du, wenn du sehr alte Worte singst, sowohl gregorianische als auch solche in altem Sanskrit, hat das einen großen Einfluss auf das Bewusstsein. Im Satsang ist es überhaupt nicht wichtig, was du singst. Du kannst Bhajans über Allah, Bhajans über Buddha oder Filmlieder singen: Die Tatsache, dass du singst bewirkt, dass du mit den subtilsten Aspekten deines Bewusstseins verbunden bleibst. Du hast Schwierigkeiten, wenn wir „Narayana, Shiva..." singen, und du sagst dir: „Oh, das ist gegen meine Religion." Das ist ein enges Religionsverständnis. Diese Namen werden alle einer einzigen Göttlichkeit zugesprochen, einem einzigen Bewusstsein: Dem unschuldigen wohlwollenden Bewusstsein. Was bedeutet „Narayana"? Es ist dieses Bewusstsein, das im Nervensystem lebt... Jesus wurde „Eesha" genannt. „Eesha" bedeutet „Herr". Es ist für dich in Ordnung, „Herr" zu sagen, oder auf Englisch „Lord", aber nicht auf Sanskrit. Das kommt daher, dass du seit deiner Kindheit*

*mit zu engen Konzepten und Ideen bombardiert wurdest. Anerkenne alle Kulturen der Welt als einen Teil von dir. Singe Weihnachtslieder. Das tun wir immer während der Feste am Ende des Jahres. Das heißt nicht, dass jeder gezwungen werden soll, Weihnachten zu feiern. Feierlichkeiten sind ein Teil des Lebens. Nimm jeden erdenklichen Grund als Anlass um zu feiern, es spielt überhaupt keine Rolle... Und danach? Du wirst nicht aufhören, ein Hindu zu sein, nur weil du Weihnachten gefeiert hast. Und du wirst nicht aufhören, ein Christ zu sein, wenn du „Govinda Hare, Gopala Hare" singst. Die Spiritualität erweitert dein Bewusstsein. Wenn du keine Bhajans singen möchtest, gut! Du wirst etwas anderes finden. Sing „Halleluja"... Aber es ist unabdingbar, dass du singst.*

Besser auf Sanskrit als gar nicht. Am Anfang benutzt man die Mantren, dann entwickelt man sich weiter zur Meditation, zu den Übungen, usw... Später braucht man nur noch die Stille, um das Göttliche zu erreichen. Die Stille ist der Klang der Seele. Singen ist ein Teil unseres Schweigens. Der Geist beruhigt sich. Wenn der Geist ruhig ist, wird sogar Musik zu viel."

Jemand im Saal meint: „Einige begeisterte Musikfreunde behaupten, dass für sie die Musik zur Meditation wird..."

Sri Sri Ravi Shankar:

*„Die Musik bringt Farbe in den Geist. Manche Farben entsprechen bestimmten Emotionen. Musik hat mit den Menschen zu tun. Die alten Rishis haben viele Melodien komponiert, sie haben sogar Instrumente erfunden... Aber die Musik kann nicht als Ausrede dienen, es ist nicht die gleiche Dimension wie die Meditation."*

Er begann zu singen, wie es gerade aus ihm kam... Mit 100% Einsatz. Mit so viel Begeisterung, dass die Töne manchmal schon nicht mehr ganz so rein waren... Aber aus dem Herzen kam immer der richtige Ton... Im Saal versuchten einige Stimmen, die stolz auf den eigenen Klang waren, zu einem Durchbruch zu kommen. Sie wollten bewundert werden... Das war in der Tat ein wundervoller Chor. Es war erstaunlich, wie viele offensichtliche Talente man da entdecken konnte... Vielleicht hing das mit der gesunden Lebensweise zusammen, und damit, dass auf Tabak, Alkohol und alle Arten von

Drogen verzichtet wurde... Ich überraschte mich plötzlich dabei, mitzusingen.

Der Meister sah mich an. Sobald wir Augenkontakt hatten, lachten wir beide schallend... Mit ein und demselben Lachen. Eine Explosion der Freude, die zu sagen schien: „Siehst du, nun bist du da!"

Die Schüler fuhren fort, *Bhajans* vor ihm aneinanderzureihen. Er hatte die Augen geschlossen und war in tiefe Meditation gesunken. Sein Gesicht war glatt, leuchtend und entspannt. Sein Kopf neigte sich immer mehr, bis zur Brust, wie bei einem Schlafenden.

Er war weit weg... Dann kam er langsam wieder zurück. Sobald er die Augen geöffnet hatte, war der Geist wieder frisch und bereit, Fragen zu beantworten. Dutzende von kleinen Papieren mit Fragen befanden sich in einem Korb zu seinen Füssen und warteten darauf, beantwortet zu werden. Er fing an, sie durchzusehen und zu sortieren, nach einem Prinzip, das nicht zu durchschauen war und in das er keinen Einblick gewährte. Auf jeden Fall war darin keine Logik zu erkennen. Sri Sri Ravi Shankar schätzte das Informelle, das Paradoxe und die Verwirrung, um den Geist aufzubauen. Er liebte die Leichtigkeit, die Flexibilität, die Gelassenheit.

*„Sei nicht von der Logik abhängig", meinte er. „Das was zu existieren scheint, ist nicht alles, was es gibt. Diese Schöpfung ist so geheimnisvoll. Die Logik kann dich von einem Punkt zum anderen bringen. Logisch wäre es zu sagen, dass eine halb geschlossene Tür auch eine halb geöffnete ist. Folglich wäre eine ganz verschlossene Tür eine ganz geöffnete Tür... Die Logik entspricht nur einem ganz kleinen Teil unserer Existenz. Man kann nicht das ganze Universum in diesen kleinen Löffel, den wir Logik nennen, packen. Das ist offensichtlich."*

Ich wartete aufmerksam auf das, was er sagen würde, voll freudiger Erwartung, aber ohne Leidenschaft... Der Abend hätte auch ohne Worte weitergehen können. Das kam manchmal auch vor. Allein die Gegenwart von Sri Sri Ravi Shankar war schon Wissen genug.

*„Alle Probleme, mit denen du im Leben konfrontiert wirst haben damit zu tun, dass du den Ereignissen eine zu große Bedeutung beimisst. Die Ereignisse scheinen immer grösser zu werden, und du wirst*

*immer kleiner... Das Wissen ist nicht in den Ereignissen, sondern jenseits der Ereignisse zu finden. Nur wenn du das Ereignis hinter dir lässt, kann die Wahrheit aufsteigen. Ein bestimmtes Ereignis für sich kann dir nur eine irreführende Ahnung bringen. Du musst die Gesamtheit der Ereignisse, die Gesamtheit aller Ereignisse, die Unendlichkeit in Betracht ziehen.*

*Alles ändert sich andauernd, eine Persönlichkeit, ein Körper, ein Geist, das ganze Benehmen. Nur die Liebe ändert sich nicht. Jenseits der Person findest du die Liebe. Wenn du deine Persönlichkeit verlierst, wirst du zur Liebe. Wenn du dich nicht verlieren kannst, wirst du dich auch nicht finden können. Verliere also deine Persönlichkeit: Du wirst dein Selbst finden.*

*Hinter jedem Objekt findest du die Unendlichkeit. Ein Objekt hat jedoch Grenzen. Nimm ein Objekt und mach es kleiner, kleiner und noch kleiner, und du erhältst ein Atom. Das Atom entspricht der Unendlichkeit. Jedes Atom enthält einen unendlichen Raum. Jenseits des Objekts ist Unendlichkeit. Das Objekt jenseits des Objekts ist die Unendlichkeit. Die Person jenseits der Person ist Liebe.*

*Maya, die Illusion, bedeutet, sich in den Netzen des Ereignisses, der Persönlichkeit, des Objekts gefangen nehmen zu lassen. Wissen, Liebe und göttliches Bewusstsein sehen über das Ereignis, die Persönlichkeit und das Objekt hinaus. Kannst du das sehen? Es handelt sich nur um eine kleine Verschiebung der Perspektive... Du bist nicht begrenzt, du bist das Universum... Du wächst über das Ereignis hinweg.“*

Stille...

*„Sieh, was gerade in deinem Geist geschieht: „Ja, ja“, oder „Nein, nein“, „Wie kann das sein?“ Bist du dir dieses Phänomens völlig bewusst? Es passiert gerade jetzt, in diesem Moment... Wenn du dir bewusst wirst über deinen eigenen Dialog, dann ist dein Bewusstsein völlig wach. Was ich sage hat keine Bedeutung – du kannst damit einverstanden sein oder nicht – aber wenn es dir bewusst ist, was dein Geist dir sagt, dann hast du einen reifen Geisteszustand erlangt.“*

Zurück zu den kleinen Papieren... Er hatte die Fragen, die auf Englisch verfasst waren, zur Seite gelegt, um sie selbst laut vorlesen zu können. Die anderen warf er einfach einer jungen Frau zu, die die improvisierte Aufgabe einer Übersetzerin übernehmen sollte.

Das Kriterium für ihre Wahl war nicht klar: Vielleicht ihre Kompetenz, vielleicht ganz einfach ihre Schüchternheit oder sonst irgendetwas... Jeder andere konnte den Meister ebenfalls jederzeit direkt befragen. Aber die wenigsten fanden Gefallen daran. Frage: „Ist es vorteilhaft, sich um alte Verletzungen zu kümmern, die mit Erlebnissen in der Kindheit zu tun haben?"

Sri Sri Ravi Shankar:

*„Erstens ist es eine Illusion zu glauben, dass sich all diese Erlebnisse tief in deinem Inneren befinden. Wenn du glaubst, viele „alte Wunden" und „Emotionen aus der Kindheit" zu haben und du sie heilen willst, tust du etwas Unmögliches. Das ist dasselbe, wie wenn du eine Katze fangen willst, die gar nicht da ist. Oder wenn du sagst: „In Ordnung, ich will das vergessen, ich will das vergessen." Wie kannst du etwas vergessen, dadurch dass du es vergessen willst? Kannst du das? Jedesmal erinnerst du dich selbst daran: „Oh, ich hatte diese Emotionen in der Kindheit und ich möchte davon geheilt werden", und verstärkst sie dadurch. Du kannst während fünfzehn oder zwanzig Jahren Hilfe in Anspruch nehmen und du wirst immer noch finden, dass du nicht geheilt bist und dass irgendetwas noch da ist... Du wirst eine momentane Erleichterung erfahren und das gleiche fängt wieder von vorne an. Auf diese Weise kann man sich nicht von negativen Emotionen befreien. Du musst deine Aufmerksamkeit auf die Ursache, auf die Wurzeln lenken.*

*Was ist das? Eine Emotion bewirkt eine Empfindung im Körper. Löse sie von dem Ereignis, indem du die Empfindung und den Atem beobachtest. Über den Atem kannst du das Problem überwinden, und Heilung geschieht auf eine spontane und natürliche Weise. Wisse vor allem, dass tief in deinem Inneren nicht eine dieser Emotionen und nicht eines dieser Ereignisse dich beeinträchtigt hat. Dein Selbst und deine Seele sind unsterblich. Deine Seele ist Licht. Kann irgendetwas dem Licht etwas anhaben? Kann die Dunkelheit jemals das Licht zerstören? Das ist noch niemals geschehen und wird auch nicht geschehen.*

*Was auch immer für ein Eindruck entsteht, er erscheint nur an der Oberfläche. Es handelt sich nicht um eine Tatsache, nicht um eine*

*Realität. Siehst du, was ich sagen will? Es ist sehr schön, das zu verstehen. Die Funktion der Meditation ist es, dich direkt in Kontakt mit dir selbst zu bringen. „Yoga" bedeutet, „zu seiner Natur zurückzukehren, sich in seiner Natur daheim zu fühlen, zu sich selbst zurückzukehren, zum Selbst"... Das Ziel ist genau dort, wo du dich befindest. Dort wo du dich befindest, bist du unschlagbar... Es gibt überhaupt keine Verletzungen in dir. Eine Narbe kann wieder zum Vorschein kommen, aber das betrifft nur die Oberfläche. Und die Oberfläche heilt perfekt von allein aus, von dem Moment an, wo du die Verletzung als unkompliziert anerkennst. Also bitte, denk nicht weiterhin: „Das liegt an meiner Kindheit, meine Mutter hat dies gesagt und mein Vater hat das getan." Schaffe nicht weiterhin eine solche Verbindung. Mach Übungen, Meditation, Pranayamas, und du wirst sehen, dass du wunderbar gesund bist."*

„Ist es sinnvoll, sich einer Psychotherapie zu unterziehen?"

*„Jeder Psychologe sollte Buddha studieren. Ohne diesen Aspekt können seine Nachforschungen nicht vollständig sein. Buddha hat das Wissen über den Geist und seine Funktionen sehr methodisch dargestellt. Weisheit ist, das Ereignis von der Emotion zu trennen und die Emotion von der Empfindung. Unwissenheit ist, eine Empfindung mit einem Ereignis zu verbinden, zum Beispiel Traurigkeit oder jedes andere Gefühl. Das macht dich unglücklich. Und es reaktiviert unbegrenzt den Kreislauf.*

*Vielleicht gibt es einen Vorteil in der traditionellen Psychotherapie, ich schließe das nicht völlig aus. Sie hat einen bestimmten Wert, aber sie weist auch ernsthafte Schwachstellen auf, und es ist schon lange an der Zeit, dass das erkannt wird. Ich denke, dass es bereits Therapeuten gibt, die sich dessen bewusst sind und den Wert der Meditation, der Stille und der Beobachtung erkannt und sie ihren Therapien hinzugefügt haben.*

*Unglücklicherweise hat sich keiner der Psychiater, die zum Fortschritt ihres Berufs beigetragen haben, für Buddha oder irgendein anderes erleuchtetes Wesen der Vergangenheit interessiert. Sie haben Bände und noch mehr Bände vollgeschrieben, ohne eine Ahnung von der Tiefe der Meditation zu haben, ohne überhaupt etwas von ihr zu wissen, von der wahren Quelle des Geistes."*

„Was soll man tun, wenn eine Mutter grausam ist?"

Nach einer Pause antwortete er ein wenig ernst, weil er sich bewusst war, an eine noch nicht verschlossene Wunde zu rühren:

*„Eine Mutter kann nicht grausam sein. Diejenigen, die so erscheinen, haben es dem Stress zu verdanken... Hilf ihr, sich von dem Stress zu befreien und du wirst ihre Liebe sehen."*

„Was ist der Ursprung von Stress?"

*„Er entsteht, wenn man in Aktivitäten eingebunden ist, die die eigenen Fähigkeiten übersteigen. Wenn du mehr tust als du kannst, bringt das Stress mit sich. Wenn dein Bewusstsein eine bestimmte Größe hat, du aber etwas Größeres bewältigen musst, entsteht Stress. Wenn dir dein wahres Potenzial nicht bewusst ist, bedeutet auch das Stress."*

„Wie kann ich immer glücklich sein?"

*„Vergiss das „immer" und dann wirst du glücklich sein. Wenn man immer den Komfort möchte, wird man faul. Wenn man immer die Perfektion sucht, wird man zornig. Wenn man immer reich sein will, wird man gierig.*

*Die Angst kommt, wenn du nicht realisierst, dass nur das Leben immerwährend ist. Diese Projektion der Natur des Selbst – das „immer" ist – auf das Vergängliche – das niemals „immer" sein kann – nennt man Maya, die Illusion. Es gibt nicht mehrere Wege, es gibt nur einen, der dich führen kann. Wenn du das Wort „immer" aus deinem Wörterbuch streichst, dann ist alles „sehr gut".*

*Lass das „immer" los, und alles wird gut – das ist Intelligenz."*

„Ich finde, dass je mehr Geld wir verdienen, desto weniger Glück gibt es. Warum?"

*„Es ist nicht das Geld, sondern dein Verlangen und deine Gier, die das Glück verhindern."*

„Was ist gut und was ist schlecht?"

*„Was dir für kurze Zeit Unwohlsein bereitet aber auf lange Sicht Glück bringt, ist gut. Das Gegenteil davon, das was dir für kurze Zeit Glück bringt und auf lange Sicht nur Elend bereitet, ist schlecht."*

„Warum fährt der Geist damit fort, zu urteilen und zu analysieren? Das ist gut, jenes ist schlecht... Ich bin zu analytisch."

*„Der analytische Teil des Geistes sollte begrenzt werden. Gib der Unschuld Raum. Für den Geist ist es notwendig, zu analysieren, seine Reife zu zeigen. Halte das Gleichgewicht. Wenn du Musik hörst, spricht die Liebe. Dann analysierst du nicht. Du hast den ersten Schritt gemacht, wenn du dir dessen bewusst wirst. Jetzt singe, tanze und lasse jedem die Freiheit zu denken. Meditiere und du wirst die Veränderungen sehen können. Aber es ist schon besser, nicht wahr?"*

„Warum tauchen Urteile auf?"

*„Warum sollten sie nicht auftauchen?"*

„Was kann man tun, um in der Gesellschaft nicht mehr ängstlich zu sein?"

*„Erstens: Betrachte alle als Dummköpfe. Zweitens: Betrachte auch dich selbst als einen Dummkopf. Drittens: Betrachte dich als Lernenden."*

„Wie kann ich mich von dem Zorn befreien, der in meinem Geist kocht?"

*„Durch Beobachten durch das Wissen und durch Übung.*

*Es gibt zwei Arten, wütend zu sein. Die erste besteht darin, sich davon mitreißen zu lassen und nicht aufhören zu können, die andere, deine Wut auszudrücken. Wenn du die Wut in dir wahrnimmst, zeig sie einfach, wie du es den Kindern gegenüber tust. In Wirklichkeit bist du nicht wütend, wenn du dich über sie ärgerst. Du findest dein Lächeln schnell wieder. Wenn du aber auf jemand anderes wütend bist, auf deinen Freund, deinen Cousin oder deinen Nachbarn, bleibt diese Wut zwei Tage lang in deinem Geist. Während zwei Tagen bedrängt sie dich, manchmal sogar während ein paar Wochen oder sogar Monaten. Diese Art von Wut bringt dein Gehirn zum Kochen und deinen Geist völlig durcheinander. Das ist nicht gut. Wenn du deine Wut aber ganz einfach zeigst, ist es in Ordnung."*

„Wenn man im gegenwärtigen Augenblick lebt, wird man dann von der Wut befreit?"

*„Ja. Und die Übungen helfen dir, tief im gegenwärtigen Moment zu leben. Du musst dich auch von der Wut befreien, die schon da ist, in den Zellen deines Körpers. Die Kinder befinden sich in der Gegenwart. Tränen steigen ihnen in die Augen, sie weinen, aber im nächs-*

*ten Moment können sie schon wieder lächeln. Du brauchst nicht viel Zeit, um sie umzustimmen. Sie sind fast sofort wieder in Ordnung. Manchmal regen sie sich auf, sie weigern sich, das zu tragen, was du ihnen befiehlst und fangen an zu brüllen. Und gleich darauf ist alles wieder gut. Es gelingt den Eltern perfekt, sie abzulenken, weil die Kinder im gegenwärtigen Augenblick leben. Du zeigst ihnen ein Spiel, eine Süßigkeit oder ein Karamell, und ihre Aufmerksamkeit ist schon woanders. Es geht ihnen wieder gut. Sie vergessen ihre Wut vollkommen. Sie wiederholen nicht bis zum Überdruss: „Mama, du hast meine Haare so unsanft gekämmt" oder: „Du hast mich gezwungen, diesen Mantel anzuziehen"... Was ist, ist. Sie haben vergessen. Und doch waren sie so wütend gewesen. Ihre Wut war von einer unglaublichen Intensität! Das kann sogar bei einem kleinen, sechs Monate alten Baby der Fall sein...*

*Es hält etwas in seiner Hand, und du nimmst es ihm weg. Beobachte, in was für einen Zustand es gerät! Hast du das schon einmal gesehen? Es kann dabei ganz scharlachrot werden. Aber die Intensität der Wut geht sehr schnell zurück. Jede Emotion ist dann gesund, wenn sie so lange bestehen bleibt wie ein Strich auf der Wasseroberfläche... Wenn deine Emotionen nur so lange dauern, dann ist es gesund. Es ist wunderbar."*

„Ist das eine gute Methode, die linke Wange hinzuhalten, wenn die rechte geohrfeigt wurde?"

*„Wenn die Person sensibel ist, halte die andere Wange hin. Wenn sie dagegen stumpf und unsensibel ist, biete ihr die Stirn. In Indien erzählt man immer wieder folgende volkstümliche Weisheit: „Wenn es ein Büffel ist, nimm den großen Stock; wenn es eine Kuh ist, genügt der Schatten des Stocks."*

„Wie sollen wir die schlechten Eigenschaften der Kinder verbessern?"

*„Sprich mit ihnen, lehre sie, sage es ihnen, zeige es ihnen. Kinder verstehen, dass es nötig ist. Sie sind vollkommen einverstanden. Sie können geformt werden.*

*Wir müssen zuerst dafür sorgen dass wir selbst stabil sind. Wir müssen auf unsere Emotionen achtgeben. Wir müssen uns selbst reinigen. Während des Schlafs befreien wir uns lediglich von der Müdigkeit, von der Mattigkeit. Der Stress und die Emotionen im Körper sind jedoch so tiefgreifend... Sie durchdringen alle Zellen. Aus diesem Grund müssen wir die Übungen machen: Meditation, Kriya, Atemübungen. Sie können das ganze System reinigen. Danach sind wir zentrierter. Nichts kann uns durcheinander bringen. Andernfalls werden unser Gleichgewicht und unser Frieden durch ganz kleine Dinge erschüttert. Jemand sagt dir etwas völlig Belangloses, und du explodierst. Dein Schlaf ist vollkommen gestört... Deshalb sind die Übungen unentbehrlich.*

*Wann bist du in der Lage, ein Problem zu lösen? Wenn du es als Herausforderung betrachten kannst. Worin liegt der Unterschied zwischen einem Problem und einer Herausforderung? Wenn du etwas als Problem betrachtest, bist du ein Teil des Problems und nicht ein Teil der Lösung. Wenn du etwas als Herausforderung siehst, bist du eher ein Teil der Lösung als ein Teil des Problems. Eine Herausforderung kannst du als Abenteuer betrachten. Es ist an der Zeit, unternehmungslustig zu werden und viele Abenteuer zu bestehen."*

„Kann man auch zu viel meditieren?"

*„Meditiere so viel, wie man dir sagt. Es ist wie wenn du badest. Nimmst du Bäder, die vierundzwanzig Stunden dauern?"*

„Wie kann man gegen Faulheit und mangelnde Disziplin angehen?"

*„Das spielt keine Rolle, sei einfach rebellisch. Und sei rebellisch gegen deine Rebellion."*

„Wie tröstet man jemanden, den man liebt?"

*„Es braucht mehr als Worte. Sei einfach mit ihm... Die Zeit wird ihn heilen und später, nach einigen Monaten – sechs Monaten oder einem Jahr... – kannst du ihm sagen: „Wach auf!" Oder einfach: „Komm, wach auf!", wenn er sich dann immer noch im gleichen Zustand befindet."*

„Wie soll man mit Selbstmordtendenzen umgehen?"

*„Der Selbstmord entspricht der Situation, seinen Mantel auszuziehen, wenn man friert. Warum macht man Selbstmord? Um frei zu sein, um sich nicht mehr so elend zu fühlen... Der Selbstmord ist*

*eine sehr unwissende Handlung! Ein Mangel an Verständnis über sich selbst. Das geht darauf zurück, dass niemand demjenigen erklärt hat, wie er sich vom Stress befreien kann. Ehre das Leben. Es bringt nichts, Selbstmord zu begehen.“*

„Was kannst du uns über das Jenseits sagen?“

*„Interessiere dich erst einmal für hier unten. Es gibt hier genug zu tun... Etwas ist sicher, du wirst wissen, worum es sich handelt, wenn du dort ankommst! Diese Erfahrung kann dir nicht entgehen. Wenn du lebst, bist du neugierig und möchtest verstehen, was nach dem Tod sein wird. Und nach dem Tod geschieht dasselbe in der anderen Welt. Du gerätst in Verzückung und sagst: „Wie ist wohl das Leben? Wir wollen ein wenig auf die Erde zurückkehren und sehen, wie es dort ist.“*

*„Was ist mit Aids?“*

*„Aids hat dein Bewusstsein gefangen genommen, denn es erinnert dich daran, dass du diese Welt verlassen musst, und zwar früher, als du angenommen hattest. Normalerweise leben wir so, als wenn wir für immer auf dieser Welt bleiben würden. Niemand denkt auch nur daran, dass er eines Tages gehen muss. Man sagt sich: „Vielleicht kann ich ja bleiben?“ Aber man wird eines Tages gehen müssen. Dieses Wissen ist nicht gegenwärtig. Aids verkürzt das Leben. Wir sind nicht für unseren Körper geboren, auch wenn wir ihn genießen. Dieser Genuss wird ebenfalls verschwinden. Ob du es akzeptieren kannst oder nicht, wir alle werden diese Welt verlassen. Die Menschen, die an Aids erkrankt sind, haben einen Schock erhalten. Es wurde ihnen auf brutale Weise bewusst: „Wo werde ich hingehen?“ Aber du darfst nicht im Selbstmitleid versinken. Denk daran, dass es wichtiger ist, dein Leben voll zu leben, als zu wissen, ob du lange leben wirst. Du kannst hundertzwanzig Jahre leben, schlafend, voller Drogen, betrunken, elend. Und dann? Manche Menschen leben sieben Jahre im Koma. Selbst die Menschen, die sie am meisten schätzen, wollen schließlich, dass man sie gehen lässt. Leb dein Leben intensiv und sorg dafür, dass es um dich herum noch zwei Mal stärker gelebt wird.“*

„Wie kann die Angst vor dem Tod überwunden werden?“

*„Nur auf zwei Arten: Erstens, du stirbst, oder zweitens, du meditierst.“*

„Was ist das Ziel des Lebens?"

*„Diejenigen, die es wissen, werden es dir nicht sagen, und diejenigen, die es dir sagen, wissen es nicht!... Welches ist die wirkliche Bedeutung des Lebens?... Ah... Es ist besser, wenn du das selbst entdeckst. Erkundige dich nicht bei mir. Das ist, wie wenn du mich bitten würdest, dein Bonbon für dich zu lutschen. Das ist nicht möglich. Ich kann dir das Bonbon zwar in den Mund stecken, aber ich kann es nicht für dich kauen. Du musst dein Bonbon schon selbst kauen. Lebe mit dieser Frage. Ich kann dir sagen, du kannst dich sehr glücklich schätzen, dass diese Frage in deinem Geist aufgetaucht ist. Eine Person unter einer Million fragt sich, welches das Ziel des Lebens ist. Es ist eine sehr ehrliche Frage. Das bedeutet, dass du aufgehört hast, einfach nur zu existieren und dass du dich auf diesem großartigen Pfad auf den Weg gemacht hast. Lebe mit dieser Frage und sei nicht allzu sehr in Eile, eine fertige Antwort von wem auch immer zu erhalten. Geh tief in dein Inneres und du wirst sie entdecken."*

„Wie sollen wir wissen, was unsere Lebensaufgabe ist?"

*„Wenn du bei einer bestimmten Beschäftigung vollkommen die Zeit vergisst, wenn du etwas Bestimmtes immer und immer wieder tun möchtest und wenn du dich glücklich fühlst, es zu tun, kannst du es als deine Lebensaufgabe betrachten."*

„Gibt es das Schicksal, und wenn ja, was bedeutet der freie Wille?"

„Was nicht Schicksal ist, ist der freie Wille. Weißt du, was du als „Schicksal" oder „freien Willen" bezeichnest? Wenn deine Gedanken mit dem, was geschieht zusammenfallen, was sagst du dann? „Ich wollte es so, und es ist geschehen." Wenn deine Gedanken mit den Ereignissen nicht übereinstimmen, nennst du es Schicksal."

„Wie ist es möglich, nichts von jemandem zu erwarten, den du bedingungslos liebst und dem du alles gegeben hast, was du hast? Das ist sehr schwer..."

*„Wie es möglich ist, nichts zu erwarten? Gut, dann erwarte weiterhin etwas! Viele Leute sagen mir: „Es ist so schwer, zu verzeihen..."*

*Ich sage: „Dann verzeihe nicht." „Es ist so schwer, zu vergessen..." Ich sage: „Dann vergiss nicht." Warum etwas tun, das so schwer ist?*

*Ist es einfach, nicht zu verzeihen und jemanden weiterhin zu verurteilen? Tu es, wenn es leicht ist. Wenn es so schwierig ist, nichts zu erwarten, dann erwarte eben etwas! Wenn es einfach ist, etwas zu erwarten, dann tue es weiterhin. Und wenn das was du erwartest nicht eintrifft, wenn du nichts bekommst, wirst du enttäuscht sein. Und wenn es einfach ist, enttäuscht zu sein, sei enttäuscht. Wenn es einfach ist, dann tue es. Tue, was einfach ist...!"*

„Wie kann ich Vertrauen haben?"

*„Kämpfe nicht darum. Vergiss es. Hast du Vertrauen in die Tatsache, dass du kein Vertrauen hast?"*

„Was ist das Wissen?"

*„Was möchtest du wissen? Was du wissen möchtest ist das Wissen."*

„Was ist der Ursprung der Unwissenheit?"

*„Die Weisen aus früheren Zeiten antworteten: „Das ist zu viel gefragt. Frage das nicht." Das Leben ist Unwissenheit. Man kann diese Frage nicht beantworten."*

„Unsere Natur ist es, voller Freude zu sein. Warum schätzen wir das nicht einfach?"

*„Stell dir weiterhin solche Fragen. Wundere dich."*

„Was ist die Unendlichkeit? Was ist die Schöpfung?"

*„Betrachte den Himmel und du wirst es verstehen."*

„Was ist die Kunst des Lebens?"

*„Was ist Kunst? Kunst bedeutet, zu wertschätzen, was ist. Hast du begonnen das Leben als solches zu genießen, und nicht nur die Nebensächlichkeiten des Lebens? Vom Moment an, wo du das tust, hast du die Kunst des Lebens gelernt..."*

„Gleichgeschlechtliche Menschen ziehen mich an..."

*„Die Liebe ist keine Handlung, sie ist die Beschaffenheit unseres Seins. Wir sind Liebe. Du kennst die Liebe nur als Handlung. Geh jenseits davon. Die Natur des Bewusstseins ist Liebe. Wir sind sehr viel mehr als der Körper. Jay Guru Dev."*

Dann sagte er:

*„Du bestehst aus beiden, aus deiner Mutter und aus deinem Vater. So hast du beide Wesenszüge in deinem Inneren, sowohl männliche als auch weibliche. Es gibt viele Männer, die mütterliche, also weibli-*

*che Eigenschaften in sich tragen.Gleichzeitig gibt es auch Frauen, die mehr männliche Eigenschaften aufweisen. Die Liebe ist jenseits von diesen Eigenschaften. Sie ist jenseits von der Unterscheidung in männlich und weiblich. Sie ist nicht auf den Körper oder auf die Emotionen beschränkt. Sie transzendiert alle unsere Identifikationen."*

„Was tun, wenn die Spiritualität das soziale Leben stört?"

*„Wie soll die Spiritualität das soziale Leben stören? Man muss seine Zeit nur geschickt einteilen."*

„Glaubst du an den Einfluss der Astrologie?"

*„Alles in diesem Universum hat eine Wirkung auf irgendetwas anderes. Wie stark es dich beeinflusst, das kommt darauf an... Bei der Astrologie kannst du dem Kosmos die Schuld geben. Deine Wut richtet sich gegen die Planeten..."*

„Verstoßen die Wunder gegen die Gesetze der Wissenschaft?"

*„Wunder sind die Ausnahmen der Regeln, für die die Wissenschaft noch keine Antwort und keine logische Erklärung gefunden hat. Ein Phänomen wie eine Blume, die aufblüht, ist auch ein Wunder."*

„Ich bin sehr ehrgeizig, aber der Fortgeschrittenenkurs lehrt mich spirituell zu sein."

*„Die beiden schließen sich nicht aus. Das ist wie wenn du dich fragst: „Soll ich zuerst Fernsehen oder das Programm studieren?" Man kann beides tun!"*

„Was ist wichtiger: Das zu befolgen, von dem man glaubt es sei richtig, oder seine Pflicht zu erfüllen – wie zum Beispiel die Verantwortung für die eigene Familie wahrzunehmen?"

*„Beides. Sowohl das eine wie auch das andere."*

„Welches ist die Bedeutung des Fastens?"

*„Fasten erlaubt deinem System, sich zu erholen. Es muss unaufhörlich arbeiten. Es bekommt keinen bezahlten Urlaub... Gib ihm Ferien! Aber das Fasten muss sorgfältig überwacht werden, unter Aufsicht einer qualifizierten Person."*

„Was ist der Unterschied zwischen Hingabe, Fanatismus und Abhängigkeit?"

*„Liebe in ihrer Vollendung, auf ihrem Höhepunkt nennt sich Hingabe. Fanatismus beinhaltet, auf niemanden mehr zu hören. In der*

*Hingabe ist Mitgefühl, also eine Öffnung, zu erkennen. Im Fanatismus verschließt du dich, verlierst das Gefühl der Zugehörigkeit. Es entsteht Wut, Hass. Bei der Hingabe gibt es keine harten Gefühle. Abhängigkeit ist das, was dir keinerlei Freude bringt und dich elend werden lässt.“*

„Mir fehlt die Hingabe für dich.“

*„Das spielt überhaupt keine Rolle. Auf jeden Fall ist sie nicht notwendig. Ganz einfach: Fühle dich zu Hause, sei glücklich, lächle. Und tue Dienst an den anderen. Zwinge dich niemals zur Hingabe. Vergleiche nicht. Du kannst dich inspirieren lassen, aber vergleiche nicht. Sei geduldig. Mach dir nichts daraus. Wen kümmert das, ob es in dir Hingabe gibt oder nicht?... Fühle dich nicht von mir getrennt. Fühle dich vollkommen zugehörig. Fühle dich vollkommen frei.“*

„Was ist die Wahrheit?“

*„Das, was sich durch die Zeit nicht ändert. Das was sich ändert ist nicht wirklich. Gehen wir einmal davon aus, dass du sagst: „Auf dem Tisch stehen Blumen.“ Diese Aussage wird morgen nicht mehr wahr sein. Was durch die Zeit nicht verändert wird, ist die absolute Wahrheit. Was heute da ist, aber morgen nicht mehr da sein wird, ist die relative Wahrheit.“*

„Ich habe nicht das Bedürfnis, einen Meister zu haben. Was denkst du über jemanden wie mich?“

*„Folge meinem Rat nicht!“*

„Wie kann ich einen richtigen Guru von einem Scharlatan unterscheiden?“

*„Anstatt diese Frage zu stellen, frage dich lieber, ob du ein aufrichtiger Sucher bist. Geh tief in dich selbst. Beobachte, ob du völlig eins mit dir bist. Du wirst mich finden, wenn du authentisch bist.“*

„Wer ist dein Guru?“

*„Jedes Kind. Wir alle sind mit dieser Göttlichkeit geboren. Irgendwann hast du sie wieder verloren. Deine Natur ist göttlich, die Laster sind nur überlagert.“*

„Braucht man für die Selbstverwirklichung einen Guru?“

*„Ist es notwendig, diese Frage zu beantworten? Das ist so, wie wenn du jemanden fragst, ob er schläft... Wenn er „ja“ sagt heißt das...*

*Wenn er „nein" sagt bedeutet das... Es ist wie wenn du sagst: „Ich werde dir ein Medikament verschreiben, aber sag nicht, dass ich ein Arzt bin." Das Wort Guru bedeutet: „Derjenige, der Licht bringt, um das zu erhellen, was du nicht weißt... Derjenige, der die Dunkelheit entfernt. Die Mutter ist der erste Guru, weil sie dem Kind die Sprache lehrt... Der Lehrer in der Schule ist ebenfalls dein Guru... Ein Guru ist das gleiche, was ein Lehrer auch ist, in einem tieferen Sinn...*

*Ein Lehrer, der Transformation in dein Leben bringt, ist ein Guru."*

„Die Leute vergöttern ihren Guru blind. Ist das gut? Sollten sie nicht nur das Göttliche anbeten?"

*„Warum betet jemand einen anderen an? In der Schule sind es die Rockstars, die Filmschauspieler und die Sportler, die verehrt werden. Diese Verehrung gehört zur menschlichen Natur. Tief in deinem Inneren findest du diese Fähigkeit, gute Eigenschaften zu ehren und zu schätzen. Die Verehrung der Gurus wurde aus uralten Zeiten überliefert. Im Osten sind die Menschen stolz auf ihre Gurus. Man weiß, dass man Gott berührt, wenn man sein Ego dem Guru übergibt. Wenn dein Leben ausgefüllt ist, empfindest du ein Gefühl von Dankbarkeit. Du beginnst mit dem Guru und endest damit, alles im Leben zu verehren. Der Guru ist nur ein Anfang. Im Oktober findet in Indien ein Festival statt, wo die Menschen alles verehren, Autos, Motorräder, und so weiter... Alles wird angebetet. Das Göttliche ist in jedem Molekül zu finden. Die Tradition verlangt, dass du fünf neue Bäume pflanzen musst, bevor du einen fällst... Ein unschuldiger Geist sieht überall Leben. Das Leben muss geehrt und angebetet werden. Wenn du das nicht mehr kannst, was bleibt dann noch? Es ist so trocken... Essen, trinken, schlafen. Wenn du Lobreden hältst, geht das Lob zum Göttlichen. Wenn du deinen Guru preist, geht es zum Göttlichen. Wenn du jemanden preist, dehnt sich dein eigenes Bewusstsein aus. Schon für dein eigenes Wohlbefinden solltest du die anderen verehren und anbeten."*

„Dich ausgenommen fällt es mir sehr schwer, die Menschen zu lieben. Ich würde mich gerne von meinem Stolz befreien."

*„Verurteile dich nicht allzu sehr... Die Liebe ist da, zweifle nicht daran. Mach einfach weiter, das ist alles. Vergleiche dich nicht. Die ei-*

*nen drücken Liebe aus, andere nicht. Alles ist in Ordnung. Sei wie ein Pferd, geh mit Scheuklappen weiter und lass dich nicht von deinem Weg abhalten. Alle Menschen können nicht gleich sein...*

*Du hast deine eigenen Talente. Die Fähigkeit zu lieben ist allen Menschen gemeinsam."*

„Wie verhält sich die Wahrheit zur Liebe? Was ist Liebe?"

*„Liebe ist etwas, was jeder schon erfahren hat. Es gibt keinen einzigen Menschen auf der Welt, der nicht weiß, was Liebe ist, der sie nicht zutiefst empfunden hat. Du weißt es schon. Setz dich hin und denk darüber nach. Beobachte es. Je mehr dir bewusst wird, desto mehr wird dir offenbart. Es macht keinen Sinn, Bücher über die Liebe zu lesen... Das verstärkt nur die Konzepte im Geist. Wenn wir voller Stress und Spannungen sind, sind wir unfähig, die Liebe in ihrer reinsten Form wahrzunehmen. Wenn du dich davon befreist, bist du ganz einfach Liebe. Du kommst aus diesem Raum der reinen Liebe. Siehst du was ich sagen will? Wie können wir also mit unseren Spannungen fertig werden? Beobachte sie... Kommen sie nicht von den Dingen, die sich gestern, am Tag davor oder vor zehn Jahren ereignet haben? Du klammerst dich an die Vergangenheit, die jedoch vorbei ist. Deine ganze Wut kommt aus der Vergangenheit. Kannst du die Vergangenheit zurückholen? Beobachte in jedem Moment was in deinem Geist geschieht. Er geht zurück zur Vergangenheit, er wird wütend wegen der Vergangenheit oder er hat Angst vor der Zukunft, nicht wahr? Erinnerst du dich daran, was vor zehn Jahren war? Schau zurück und sieh. Warst du nicht unruhig darüber, was geschehen würde? Aber du bist durch das Leben gegangen, oder? Wenn du dein eigenes Leben beobachtest, kannst du feststellen, wie sinnlos diese Zukunftsangst war – ein Verlust an Zeit und an Energie. „Was wird geschehen? Was wird geschehen?" Wenn dieses Hin und Her im Geist aufhört, kommst du in Kontakt mit der Energiequelle in dir. Lebe im gegenwärtigen Augenblick. Jetzt!"*

„Was kann man tun, wenn man negative Gefühle hat?"

*„Empfange sie mit offenen Armen. Heiße sie willkommen. Aber lass dich nicht von ihnen beeinflussen. Machst du dir gerade Sorgen? Dann mach dir Sorgen um große Dinge...*

*Was wird in fünftausend Jahren in Bali geschehen?"*

„Sprich noch mehr über dein Lieblingsthema, die Liebe."

*„Wenn du jemanden liebst, drück es nicht mit allzu vielen Worten aus. Die Liebe ist wie ein Samen: Wenn du sie zu oft ausdrückst, kann der Samen nicht aufgehen. Das ist sowohl im Osten als auch im Westen ein Problem. Im Osten drücken die Menschen ihre Liebe überhaupt nicht aus. Sie fühlen zwar Liebe, aber der Ausdruck dafür fehlt ihnen. Im Westen wird die Liebe zu sehr mit Worten ausgedrückt. In beiden Fällen kann die Liebe nicht wachsen, nicht genügend tief, kraftvoll und stark werden. Wenn ein Samen zu tief in die Erde eingegraben wurde, kann er nicht sprießen. Wenn er zu sehr an der Oberfläche liegt, geht er ebenfalls nicht auf. Er muss irgendwo dazwischen liegen. Wenn du jemandem sagst: „Oh, ich liebe dich so, ich liebe dich so, ich liebe dich so!", dann ist die ganze Kraft mit den Worten verloren gegangen. Sei einfach. Handle, aber verwende weniger Worte. Du wirst sehen, dass die Liebe in die Handlungen, in den Blick, in das Leben eindringt. Sie wird sehr aktiv. Siehst du, was ich sagen möchte? Eine andere Person kann diese authentische Liebe in dir wahrnehmen. Du musst nicht immer sagen: „Oh, ich liebe dich so!" Siehst du das?"*

„Ich bin mit jemandem zusammen, aber unsere Beziehung läuft nicht gut. Soll ich den Partner wechseln?"

*„Wenn du rudern kannst, kannst du jedes Ruderboot in Bewegung setzen. Wenn du überhaupt nicht rudern kannst, hilft es dir nichts, das Boot zu wechseln."*

„Welches ist deine größte Verantwortung?"

*„Meine größte Verantwortung besteht darin, dir deine eigene Verantwortung bewusst zu machen."*

„Wie kann ich eine Person, die mir nahe steht und die ich sehr schätze und liebe zu dieser Lehre bringen?"

*„Du musst eine List anwenden."*

„Hast du uns auf diese Weise hierhergebracht?"

*„Eine List ist nur notwendig, wenn du nicht verzaubert von etwas bist... (Klatschen). Das ist genug für heute Abend, nicht wahr?"*

Das Interesse des Meisters ging nun zu einem der Geschenke, die neben ihm lagen. Er untersuchte es, drehte es um, drehte es wieder zurück, schüttelte es neben seinem Ohr... Er gab sich Mühe, es sorgfältig zu öffnen, ohne das Papier zu zerreißen: *„Was ist das?... Hmmm?... Das Leben ist ein Überraschungsgeschenk für dich... Die Welt ist ein hübsches Paket, die Welt ist nicht schlecht. Wir haben ein wunderbares Geschenk erhalten, eingewickelt in schönes Packpapier. Wenn du aber beim Papier stecken bleibst, kommst du nicht einmal dazu, es zu öffnen und erfährst nicht, was man dir gegeben hat. Genau das tun die meisten Menschen... Alle sinnlichen Vergnügen der Welt entsprechen dem Geschenkpapier: Die wahre Glückseligkeit findest du im Inneren. Pack das Geschenk aus. Hör auf, dich mit dem Papier abzumühen. Die ganze Welt ist dazu da, von dir wertgeschätzt zu werden."*

Eine mit Pailletten besetzte Salatschüssel aus Plastik kam aus dem Paket zum Vorschein. Oooooh... Sri Sri Ravi Shankar legte sie auf seinen Kopf und begann wieder *Bhajans* zu singen, als sei dies das Natürlichste der Welt, während er weiter Geschenke auspackte: Alles Dinge, die die Leute zum Lachen bringen sollten, und die er später den Kindern oder den Leuten zum Geburtstag schenken würde... Eine Wasserpistole und Spielsachen, die irgendein Geräusch von sich gaben... Der Meister fuhr mit seiner Entdeckungsreise fort, belustigt und unerschütterlich.

Kinderzeichnungen, Gedichte und... große rosarote Hausschuhe mit einem Hasenkopf! Daran sollte es nicht liegen... Er stellte die Salatschüssel wieder zurück und zog die Hausschuhe an. Und Seine Heiligkeit Sri Sri Ravi Shankar Narayana, den alle vertraulich „Guruji" oder „Gurudev" nennen, verließ den Raum mit seinem Engelsgang und den furchtbaren Dingern an den Füssen... Leider nicht zu ändern...

Eines Tages fragte ihn jemand, warum er sich noch weiterhin in die Angelegenheiten dieser Welt verwickeln lassen wolle, er, der alles erreicht hätte was ein Mensch sich nur wünschen könnte. Er antwortete:

*„Was erreicht werden musste ist erreicht. Jetzt kann mich nichts mehr ermüden. Für mich ist das alles ein Spiel. Und Spiele können niemals ermüdend sein...“*

# 3
# BEDINGUNGSLOSE LIEBE

Am nächsten Tag betrachtete mich der Meister wieder mit einer bemerkenswerten Ausdauer: „Sag mal, er merkt sich ja alles an dir!“, flüsterte mir jemand zu. Andere bestätigten mir, dass ich das Glück hatte, den von ihnen so genannten „Segen des Gurus“ zu erhalten...

So widersinnig es auch war, warum fühlte ich mich plötzlich bevorzugt? Vom Moment an, wo ich begann, schmeichelnd und euphorisch zu lächeln, ahnte ich, wie sehr ich mich gerade auf dem Irrweg befand. Übrigens war ich von nun an durchsichtig für den Meister.

Sein offenkundiges Desinteresse ging mir nicht wirklich nahe. Was auch immer passieren sollte, es bestand keine Gefahr, dass ich mich im Stich gelassen fühlte. Die Handlungen eines authentischen Meisters wie Sri Sri Ravi Shankar erfolgen nicht als Reaktion, weder für noch gegen etwas. Er hat keine persönlichen Vorlieben. Da gibt es kein „ich mag, ich mag nicht“... Alles ist für ihn in Ordnung. Was geschehen ist, ist geschehen, weiter nichts. Da gibt es keine Predigt, keine Kritik, nicht einmal einen Ratschlag, da es nichts hilft, jemanden zu beeinflussen. Der Meister zeigt nur die Richtung an, in die man vorzugsweise gehen sollte, um nicht in eine Sackgasse zu geraten. Er weist ganz subtil auf die Mechanismen hin, die systematisch zu den gleichen Fehlern führen. Diese Aufklärung geschieht völlig unerwartet. Es kann sein, dass die Themen in einem Satsang auftauchen, oder aber beim Frage-Antwort-Spiel. Es ist auch möglich, dass sie im Wissensbrief thematisiert werden und dass dann darüber meditiert wird...

Es kann auch nur durch einen flüchtigen Hinweis während des persönlichen Austauschs mit dem Meister geschehen. Man muss es sofort mitbekommen, denn es wird nicht besonders hervorgehoben: Es ist höchstens an einem besonderen Gesichtsausdruck, einer Haltung oder einer Bewegung, die seiner spontanen Inspiration folgen, zu erkennen. Jeder muss das was ihm geboten wird selbst entziffern, um es dann zu verstehen oder auch nicht. Ob das gelingt, spielt keine Rolle. Sri Sri Ravi Shankar erwartet keine Ergebnisse. Er fährt fort, über die Bedürfnisse der Menschen zu wachen, je nachdem, in welcher Phase der Entwicklung sie sich gerade befinden; auf seine ganz eigene, undurchdringliche, ganzheitliche Art. Eines Tages wird das Hindernis überwunden sein, wer weiß wie...

Er sagt:

*„Jeder Fehler geschieht nur aus Unwissenheit, nicht aus Absicht.“*

Da die Schuldfrage aus dem Spiel gelassen wird, kann Gurudev ohne allzu große Nachsicht lehren. Er ist kompromisslos, wenn es um die Heiligkeit des Wissens geht. Es handelt sich um etwas Grundsätzliches, denn er stellt keine Bedingungen und ahndet auch keine Verstöße. Er sagt:

„Es gibt bei der Unwissenheit nichts zu verzeihen, niemals, niemals! *Die Person ist ja unschuldig...*“

Der Meister zeigt sich weich, wenn es um einen Mangel geht, aber hart, wenn es sich um Trägheit handelt. Um das Bewusstsein anzuheben, kommt es vor, dass er jemanden heftig wachrüttelt. Oder aber er lässt ihn in einer heiklen Situation schmoren, auf die Gefahr hin, dass das Ego leidet. Gurudev nennt das „ein kleines, vorübergehendes Unwohlsein“. Das ist sehr nützlich, denn es erlaubt dem Schüler zu ergründen, inwieweit er im Wissen verankert ist. Wenn er nicht die ganze Schönheit des Pfades nutzt, wenn er sie nicht in den Vordergrund stellt, wenn er die Chance nicht ergreift, Zugang dazu zu haben, dann könnte ihm schnell die Luft ausgehen.

Der Aufstieg ist nur durch unvermeidliche Kletterpartien und Talfahrten zu erreichen.

„*Das Wissen ist nicht für die Hühner gedacht...*“, warnt Gurudev ohne Rücksicht auf Verluste. Oder mit anderen Worten, verängstigte Personen, die Angst vor ihrem eigenen Schatten haben und die nichts Eiligeres zu tun haben, als sich um ihr Überleben zu kümmern, sollten keine Zeit in seiner Nähe verbringen: „*Lade dir nicht noch diese zusätzliche Bürde in deinem Leben auf, du hast schon genug!*“ Er meint, es sei höchste Zeit, dass wir wie die Löwen werden, stark mutig und leidenschaftlich... Es ist seine Schalkhaftigkeit, die diejenigen aufbaut, die danach streben, für immer bessere Menschen zu werden.

„*Du kannst dein ganzes Leben damit verbringen, dir Sorgen zu machen, zu jammern, scharf nachzudenken und dich elend zu fühlen. Diese gleiche Energie könnte aber auch dazu verwendet werden, uns in unvorstellbare Höhen anzuheben.*“

Eines Tages fragte ihn jemand: „Wenn du wolltest, dass dir eine bestimmte Frage niemals gestellt würde, welche wäre das?“

Sri Sri Ravi Shankar wiederholte die etwas verwirrende Frage nachdenklich und mit lauter Stimme:

„*Hmmm...* Ich habe noch nie darüber nachgedacht...“ Und lachend: „*Frag mich nicht, woher die Unwissenheit kommt, denn... ich weiß es nicht! Frage mich lieber danach, wie man sie los wird.*“

Woher kommt es, dass die Unwissenheit Gefallen an der Trägheit findet, wo doch die Weichen dafür gestellt wurden, vorwärts zu gehen? Warum geht der Enthusiasmus des Anfangs manchmal zurück? Warum geht der Wunsch sich selbst kennenzulernen verloren? Es bleibt ein Geheimnis...

„*Wenn du „Geheimnis“ sagst, setzt du den Schlusspunkt. Das ist eine Frage ohne Fragezeichen aber mit einem Schlusspunkt.*“ Und Gurudev ergänzt: „Bei *der Spiritualität kann man nicht rückwärts gehen.*

*Du machst zehn Schritte, gehst wieder fünf zurück und dann gehst du voran...*“

Der Aufstieg mag steil erscheinen, aber der Meister, der immer anwesend ist, übernimmt die Funktion eines Geländers. Er macht sich lustig darüber, aus was für kleinen Hügeln man riesige Berge entstehen lassen kann. Er lacht. Denn er kann den Ausgang bereits erkennen. Und wenn das Vertrauen wankt, wird er wissen, wie er nötigenfalls ein wenig nachhelfen kann.

Die Tage gingen vorüber. Der Meister hatte seine Haltung mir gegenüber nicht geändert. Wenn ich vorbeiging, drehte er deutlich sichtbar den Kopf weg und tat so, als würde er meine Gegenwart im Publikum überhaupt nicht bemerken. Ich glaubte noch immer nicht daran, dass er mich wirklich auf Abstand hielt. Kleine Anzeichen verrieten mir andauernd seine Aufmerksamkeit. Aber da seine Verführungskünste bei mir zu wirken begonnen hatten, überschwemmte die Traurigkeit schließlich das Vertrauen.

Als Gurudev seine Augen über den ganzen Raum wandern ließ, erstarb sein Lächeln für einen Moment vor meinen geröteten Augen. Der *Satsang* verlief wie immer. Lieder, Tänze, Lachen... Und bei der Überleitung zur Lektion des Tages berührte er meinen wunden Punkt:

*„Wie könnte der Meister dich ignorieren, wo er doch noch nicht einmal ein Geschenkpapier oder die Blume in einer Vase übersieht? Wie könnte er ein menschliches Wesen ignorieren, das geht, spricht, atmet und zudem noch mit ihm verbunden ist? Wenn es so aussieht, als würde er dich ignorieren, kannst du davon ausgehen, dass ihn das eine große Anstrengung kostet...*

*Das ist das Zeichen dafür, dass du ihm sehr teuer bist. Wenn du das verstehst, solltest du dich ihm sogleich wieder nahe fühlen.“*

Galten diese Betrachtungen für alle? Wahrscheinlich schon. Auf jeden Fall war der Balsam souverän, auch wenn der ausgezeichnete Pädagoge nun wieder zu seinem gleichgültigen Gesichtsausdruck zurückfand...

*„Du kannst nur eine Verletzung spüren, wenn du liebst... Es gibt nur zwei Seinszustände; der erste ist die Liebe, der zweite ist die*

*Gleichgültigkeit. Du kannst leben wie ein Stein, vollkommen gleichgültig, oder aber in der Liebe. Und da kommen dann die verschiedenen Emotionen auf. Du fühlst die Verletzung. Eine Person, die du liebst, lächelt dir nicht zu, und das kann dich treffen. Wenn du die öffentlichen Verkehrsmittel benutzt oder auf einem Flugplatz bist, lächeln dir viele Menschen nicht zu. Aber das berührt dich nicht.*"

Er sagt:

„*Wann manifestiert sich das Ego? Erstens, wenn du keine Aufmerksamkeit erhältst. Zweitens, wenn es so aussieht, als hättest du die Aufmerksamkeit verloren. Drittens, wenn du Aufmerksamkeit erhältst.*"

Es war klar, dass ich jetzt lachte...

„*Aufmerksamkeit ist nicht Liebe. Tatsächlich wird es gar keine Aufmerksamkeit mehr geben, wenn viel Liebe da ist.*"

Ich bin glücklich, weil ich angeschaut wurde, ich bin unglücklich, weil ich nicht angeschaut wurde... War das die Art von Dingen, denen ich alles unterordnen würde? Wenn man bei Sri Sri Ravi Shankar all die kleinen Geschichten der alltäglichen Welt neu inszenieren wollte, würde das bedeuten, sich vielen Frustrationen auszusetzen. Denn es gab nicht die geringste Chance, auf dieser Wellenlänge erfolgreich mit ihm zu kommunizieren. Sie waren zu kurz, wirklich viel zu kurz.

Es war verlorene Liebesmüh ihn mit irgendeiner weiblichen List dazu bringen zu wollen. Und auch vollkommen widersinnig, denn seine Liebe versprach weit mehr als nur Launen nachzugeben oder Wünsche zu befriedigen.

Schließlich beschleunigte diese „Wasser-und-Brot-Kur" eine Art von Ablösung. Als ich seine liebevolle Fürsorge entbehren musste, erkannte ich, dass sie nicht notwendig war. Es war von einer unbedachten Überheblichkeit, sie rechtfertigen zu wollen und vor allem armselig, sie zu erwarten oder noch schlimmer, sie einzufordern. Das war jedoch bei Weitem noch nicht genug, um die Ambitionen zu beseitigen, die durch die Anziehungskraft entstanden waren. Aber da waren das Beispiel des Meisters und seine göttliche Liebe, die Verwirrung verhindern konnten. Ich war immer davon ausgegangen, dass das Leben mich besonders verwöhnt hatte, was die

Liebe betraf. Aber dadurch dass ich Sri Sri Ravi Shankar zuhörte und ihn vor allem auch beobachtete, konnte ich besser erkennen, wie sehr diese schönen Geschichten, die ich erlebt hatte, mich eingeengt hatten, wenn ich sie deshalb auch nicht verleugnen möchte.

Die Liebe, die im Meister wohnte, ignorierte das Hin und Her. Er stellte keine Bedingungen: „Wenn du es so machst, werde ich dich lieben. Wenn du es nicht so machst, werde ich dich nicht lieben"... Er forderte absolut nichts. Trotzdem befand sich alles in seiner Reichweite. Es wäre ein Leichtes für ihn gewesen, zu nehmen ohne zu fragen. Man hätte sich sogar bei ihm bedankt. Aber er sagte: *„Das schönste Geschenk ist kein Geschenk."*

Oft denken die Menschen, dass er einige seiner Vertrauten mehr liebt. In Wirklichkeit hat er nur mehr mit ihnen zu tun. Sie sind die Galionsfiguren des Bootes, das das Wissen so weit wie möglich verbreiten soll. Aber die Liebe des Meisters ist für alle bedingungslos. Und seine Aufgabe ist es, diese Liebe ansteckend werden zu lassen.

„Manchmal höre ich sagen: „Liebe die ganze Welt." Wie kannst du das tun? Kan*nst du es? Kannst du Liebe in dir selbst erschaffen? Das ist nicht möglich. Die Liebe ist ein Ereignis, ein Phänomen...*

*Es gibt viele Arten von Liebe: Die Liebe der Mutter, des Vaters, des Bruders, der Schwester, der Ehefrau, des Ehemannes, des Geliebten, der Kinder, der Tiere, der Bäume, und so weiter. Alle diese Arten der Liebe unterscheiden sich voneinander. Jede ist einzigartig und wunderbar. Aber bedeutet es, jemanden so zu lieben wie er ist? Die Liebe eines selbstverwirklichten Meisters nimmt dich so an, wie du bist. Es gibt keine Bedingungen. So wie du bist, in deiner Ganzheit."*

„Liebst du alle auf die gleiche Weise?"

*„Nein, ich liebe jeden auf eine einzigartige Weise."*

Ich habe noch keinen Schüler gehört, der an dieser Wahrheit gezweifelt und sich nicht tief geliebt gefühlt hätte. Es ist keineswegs sicher, dass das Vertrauen Eltern gegenüber ebenso groß ist.

Sri Sri Ravi Shankar sagt:

*„Du willst Liebe, du verlangst sie, aber was hast du selbst ohne Bedingungen gegeben? Wenn du Forderungen stellst, zerstörst du die Liebe. Wenn ein Vater Forderungen an sein Kind stellt, zerstört er*

*die Liebe des Kindes. Wenn einer der Gatten dem anderen gegenüber Forderungen stellt, zerstört er die Liebe des anderen. Auf die gleiche Weise verkümmert die Liebe, wenn ein Kind Forderungen an seinen Vater, seine Mutter, seinen Bruder, seine Schwester oder seine Freunde stellt. Die Liebe ist ein reines Geschenk ohne Bedingungen. Es spielt keine Rolle wie du bist oder wo du bist, ich bin mit dir, ich unterstütze dich, ich bin du. Das ist Liebe. Wir aber wollen die Liebe zunehmend in einen Besitz oder in ein Geschäft verwandeln. Wir wollen die Liebe besitzen. Indem wir sie besitzen wollen, zerstören wir die Liebe. Wenn du Liebe verlangst, zerstörst du die Liebe. Liebe ist nicht nehmen, sie gibt sich selbst. Geben, geben, noch mehr geben. Das ist es, was die Liebe in dir wachsen lässt...*

*Wenn du in deinem Partner Sicherheit, Liebe, Wohlbefinden suchst, wirst du schwach, du bist im Zustand des Empfangens. Und wenn du schwach bist, kommen alle negativen Emotionen in dir zum Vorschein. Du hast Forderungen. Es reicht, wenn dir diese einfache Tatsache bewusst wird: Forderungen zerstören die Liebe, und wir wollen sie vor der Auflösung retten.“*

Man wird Sri Sri Ravi Shankar niemals seine Papiere lesen oder seine Notizen durchgehen sehen wenn er lehrt. Er bereitet seine Interventionen nicht vor.

Ein alter Druck wird oft hinter ihm aufgehängt: Er stellt den Strom der langen Ahnenreihe der selbstverwirklichten Meister dar, die ihm seit Shankara vorausgegangen sind.

Seine Worte fließen aus diesem Gewässer, das täglich durch die von den Zuhörern neu erschaffte Atmosphäre gefärbt wird. Gurudev fängt die individuellen und kollektiven Bedürfnisse mit einer Intuition ein, die nicht aufhört, einen zu überraschen.

Bis zum Ende seines Aufenthalts in Frankreich sprach Sri Sri Ravi Shankar viel über das Ego und die Liebe. Er entwirrte das Durcheinander. Ego und Temperament, Liebe und Verführung: Verwirrung war nicht selten. Da kam es gelegen, dass er wieder von vorne begann:

*„Ego bedeutet: „Ich bin. Ich bin jemand." Aber jenseits des Ego ist das Sein. Was ist das Ego?... Es ist eine limitierte Identität, eine Vorstellung über dich selbst: Ich bin das, ich bin nicht jenes, das kann ich nicht tun, jenes kann ich tun... Ego bedeutet, Distanz zu den anderen aufrechtzuerhalten. Du richtest eine Mauer auf. Du versuchst, zu beeindrucken. Dadurch entstehen Stress und Spannung in deinem Nervensystem. Das Gefühl von Trennung, eine von der Existenz getrennte Identität zu haben, das ist das Ego. Das ist das erste typische Merkmal. Das zweite ist die Identifizierung mit einer Ideologie. Wenn es um das Ego geht, rechtfertigen wir unsere Handlungen, wir wollen immer recht haben, gut sein, der Beste unter den Besten, wir versuchen, jemand zu sein, wir haben kein Gefühl von Zugehörigkeit... Ein Zustand von Nicht-Entspannung ist auch Ego: Wenn du dich nicht wohl fühlst, nicht bequem, wenn du nicht natürlich bist... Das Gegenteil von Ego ist, vollkommen natürlich zu sein. Wirf einen Blick auf das Ego... Das Ego bewirkt Schwere, Unwohlsein. Es erlaubt der Liebe nicht, sich auszudrücken. Oft nimmst du eine verächtliche, eifersüchtige Haltung ein gegenüber jemandem, der viel Ego hat. Aber du solltest viel eher Mitgefühl, ja, sogar Mitleid empfinden, nicht wahr?*

*Wenn du gut über dich selbst denkst, denkst du auf eine sehr subtile Art und Weise schlecht von den anderen.*

*Wut, Hass, Eifersucht, alle Arten von Dingen ergeben sich daraus. Wenn du schlecht über dich selbst denkst, fühlst du dich minderwertig. Dadurch wirst du wieder wütend und fühlst Hass den anderen gegenüber. Wenn du gut über dich denkst, wirst du Schwierigkeiten bekommen; wenn du schlecht über dich denkst, wirst du noch mehr Ärger bekommen. Lass also deine Vorstellung über dich selbst einfach los."*

„Hast du selbst überhaupt kein Ego mehr?"

*„Es ist das Ego, das mich dazu bringt, mir jeden Tag die Zähne zu putzen... Das Ego hat auch einen positiven Aspekt. Es bringt dich dazu, etwas zu vollbringen. Ein Mensch wird entweder durch Mitgefühl oder durch sein Ego dazu getrieben, eine Arbeit auszuführen. In unserer Gesellschaft werden die meisten Dinge zur Durchführung gebracht, indem das Ego aufgebläht wird. Im Satsang geschieht die*

*Arbeit aus Liebe. Ego bedeutet, beweisen und besitzen zu wollen. Wenn du jedoch aufwachst und siehst, dass es nichts zu beweisen und nichts zu besitzen gibt, löst sich das Ego auf. Die wirkliche Auflösung unseres „ich, ich, ich, ich" ist ein großes Glück, eine große Freude. Das ist göttliche Liebe. Lass für einen Moment alles schmelzen... Sag: „In Ordnung, ich lasse los"..."*

„Muss ich das Ego vollständig beseitigen, um bedingungslos zu lieben?"

*„Wer könnte das Ego beseitigen? Wenn du denkst, dass du dein Ego eliminiert hast, ist das ein noch viel größeres Ego. „Oh, ich habe mein Ego eliminiert!" Das ist wie wenn du sagen würdest: „Ich bin die bescheidenste Person auf der ganzen Welt..." Aber beunruhige dich nicht, versuch nicht, dich davon zu befreien, das würde dich vor noch größere Probleme stellen. Wenn du denkst dass da ein Ego ist, lass es in deiner Tasche, lass es einfach sein..."*

„Warum habe ich dieses Bedürfnis wichtig zu sein oder mich wichtig zu fühlen?"

*„Weil du nicht weißt, dass du so wichtig bist. Wenn du es einmal begriffen hast, hast du es nicht mehr nötig, dich so wichtig zu fühlen. Du bist so einzigartig. Jeder von euch ist so einzigartig in dieser Schöpfung... Die unbedeutenden Leute bewirken, dass die bedeutenden Leute bedeutend werden. Wer ist also der Mächtigste? Der König oder derjenige, der den König zum König macht?"*

Ich frage ihn: „Es gibt einen französischen Ausdruck, der besagt: „Wenn du das Natürliche vertreibst, kommt es im Galopp zurück." Es scheint eher umgekehrt zu sein: Wenn das Natürliche einmal vertrieben wurde, hat es große Schwierigkeiten, wiederzukommen..."

*Er antwortet: „Diese Redewendung wurde aus ihrem Zusammenhang genommen... Wenn du eine angezündete Kerze umdrehst, bleibt es die Natur der Flamme, hochzukommen... Es ist ebenfalls wahr, dass es dir Probleme bereiten wird, wenn du das Natürliche vertreibst..."*

Eine weitere Frage: „Warum ist es einfacher, kompliziert zu sein?"

*„Warum es einfacher ist, kompliziert zu sein! Das erscheint jedem am Anfang so... Du bist es so sehr gewohnt, kompliziert zu sein! Aber*

*mit ein wenig Mühe wirst du die Wahrheit entdecken, die wirkliche Freude, die Beseitigung von Spannungen... Das ist wie wenn du warum fragst, wenn du nicht schlafen kannst, es ist so schwer zu schlafen...*

*Ein altes geflügeltes Wort besagt, dass der Weg der Liebe sehr schmal ist. Man kann darauf nicht zu zweit gehen. Entweder die Liebe oder du. Die Liebe bedeutet, das „Und was ist mit mir?" zu vergessen und sich aufzulösen. Du betrachtest die Unendlichkeit des Himmels: So viele Sterne, der Mond, die Sonne, aber nur ein kleines Partikel Staub genügt, um alles zu überdecken. Auf die gleiche Weise verdeckt das kleine „Ich, ich, ich" unsere grenzenlose Natur, die reine Liebe, die du bist."*

Eines Abends, als er sich der Bühne näherte, sah Sri Sri Ravi Shankar, dass sein Platz besetzt war: Ein imposantes Stofftier besetzte das Sofa. Jeder war nun gespannt auf seine Reaktion. Unter dem fassungslosen Gelächter ging der Meister in den hinteren Teil des Raumes und setzte sich dort auf den einzig verfügbaren Sessel. Die Leute drehten sich um, damit sie ihn sehen konnten, und der *Satsang* begann auf diese Weise, verkehrt herum, die Glücklichsten an seiner Seite. Sie verließen jedoch ihre Sitze, einer nach dem anderen. Und der Meister machte schließlich alleine weiter, inmitten einer leeren Sitzreihe... Am Ende des *Satsangs* gaben sie den Grund dafür bekannt: Die Kraft der strahlenden Blicke, die sich auf Sri Sri Ravi Shankar richteten, war von einer geradezu unerträglichen Intensität. Sie hatten sich gefühlt wie auf einem Grill!

Einige dieser *Satsangs* waren in der Vergangenheit gefilmt worden, damit man wenigstens etwas von dem Wissen erhalten konnte, das ja nur mündlich übermittelt wurde. Die Kamera war natürlich auf den Meister gerichtet, aber manchmal erfasste sie auch für drei oder vier Sekunden irgendeinen Teilnehmer. Jedesmal, wenn ich diese Videos ansehen konnte, war ich erstaunt über den Glanz im Gesichtsausdruck der Teilnehmer. Trotz meines ausgeprägten

Schönheitssinns hatte ich dieses Gefühl von Vollkommenheit, von wirklicher Schönheit noch nirgendwo sonst erlebt. Es gibt ein heiliges Wort, das oft in den Bhajans gesungen wird, und das dieses Gefühl wachrufen kann: „*Shambho*!" Es ist ein Ausruf, der ganz einfach bedeutet: „Oh, wie schön ist das!..."

In diesen schlichten Momenten in der Gegenwart des Meisters, wo alles Unnötige zurückgelassen wird, zeugt die Palette von Gesichtsausdrücken, die so viel Seelenfrieden ausstrahlen, für mich von einer angeborenen Schönheit der Menschheit. Obwohl ich wusste, dass sie oft unter dem Unrat begraben war, änderte das nichts an der Aufrichtigkeit dieser Erkenntnis.

Sri Sri Ravi Shankar nimmt diese auf ihn gerichtete Liebe mit offensichtlicher Freude an. Denn er kennt ihre Natur. Er lässt ihr geduldige und respektvolle Pflege angedeihen: Er beschützt sie, nährt sie, richtet sie auf, hilft ihr, sich vom Bedürfnis zur Autonomie weiterzuentwickeln und sich vollkommen zu erfüllen. Es ist möglich, dass diese Liebe sich an ihm festhält. Aber der Meister nimmt es in die Hand klarzustellen, dass das so nicht gemeint ist. Liebe kann nicht Selbstzweck sein:

*„Die Liebe ist keine Emotion oder ein Gefühl, sie ist unsere wahre Existenz. Sie ist der natürliche Zustand unseres Seins."*

So bedient sich die Lehre von Sri Sri Ravi Shankar auf eine gewisse Weise des bewundernden Staunens, dessen Objekt er ist. Denn er ist nur der Spiegel, in dem der Schüler sein eigenes Abbild sieht. Der Guru ist keine Person. Er ist eine Energie, eine Wesenheit. Er ist sowohl vertraut als auch unerreichbar. Für die Gläubigen, die zu ihm kommen, ist er das Sprungbrett, das sie brauchen, um Gott zu erreichen. Sie müssen zuerst eine konkrete Person lieben, um auch das Abstrakte lieben zu können. Die Form hilft, das Formlose zu lieben. Da man mit Gott keine persönliche Verbindung hat, ist es möglich, dass keine Liebe da ist. Der Guru wird zur Brücke zwischen dem Persönlichen und dem Unendlichen. Bis dahin hatten die meisten Schüler die Liebe nur im persönlichen Kontakt erlebt. Der Guru räumt mit dieser Vorstellung auf. Er bringt die Schüler in eine Situation, wo die Liebe gelebt aber gleichzeitig nicht festgehalten werden kann. Durch seine persönliche Nähe ist der Guru kein Idol. Durch seine spirituelle Dimension ist der Guru uneinnehmbar.

Sri Sri Ravi Shankar sagt:

*„Die Liebe hat in unserem Leben eine hohe Sterblichkeitsrate. Die Liebe stirbt jung. Es dauert einige Tage, einige Wochen, einige Monate, einige Jahre, und sie ist gestorben!...*

*Wenn du dir die Zeit nimmst, Bilanz über dein Leben zu ziehen, gibt es keinen Zweifel, dass du Menschen geliebt hast, aber das hat nicht sehr lange gedauert. Und warum? Du hast die Quellen der Liebe nicht verstanden oder erfahren, die Gefühle oder die Emotionen, die mit der Liebe verbunden sind; oder zusammengefasst, was die Liebe ist. All die Dinge, denen du nicht auf den Grund gegangen bist. Das ist es, was du bei einem Meister lernst. Es gibt drei Arten von Liebe. Die Liebe, die über die Anziehung entsteht, diejenige, die aus dem Wohlbefinden hervorgeht und schließlich die göttliche Liebe. Siehst du, was ich sagen will? Die Liebe, die über die Anziehung entsteht, dauert nicht lange. Sie nährt sich vom Reiz des Neuen, aber wenn die Anziehungskraft nachlässt, stellt sich Langeweile ein, wie es in den meisten Liebesheiraten der Fall ist. Es kann geschehen, dass diese Liebe verkümmert und dir Angst, Ungewissheit, Unsicherheit und Traurigkeit bringt. Die Liebe, die aus dem Wohlbefinden und aus der Vertrautheit hervorgeht, wächst, aber diese Liebe bringt dir keine Schauder, keinen Enthusiasmus und auch keine Freude und sie begeistert dich auch nicht. Die göttliche Liebe übertrifft die beiden anderen bei Weitem. Sie erneuert sich ununterbrochen. Je mehr du dich ihr annäherst, je stärker wirst du ihren Reiz und ihre Tiefe entdecken. Die göttliche Liebe schenkt dir gleichzeitig Wohlbefinden, Begeisterung und Vertrautheit. Man langweilt sich nie mit ihr, und sie hält jedermann wach. In der göttlichen Liebe hörst du auf zu existieren, du löst dich auf, wie eine Prise Salz sich im Wasser auflöst, und das erlaubt dir, das Göttliche zu erfahren.*

*Wenn du diese höchste, unvergängliche Liebe nicht erreichst, wird dein wahres Herz, das Zentrum deiner Existenz, nicht befriedigt sein. Du kannst die Runde machen, zahlreiche Techniken lernen, die Arten von Meditationen und „Trips" vervielfachen, viele, viele Heilige sehen, ihren Segen entgegennehmen, viele Astrologen treffen, ihre Deutungen erhalten, alles über deine Zukunft erfahren... Du kannst alle diese Dinge wiederholen. Aber darin wird es keine Fülle geben.*

*Wenn die Liebe aus der Begeisterung, aus der Anziehungskraft kommt, ist sie von kurzer Dauer, oberflächlich. Siehst du, in der Welt möchte jeder Liebe haben. Wer will keine Liebe? Sogar ein Hund wünscht sich Liebe. Wenn du wieder zu Hause bist, können selbst die Pflanzen in deinem Garten deine Anwesenheit spüren. Jeder Mensch möchte Liebe. Jeder liebt etwas oder jemanden. Und dennoch gibt es so viele Probleme auf der Welt. Warum?*

*Wenn du die Probleme der Welt wirklich anschaust, siehst du, dass die Hauptschuldige die Liebe ist. Wegen der Liebe gibt es die Eifersucht; wegen der Liebe kommt Zorn hoch; wegen der Liebe kommen noch viele andere Dinge hoch. Siehst du das?*

*Man kann auch hier drei Kategorien unterscheiden: Zuerst gibt es die Liebe zu den Dingen, dann die Liebe zu den Menschen und schließlich die Liebe zur Schöpfung. Welchen Wert gibt man diesen drei Gruppen? Die Dinge, die Personen oder das Selbst, das Leben an sich: Es zeigt die Ebene an, auf der unser Leben sich abspielt. Was bewerten wir am höchsten? Es ist sehr interessant, unser Wertesystem zu untersuchen. Was ist nützlicher, Gold oder Eisen? Welches von beiden ist unentbehrlicher für unser Leben? Es ist natürlich das Eisen, denn ohne Eisen kann man nicht leben. Es kommt sogar im Blut vor. Das Gold ist überhaupt nicht notwendig. Man kann ohne Gold leben. Und dennoch ist es das Gold, dem man mehr Bedeutung beimisst, weil es seltener ist als das Eisen. Wenn das Gold so verbreitet wäre, würde ihm niemand Wichtigkeit beimessen, nicht wahr? Das sind zwei Wertsysteme: Das eine gründet sich auf den Seltenheitswert – du misst einer Sache die nicht verfügbar ist logischerweise mehr Wert bei – das andere auf den Nutzen für das Leben – etwas ist nützlicher, also ist es für dich wertvoller.*

*Wenn nun eine Person die Dinge zu sehr liebt, vergisst sie schließlich darüber, die Menschen zu lieben. Sie hat eine Vorliebe für Dinge und erst dann interessiert sie sich für die Menschen. Wenn ihr noch*

*Zeit bleibt, wird sie auch das Leben, die guten Eigenschaften, das Göttliche, Gott lieben... Siehst du? Was schätzt du am meisten? Wenn eine Person reicher wird in Bezug auf das Wissen und die Weisheit, wird sie die Menschen mehr als das Geld respektieren. Die Dinge haben weniger Bedeutung, die Menschen sind kostbarer. Das genau ist die Bestimmung der Zivilisation, der Kultur. Wenn man das vergisst, beginnt die Gewalt. Warum sind die Menschen gewalttätig? Weil sie die Menschen nicht über die Dinge stellen.*

*In der nächsten Phase liebst du die Personen so sehr, dass du durch ihre positiven und negativen Eigenschaften beherrscht wirst. Du verstrickst dich vollkommen in die Beziehung, so sehr, dass es zu Auseinandersetzungen kommen muss. Das geschieht in beinahe allen Beziehungen. Wenn du jemanden liebst, beginnst du zu erwarten, dass er – oder sie – sich auf die Art und Weise benimmt, wie er oder sie es deiner Meinung nach tun sollte. Und wenn die Menschen die du liebst einen kleinen Fehler begehen – wenn auch ohne Absicht – bist du verletzt. Hast du diese Erfahrung schon gemacht?*

*Du liebst jemanden, und dieser Jemand ist so oft um dich herum, dass es dir die Luft zum Atmen nimmt. Er wird wegen einer Kleinigkeit wütend: Du musst mit einer anderen Person ins Kino gehen, er ist durcheinander; du hättest ihn um 18 Uhr abholen sollen und konntest schließlich erst um 20 Uhr vorbeikommen, er ist verstört. Er erwartet, dass du vollkommen bist. Er gibt dir nicht das Recht, einen Fehler zu begehen. Das ist ein wenig so, wie wenn er dir die Hände mit goldenen Ketten zusammenbinden würde.*

*Und was geschieht nun aus diesem Grund? Es kommen die Besitzansprüche, die Eifersucht, die Wut... Das Verlangen wächst... Und du fängst an, dich mit dieser Person zu streiten, die du so sehr liebst. Schlussendlich finden es die Leute sicherer, Dinge zu lieben, weil diese nicht reagieren. Sie ziehen es vor, ihren Hund oder ihre Katze zu lieben, weil diese nicht die Fähigkeit haben, wie die Menschen zu reagieren. Wenn du einen Hund oder eine Katze liebst, fordern sie nichts von dir.*

*Du kannst also entweder zurückgehen zur Liebe zu den Dingen oder du gehst über die Erfahrung der menschlichen Liebe hinaus, um weiterzukommen und dir über dieses leitende Prinzip, diesen höchsten Geist, der die Welt belebt und die kleinen individuellen Geister miteinschließt, bewusst zu werden. Das geschieht, wenn man zum Verständnis über das Funktionieren des Geistes Zugang hat. Der Geist lässt die Illusion der Individualität entstehen – der „kleine Geist". Er wird jedoch von einem globalen Feld regiert, vom „universellen Geist", dem „großen Geist". Diesen großen Geist, mit dem sich jeder vereinigt, kann man Gott nennen, höchste Macht, ultimative kreative Kraft, es spielt überhaupt keine Rolle, was man ihm für einen Namen gibt. Wenn der kleine Geist entspannt ist, geht er im großen Geist auf und findet das Glück. Glück bedeutet „Ausdehnung des Geistes". Die kleinen Begrenzungen lösen sich auf und man entspannt sich. Hast du das bemerkt?*

*Was geschieht, wenn du glücklich bist? Was fühlst du? Wenn du glücklich bist, hast du ein Gefühl von Ausdehnung... Und wenn du unglücklich bist, welches ist das vorherrschende Gefühl? Es ist ein Gefühl von Einengung, von Zusammenziehung des Geistes. Nicht? Wenn die Liebe von der Liebe zu den Dingen weiterwächst in Richtung Liebe zu den Menschen, nennt sich dies Großherzigkeit. Im Gegensatz dazu will die Habgier alles nur für sich haben. Sie liebt die Dinge mehr als die Menschen.*

*Du kannst sehen, dass jenseits der Menschen, der Individualitäten, der „kleinen Geister" eine göttliche Intelligenz existiert. Dann wirst du zu „bedingungsloser Liebe" und erreichst einen Zustand von unermesslicher Freude, die durch nichts zu erschüttern ist. Es lohnt sich, das in seinem Leben zu vollenden. Und es ist möglich! Schau hin: Du lächelst, bist glücklich, still und ruhig. Aber eine Kleinigkeit reicht, um dich wütend zu machen. Ist es nicht so? Zentriere dich im Inneren dieses Raumes. Es lohnt sich. Dann kommt alles ganz natürlich zu dir, was du dir vom Leben wünschst."*

Alle Schüler verlieben sich in Sri Sri Ravi Shankar. Männer und Frauen. Junge und alte. Falls Gründe für diese Liebe notwendig wären, sind sie in ihren Augen alle vorhanden: Die positiven Eigenschaften, das Aussehen, die Weisheit. Es entspricht einer häufig empfundenen Tatsache, dass er die Verführung in Person ist. Wie er selbst sagt, *„schafft ein Funken von Schönheit, nur ein Funken von Schönheit im Unterbewusstsein das Verlangen*". Da kann man sich in etwa vorstellen, was für Folgen die Menge an Funken hat, die er um sich herum versprüht. Manchmal ist es nichts als romantischer Gefühlsüberschwang, aber auch der fiebrige Wunsch ist oft vorhanden. Die Sinne drücken das Gefühl aus... Der heimliche Irrsinn der Leidenschaft... Das Träumen von einer Liebkosung seiner Hand... Der Schwindel, bei der Vorstellung, dass er es tun würde... Außergewöhnlich... Nicht jedoch, wenn seine Geste gewollt ist...

Sri Sri Ravi Shankar gehört uns allen, aber er kann nicht vereinnahmt werden:

*„Wenn du irgendwo etwas Schönes siehst, wenn du dich in etwas verliebst, besteht der erste Impuls darin, es besitzen, haben zu wollen. Sobald du es jedoch hast, verliert es jegliche Bedeutung."*

Gurudev bringt den Mengen, die ihn vergöttern wie einen Popstar, nicht bei, vernünftig zu sein, sondern noch verrückter zu werden. Er hält sie dazu an, aus diesem Liebeswahn etwas Schönes zu machen, das sich nicht auf seine Person beschränkt, sondern sich ohne Begrenzungen ausbreitet; und aus diesem Verlangen nach ihm, aus diesem „Fieber des Kopfes" einen viel glühenderen Wunsch, einen „Ruf des Herzens" werden zu lassen.

*„Bringt das Feuer in die Welt." Jesus wollte damit sagen, dass er die Menschen entflammen wollte, weil ihre Beziehungen flau und kühl geworden waren,* erklärt Sri Sri Ravi Shankar. *„Feuer" bedeutet „Leben". Jesus ist gekommen, um Feuer in die Welt zu bringen, das heißt, um das Leben zurückzubringen. Das ist es, was auch wir zu tun haben."*

Begeisterung an Stelle von Trunkenheit, das ist es, was er uns nahelegt. Damit wir es im rechten Licht sehen können: Anonyme Liebe, die keinen Namen trägt.

*„Verliere dich nicht in der Liebe, sondern wachse in der Liebe. Dieses begrenzte Bewusstsein über dich selbst, diese begrenzte Erfahrung*

*von Liebe schließt dich in einem engen und winzigen Fach ein, in dem du zu ersticken beginnst. Und dabei möchtest du frei leben. Wenn die Liebe keine Tiefe hat, kann sie dich ersticken. Das ist es, was wir heute mit ansehen müssen. So viele Leute verlieben sich und trennen sich wieder, nicht wahr? Wir können noch nicht einmal das was wir verlangen, uns wünschen und wollen in den Griff bekommen. Denn wir haben die Tiefen unserer eigenen Psyche, unseres eigenen Geistes, unseres eigenen Bewusstseins noch niemals ergründet.*

*Jedes menschliche Wesen hat ein tiefes Bedürfnis nach Kontakt. Dieses Bedürfnis bringt uns dazu, eine Beziehung zu suchen. Und hier beginnt die Verstrickung. Sobald wir die Beziehung hergestellt haben, wollen wir, dass sie ewig dauert. Wenn uns jemand sagt: „Ich liebe dich sehr", fragen wir: „Wirst du mich immer lieben?"*

*Der Augenblick, während dem wir jemanden lieben, oder jemand uns liebt, genügt nicht. Wir wollen Garantien. Die Liebe soll für immer dauern. Wir sind nicht im gegenwärtigen Augenblick, solange wir uns über den nächsten Moment nicht sicher sind.*

*Nimm einfach nur Folgendes zur Kenntnis: Wenn deine Beziehung sich auf persönliche Bedürfnisse abstützt, wird sie nicht lange dauern. Sobald die Bedürfnisse auf der physischen und auf der emotionalen Ebene befriedigt sind, sucht der Geist etwas anderes. Wenn deine Beziehung auf gegenseitigem Austausch beruht, kann sie länger dauern.*

*Alle Beziehungen dieser Welt gehen durch Erschütterungen hindurch. Du baust eine Beziehung auf und du zerstörst sie wieder. Jede Beziehung kann zerstört und wieder aufgebaut, und dann wieder zerbrochen werden. Zuerst ist Verlangen da, dann Abneigung. Das ist die Welt. Das ist Samsara.*

*Das mit dem Meister ist jedoch keine Beziehung. Der Meister ist Gegenwärtigkeit. Es ist notwendig, die Präsenz des Meisters zu fühlen, um daraus keine Beziehung machen zu wollen. Mach keinen Teil deiner Welt aus dem Meister.*

*Unsere Beziehungen sind sehr begrenzt, und eine Begrenzung ist immer Anlass zur Sorge. Erwarte auch nicht, dass das Guru-Schüler-Verhältnis so ist wie die anderen Beziehungen, wie die zur Mutter, zum Vater, zum Bruder, zur Schwester, zum Ehemann, zur Ehefrau, zu den Freunden. Wenn du versuchst, das Verhältnis zum Meister so werden zu lassen wie deine anderen Beziehungen, wirst du die gleiche Haltung entwickeln, du wirst besitzen und bestimmen wollen.*

*Erlaube es der Liebe zu sein. Gib ihr keinen Namen. Wenn du der Liebe einen Namen gibst, wird sie zu einer Beziehung. Und wenn du der Liebe eine Beziehung aufdrängst, schränkst du sie ein. Was hast du für eine Beziehung zu dir selbst?*

*Bist du deine Frau, dein Bruder, dein Ehemann, dein Guru?... Da ist Liebe zwischen dir und mir. Lass sie einfach sein. Es ist nicht möglich, diese Liebe beim Guru nicht zu sehen, doch du kannst dich nicht daran festklammern. Dein Geist hat die alte Gewohnheit, die Liebe besitzen zu wollen. So kann er eine leichte Spannung wahrnehmen, einen leichten Schmerz, eine leichte Frustration, wenn er durch den Prozess des Loslassens gehen muss. Und dann taucht folgendes Konzept im Geist auf: „Oh, das ist nicht mein Weg. Ich will nichts davon wissen..." Du bist gekommen, um zu schwimmen, aber du machst dir lediglich die Füße nass und ziehst dich dann zurück. Es ist nötig, dass du eine neue Art zu lieben lernst und dass du immer zentriert bist.*

*Zuerst kommt die Anziehung. Wenn das, was dich anzieht, etwas schwierig zu erreichen ist, beginnst du, es noch mehr zu lieben. Hast du das bemerkt? Wenn du das, was dich anzieht, einfach bekommst, ohne Anstrengung und sofort, entwickelst du keine Liebe dafür. Zuerst muss dich Wehmut, Sehnen überkommen, ein brennender Wunsch nach dem Leben, nach mehr. Das führt zur Liebe. Und wenn diese Liebe reift, wird sie zur Glückseligkeit. Wenn die Liebe etwas schwierig einzufangen ist, erscheint die Hingabe. Denk einfach darüber nach."*

Sri Sri Ravi Shankar wurde eines Tages gefragt, was er über Gurus dachte, die sexuelle Beziehungen mit ihren Schülern hatten. Er hatte geantwortet, dass er sie nicht verurteilte. Aber was er über die wohltuende Wirkung der Rolle eines Meisters erklärte, ließ erkennen, dass solche Gurus ihren Auftrag verfehlt und einen guten Teil ihrer Glaubwürdigkeit eingebüßt hatten.

*„Der Meister bietet dir die einzige Möglichkeit in deinem Leben, Liebe ohne Besitzanspruch zu leben. Es gibt keine andere. Du hast nicht die geringste Chance, ihn zu besitzen. Absolut keine.*

*Jedesmal, wenn du besitzergreifend zu sein scheinst oder die Regeln der Beziehung bestimmen willst, wird er dich in die entgegengesetzte Richtung bringen.“*

Zum Glück ist das so. Wie er selbst sagt: *„Sonst macht es überhaupt keinen Sinn, einen Meister zu haben... Sag ihm auf Wiedersehen und lass los.“*

Wer wäre Sri Sri Ravi Shankar, wenn er alles an sich bringen würde, was ihm gefällt? Für mich jedenfalls wäre schon die Diskrepanz zwischen Worten und Handlungen ein Hindernis gewesen. Der erste Test über die Authentizität eines Gurus ist die Übereinstimmung von Worten und Taten. Das ist ein nicht versiegeltes Abkommen, das sich nicht aus einer moralischen Verpflichtung ergibt, ein Abkommen im Sinne des Friedens und nicht eines Geschäfts. Diese Reinheit ist unerlässlich für das spirituelle Wachstum des Schülers und verlangt vom Meister keinerlei Opfer. Er erlebt in seiner Glückseligkeit eine viel machtvollere Ekstase als das Vergnügen der Sinne es je sein könnte. Wonach sonst sollte er noch suchen?

*„Ein erfüllter Wunsch bringt Frustration; ein nicht erfüllter Wunsch bringt Frustration“, sagt er.*

Seine Gleichgültigkeit gegenüber den Freuden des Fleisches lässt den Leuten trotzdem keine Ruhe: „Wie widerstehst du der Versuchung?“, wird er oft gefragt. Er antwortet:

*„Dadurch, dass es eine noch größere Versuchung gibt. Wenn du der allerhöchsten Versuchung ausgesetzt bist, spielt alles andere keine Rolle mehr!... Wenn die Flamme lodert brauchst du keinen Funken, wofür auch? Wenn du in einer sonnendurchfluteten Wohnung lebst, findest du es nicht nötig, eine Kerze anzuzünden, nicht wahr?“*

Und man möchte noch wissen: „Ist es ein Muss für eine spirituelle Person, ein *Bramacharya* (Zölibatär) zu werden?“

*„Zu einem* Bramacharya *wirst du automatisch.*

*Wenn eine Person die Ekstase in ihrem eigenen Selbst findet, hört das Bedürfnis nach einer körperlichen Beziehung auf.“*

Aber, aber, aber: „Hast du nie daran gedacht zu heiraten, dich niederzulassen, eine Familie zu gründen?"

Dass dies die Leute so beschäftigt, belustigt ihn ehrlich:

*„Ich denke ich bin nicht genügend groß geworden, um zu heiraten... Kinderhochzeiten werden geächtet! Ich werde daran denken müssen, wenn ich erwachsen bin! Musst du denn heiraten, um eine Familie zu gründen? Denk einfach, dass jeder zu deiner Familie gehört. Was sagst du dazu?"*

Die Zuhörer spenden tosenden Beifall, auch wenn es nun dabei bleibt...

Bei jeder Zusammenkunft kommt immer der Moment, wo der Meister dazu angehalten wird, die Rolle des Eheberaters, des Liebes- oder sogar des Sexualtherapeuten zu übernehmen. Er wehrt sich lachend dagegen, ein guter Gesprächspartner zu sein: *„Ich bin kein Spezialist*!" Und in diesem spaßigen Ton geht er an die Probleme heran, die man ihm unterbreitet. Man muss sagen, dass die meisten Fragen sich auch gut dafür eignen:

„Guruji, kannst du mir helfen, jemanden zu finden?"

*„Ein älterer Heiliger, den ich kürzlich getroffen habe, hat mir die Geschichte eines Engels erzählt. Dieser erschien auf dem Rücken eines Esels bei einem Mann, der ihn wegen seiner Wünsche gerufen hatte. Der Engel fragte: „Was wünschst du dir als Belohnung für deine Wohltätigkeit und deine Gebete?" Der Mann verlangte ein Pferd. Der Engel antwortete: „Wenn ich ein Pferd hätte, warum sollte ich dann auf einem Esel kommen?"*

„Nein, nein, Gurudev... Bitte sei etwas genauer!"

Aber der Meister machte schwungvoll weiter:

*„Ich muss ja schon für mich selbst eines finden!"* Und unter schallendem Gelächter fügt er hinzu: *„Ich denke wir sollten ein Heiratsinstitut eröffnen!"*

Es würde sicher gute Dienste leisten, wenn es existieren würde... Unauffällig bilden sich immer einige Paare während der Kurse, die in gemischten Gruppen durchgeführt werden. Die weiche Atmosphäre fördert die Aufwallungen des Herzens, die sich jedoch auf einer zurückhaltenden Ebene bewegen. Man wird kaum Paare sehen, die sich umfassen oder die sich küssen, sie halten sich nicht einmal an den Händen. Und vor allem nicht in der Gegenwart des Meisters. Dies ist einfach eine Respektbezeugung. Gurudev ist zwar keiner, der Kritik ausübt, aber Liebesspiele sind hier fehl am Platz. Abgesehen davon ist Abstinenz empfehlenswert während der kurzen Zeit der Arbeit an sich selbst. Auch die verheirateten Paare haben getrennte Schlafzimmer. Diese Auszeit wird sehr begrüßt: In den meisten Fällen sind sie erfreut, einige Zeit nur sich selbst zu gehören.

Jedes Jahr feiert Sri Sri Ravi Shankar Hochzeiten in der ganzen Welt. Die frisch Vermählten bitten ihn um seinen Segen und um seine Ratschläge:

*„Zweifle nicht an der Liebe deines Partners. Bitte ihn nicht, sie dir zu beweisen. Man verschwendet viel Zeit, um die Liebe des anderen zu überprüfen. Wenn man von dir verlangt, deine Liebe zu beweisen, wird es schwierig, nicht wahr? Dann fordere von anderen nichts, was für dich schwierig ist. „Was immer du von mir möchtest, ich werde es tun“. Das wäre eine wirkliche Ehe. „Was immer du möchtest, ich werde es dir geben. Ich unterstütze dich. Ich stehe mein ganzes Leben lang zu dir.“ Aber stattdessen verlangen wir: „Du bist mein Ehemann oder meine Ehefrau, du musst dies oder das tun...“. Und Schritt für Schritt verschwindet die Liebe.“*

Es gibt keine Grenzen bei den Fragen die ihm über sämtliche Themen gestellt werden, auch dann nicht, wenn es sich um vertrauliche Dinge handelt.

Im Bereich der Sexualität ist die Verwirrung oft groß, und die Fähigkeit, sein Verhalten zu ändern, ist nur schwach ausgeprägt. Die Kunst des Meisters besteht darin, auf die Bedürfnisse des Schülers einzugehen, der ihn oft über ein aktuelles Problem befragt, dessen Ausgang Gurudev schon kennt, der Schüler jedoch nicht. Im Nachhinein kann dieser feststellen, dass Gurudev den genauen Ablauf der Situation tatsächlich vorausgesehen hat. Und dass er bis zum Schluss nie aufgehört hat, ihn zu unterstützen. Es ist diese langfristige Weitsicht, die Gurudevs Kommentare widersprüchlich erscheinen lassen können. So kann es sein, dass er bei einem scheinbar ähnlichen Problem dem einen sagt: „*Hör auf damit, du verlierst deine Zeit*“, dem anderen jedoch: „*Mach weiter, sorge dich nicht.*“... Diesem sehr verliebten Jungen, der ihn fragt: „Ist es gut, wenn ich mit diesem Mädchen zusammenziehe?“, wird er antworten: „*Lass die Dinge so wie sie sind, ändere nichts. Es ist das Zölibat, das gut für dich ist.*“ Die Beziehung wird sich als flüchtiges Glück herausstellen. Dem anderen, der sich beklagt, von unkontrollierbaren sexuellen Anfällen bedrängt zu werden, wird er antworten: „*Mach dir keine Sorgen. Das ist nur der Beweis, dass alles in Ordnung ist mit dir.*“ Daraufhin wird der Körper nicht mehr so tyrannisch sein.

Obwohl Gurudev die ganzen Bedürfnisse der Sinne kennt, scheint die Stärke der Abhängigkeit der Leute – besonders was Sex anbetrifft – für einen Weisen doch einen schwer verständlichen Aspekt zu haben. Er äußert sich über die Sexindustrie:

*„Wie kann man das wollen? Diese Leute sind so schwer, ohne Freude, und ihr Geist funktioniert nicht... Ich sage nicht, dass Sex etwas Schlechtes ist... Aber sieh: Du isst, und nachdem du gegessen hast, denkst du nicht weiter darüber nach, was du gegessen hast... Und so sollte es auch mit dem Sex sein. Du hast Sex... und fertig! Danach solltest du den Sex nicht dauernd in deinem Kopf herumschleppen.*

*Sex wird im Osten nicht als Sünde oder als etwas Schlechtes betrachtet.*

*Der Körper ist durch die Sexualität zu seiner Existenz gekommen. Wegen ihr leben wir. Sie ist die grundlegendste Erinnerung, der animalische Instinkt. Man muss jedoch im Gleichgewicht sein. Du bist es. Denk nicht, dass du versuchen musst, es zu finden. Die Jugendlichen haben eine körperliche Sexualität wie die Menschen, die wenig Bewusstsein haben. Wie ein Adler sehen sie nur ein Stück Haut. Sie fokussieren nicht auf die Sinne, sondern nur auf das Fleisch. Wenn die Menschen reifer sind, werden die Schwingungen auf der Ebene des Geistes für sie wichtig, das Gefühl für die Berührung, für die Person. Sie suchen die Person, sie sind wählerischer, der Geist wird mit einbezogen.*

*Bewusste Menschen streben nach der Vereinigung der Seelen mit der Ganzheit. Wenn das Verlangen reif ist, wird die Gestalt verfeinert.*

*Von nun an durchdringt die Sexualität das ganze Leben und selbst die ganze Schöpfung. Die höchste Form der Sexualität ist die Vereinigung des Geistes, der Seele und des Seins. Das ist die Liebe, die zur göttlichen Liebe führt.*

*Aber du bist besessen von der Sexualität. Man schenkt dir ein Silbertablett, und du hältst weiterhin deinen kleinen Napf hin. Du möchtest genießen, weißt aber nicht, wie man sich freut. Das ist das ganze Problem. Was schwächt dich und macht dich zu einem Weichling? Dein Verlangen, dieses dumme, kleine Verlangen. Irgendetwas macht dir eine große Freude, dann nimmt dir die unbändige Lust nach dieser großen Freude den Frieden.*

*Du suchst dauernd nach Vergnügungen, eine nach der anderen. Der Wunsch nach dem Vergnügen führt dich nirgendwohin. Etwas, was dir viel Vergnügen bringt, bringt dir auch viel Leid. Verliere nicht deine Zeit. Verlass das Göttliche auch nicht eine Sekunde lang für diese kleinen Dinge. Es nimmt kein Ende, von einer Bühne zur anderen, von einer Person zur anderen, von einer Sache zur nächsten zu gehen... Du kannst dein ganzes Leben damit verbringen. Dein Geist ist müde, völlig niedergebrannt durch dieses Hasten von Wunsch zu Wunsch.*

*Das ist so ermüdend! Schau zurück und betrachte all die Wünsche, die dir erfüllt worden sind. Haben sie dich zur Ruhe gebracht? Nein. Sie haben nur weitere Wünsche in dir wachgerufen. Wünsche und Verzweiflung gehen Hand in Hand. Die Verzweiflung wird nur bei jedem Wunsch verschieden sein. Dein Wunsch nach Vergnügen oder Glück macht dich unglücklich. Du kannst es leicht überprüfen: Jedesmal, wenn du unglücklich bist, verbirgt sich dein Wunsch nach Glück dahinter.*

*Ich sage nicht, dass du dir nichts wünschen sollst. Wünsche kommen auf, und wenn einer erscheint, ist es in Ordnung! Du hast keinerlei Kontrolle über die Tatsache, Wünsche zu haben. Selbst wenn du sagst: „Ich sollte nichts wünschen", ist das wieder ein Wunsch! Wenn du fragst: „Wann werde ich frei sein von Wünschen?", ist das ein weiterer Wunsch. Wenn sie auftauchen, erkenne sie und lass sie los. Lass sie nach und nach los, wenn sie in dir erscheinen und hochkommen.*

*Und bleib zentriert. Wenn du fähig bist, das zu tun, wenn du fähig bist, zentriert zu bleiben, kann dich nichts erschüttern, nichts kann dich von diesem Zustand abbringen. Aber der brennende Wunsch, sie erfüllt zu sehen, und zu denken, dass nur dann alles möglich sein wird, zu denken: „Nur dann werde ich glücklich sein“, ist eine Illusion.*

*Wir sehen das in der heutigen Welt: Jeder wird von der Freude angezogen. Aber die Menschen sind nicht fröhlich. Sie sind ganz im Gegenteil trübselig. Weil sie sich an die Sinnesobjekte klammern, anstatt an die Quelle der Freude.*

*Das ist ganz natürlich. Dein Geist ist nicht zufrieden mit einer begrenzten Freude. Er möchte eine Freude, die unbegrenzt ist. Es ist der Wunsch eines jeden Geistes, zur Quelle zu gelangen, wo er unbegrenzte Freude ist. Jeder deiner Sinne führt dich zu einem tiefen Punkt in deinem Inneren, der die Quelle der Freude ist. Sei es die Berührung, die Sexualität, die Sicht, die Musik, der Geruch oder der Geschmack: Die Freude, die zu dir kommt, entstammt einer tiefen Quelle in deinem Inneren.*

*Du bist die Quelle der Freude. Die Freude ist in jedem Augenblick da. Es ist nicht nötig, dass du dafür Übungen mit jemandem machst. Es ist ein natürlicher Zustand von totaler Fülle. Begib dich ins Innere dieser Ausdehnung… Ruh dich für einige Momente im Selbst aus. Sage: „Ich möchte nichts.“ Sei ohne Wunsch. Solche Momente sind in deinem Leben sehr kostbar. Diese Momente stärken dein inneres Wesen so, dass es dich dein Leben lang begleitet. Jedes Vergnügen lässt dich genau dort zurück, wo du bist. Das bringt dich nirgendwo hin. Das Vergnügen lässt dich nur müde werden.*

*Wie lange kannst du etwas sehr Schönes betrachten? Deine Lider fallen schließlich herunter, und du musst damit aufhören. Wie lange kannst du den wohltuenden Geruch eines Parfüms genießen? Wenn du es selbst trägst, wirst du ihn nach einigen Augenblicken nicht mehr wahrnehmen. Kannst du mit der Nase in der Parfümflasche bleiben? Wenn du Pfannkuchen magst, wie viele kannst du dir einverleiben? Wie viele Kugeln Eis kannst du probieren? Wie viele Schokoladen kannst du essen, bevor du davon angewidert bist?*

*Die Fähigkeit, seine Sinne zu beherrschen, ist ein Reichtum. Sie verleiten dich zu nichts, und du lässt dich von ihnen nicht fortreißen. Du musst ja oder nein zu deinen Sinnen sagen können.*

*Wenn du nur nach dem Vergnügen strebst, folgt dir das Leid.*

*Wenn du nach dem Wissen strebst, ist das Leben nur reines Vergnügen."*

# 4
# EIN ASHRAM IM SCHWARZWALD

Ich hörte, atmete, meditierte... Das „kleine Ich" verhielt sich schweigsam angesichts der neuen Dinge, die stattfanden, ohne es mit einzubeziehen.

Die Antworten reihten sich aneinander, ohne dass auch nur eine einzige Frage gestellt worden wäre. Das „kleine Ich" war ausgeschlossen, aber es freute sich zuzusehen, wie alle seine Fragen sich auflösten, wie wenn der Nebel sich verflüchtigt, wenn alles sich zusammenfügt.

Am Anfang wollte es seine Entdeckung unbedingt teilen.

Es lobte diesen Schatz der Gesellschaft, Sri Sri Ravi Shankar Narayana, der als einfacher Pilger gekommen war, um bei einem vertraulichen Treffen Dinge zu erzählen, die eigentlich der ganzen Menschheit hätten zukommen sollen.

Das „kleine Ich" war empört, dass das alles nur in einer Randgruppe stattfand. Es trauerte den Jahren nach, die es verloren hatte, indem es passiv von Lebensphilosophien abhängig gewesen war, die sich nicht gelohnt hatten.

Die Lehre des Weisen jedoch hatte es davon überzeugt, seine Bemühungen dort einzusetzen, wo etwas verändert werden konnte und das zu akzeptieren, was nicht verändert werden konnte. Das „kleine Ich" war also geneigt zu denken: „Dein Wille geschehe."

Traditionsgemäß empfängt Sri Sri Ravi Shankar am Ende der Kurse die Teilnehmer in Ländergruppen. Nun war gerade Frankreich dran.

Ich war zuerst in den „meeting room" eingetreten. Das Gesicht des Meisters war undurchdringlich. Die Leute stellten ihre Fragen, beantworteten seine... Ich schwieg. Er wandte sich an mich. *„Eine Frage?"* „Nein, keine Frage."

Diese privaten Treffen bleiben im Gedächtnis haften. Sie sind die wichtigsten Zeiten während des Aufenthalts wegen der Kraft der physischen Nähe des Meisters, die gleichzeitig immer ein wenig einschüchternd wirkt, trotz seines Humors. Wegen der Angst, nicht zu wissen, wie man ihn nach Antworten fragen soll, die in der Zukunft die Wirkung von Siebenmeilenstiefeln haben könnten. Wegen der Erleichterung, sich geliebt zu fühlen, beschützt, Hilfe zu erhalten, wenn die Schwierigkeiten entmutigen...

Es geschieht, dass mancher verwirrt aus der Begegnung herauskommt: „Was wollte er mir sagen?" Aber niemand geht ohne Perspektive weg, und wenn die Zeit noch so kurz ist.

An diesem letzten Tag also, sprach jeder das aus, was ihn beunruhigte. Ein junger Mann wollte seine Arbeitsstelle verlassen, um Psychotherapeut zu werden. Der Meister verhinderte entschlossen diese Flucht nach vorn.

Eine Frau machte sich Sorgen um ihren Neffen, von dem sie glaubte, er sei schizophren. Gurudev hörte nicht zu. Eine andere Frau wollte seine Meinung hören, bevor sie sich entschloss, ein Kind zu bekommen.

Er antwortete: *„Du entscheidest."* Ein ausgesprochener Egoist wollte gegen seinen Fehler ankämpfen. Gurudev lächelte: *„Du bist genau richtig, so wie du bist... Bist du glücklich?"* „Ja, sehr glücklich!"

*„Und du?"* fragte der Meister diesen oder jenen. „Ich nicht", sagte einer. *„Was können wir für dich tun?"* „Ich weiß es nicht, ich habe das Gefühl, dass nichts läuft..." *„Sei geduldig... Mach deine Übungen regelmäßig. Sing „Om Namah Shivaya"*.

Ein Anhänger näherte sich ihm, um ihm mit leiser Stimme ein

persönliches Problem anzuvertrauen. *„Ich werde mich darum kümmern"*, versicherte Gurudev. Jemand in der Gruppe brauchte ihn sehr stark. Er wagte es jedoch nicht, sich dem Meister zu zeigen.

Das war dem Meister keineswegs entgangen, der ihm sagte: *„Komm!"* Nach einem kurzen Austausch legte der ältere Mann seinen Kopf auf die Knie des Meisters. Und da er weinte, nahm Gurudev ein Taschentuch und trocknete seine Tränen. Dann richtete er sich an mich: *„Wo wohnst du?"* „In Paris." *„Wie geht es dir?"* „Gut."

Damit es nicht so aussah, als sei ich völlig losgelöst und würde nicht wirklich etwas erhoffen, fügte ich noch hinzu: „Ich möchte noch das sagen: Bevor ich deine Lehre befolgte, war ich verzweifelt, die Prüfungen häuften sich und ich dachte: Wenn noch etwas dazukommt, mache ich Schluss..." Der Meister schaute woanders hin.

Ich beendete: „Im Moment erwarte ich keine Prüfung, habe davor aber auch keine Angst mehr. Ich fühle mich gerettet." Er sagte nichts. Im Übrigen kümmerte ich mich auch gar nicht um seine Reaktion, die sicher so sein würde, wie die vorangegangenen auch. Irgendwie fühlte ich aber auch eine Änderung in meinem Befinden. Ich ließ meine Dankbarkeit für diese unschätzbaren Lebenslektionen fließen, wie ein vergessener Wasserhahn. Ich glaubte um mich herum Verlegenheit wahrzunehmen. Ich sagte nochmals, in einem völlig emotionslosen Ton: „Du bist für mich eine Gabe des Himmels!" Kein einziges Wort von seiner Seite, vielleicht nicht einmal ein Lächeln. Alle erhoben sich, um hinauszugehen. Ich folgte ohne Bedürfnisse, ohne Erwartungen. Einige Tage später ging ich nach Zürich, wo Sri Sri Ravi Shankar einen öffentlichen Vortrag halten sollte. Man hatte ihm einen Korb voller Äpfel geschenkt und er wollte sie verteilen. Er lud die Leute also ein, einer nach dem anderen, das Geschenk in Empfang zu nehmen. Als er sah, wie ich in seine Nähe kam, erhellte sich sein Gesicht... Er legte eine Frucht in meine Hände und hielt sie mit den seinen umfasst. Das, was mir bei seinen früheren Ausführungen über die Liebe noch unfassbar erschienen war, füllte sich nun mit Leben:

*„Vom Moment an, wo du die Leidenschaft fallen lässt, gibt es nur noch Liebe, nur noch Vertrautheit.*

*Es gibt nicht mehr „zwei". Du hörst auf zu existieren. Du erlaubst einfach, dass das Göttliche da ist…*“ Es war das erste Mal, dass er mich in seine Arme nahm. Die Arme des Meisters sind wie die Flügel eines Vogels, die dich an eine Wolke drücken. Es riecht wie ein Rosenstrauß.

Die nächste Etappe hatte mich viel gekostet. Ich war mir nicht sicher, sie überhaupt durchstehen zu können. Aber, trotz Druck von außerhalb, war es beschlossene Sache: Ich würde meinen Meister in seinem europäischen Ashram in Deutschland am Neujahrsfest treffen. Damals wäre es sonst niemandem auf der Welt gelungen – nicht einmal einem Geliebten – mich dazu zu bringen, diese verfluchte Grenze zu überschreiten. Das Lächerliche an dieser Situation war mir damals noch nicht bewusst.

Seitdem ich auch andere Schüler getroffen hatte, wusste ich, dass alle anderen ebenfalls mit ihren gordischen Knoten zum Meister kamen. Unglaubliche Lebensgeschichten, nicht verheilte Traumen: Inzest, Vergewaltigungen, unermessliche innere Verletzungen. Die Shoah blieb meine Wunde.

Also, Bad Antogast… Der verschneite Schwarzwald verzauberte Gurudev.

Im Sommer hält er sich lieber im kanadischen Ashram auf, dessen Wälder aus roten Ahornen er sehr liebt. Im Winter kommt er eher nach Deutschland, begleitet von indischen Anhängern, um sie die Freuden eines Kulturschocks erleben zu lassen.

Der Temperaturunterschied zu den Ländern, aus denen sie kommen, beträgt zu der Zeit nahezu fünfzig Grad. Dennoch schwören sie, niemals ein Land gesehen zu haben, das dem Paradies so nahe liegt.

Der Schnee, die Berge, die Einsamkeit, die feuchte Kälte, die Kohlsuppe… Alles ist idyllisch.

Ich persönlich muss ein wenig auf die Zähne beißen. Ich habe die Unvorsichtigkeit begangen, alleine in das Städtchen zu gehen, als gerade ein Markt stattfand, wo auch Würste gegrillt wurden:

Da stand ich nun in einer Ecke und musste den Rauch der Barbecueöfen einatmen, was mir großes Unbehagen verursachte. Als ich zurück im Ashram war, habe ich dem Meister geschrieben.

Ein Getrampel auf den Treppen, die Stimme Gurudevs zusammen mit dem Lachen – über was auch immer er sagt – zeigen, dass es Zeit für den Aufbruch zum Spaziergang ist. Auch ich breche auf.

Der Meister trägt Sandalen und seinen Dhoti aus weißer Baumwolle, wie gewöhnlich, seine Schultern hat er mit einem Schal umhüllt, der trotz seiner extremen Feinheit sehr warm ist – einem alten Shatosh, dem Inbegriff der Seltenheit. Er geht schnell, um die Kälte abzuhalten, die ganze Truppe auf den Fersen. Eigentlich hätte er gerne eine stille Pause in der Natur gehabt, aber die Leute lassen ihn nicht in Ruhe. Man streitet sich um die Plätze an seiner Seite, einfach um da zu sein, um ihm eine... Frage zu stellen! Ganz gleich welche. Er wird von allen Seiten so gedrückt, dass er schließlich eine Sandale verliert... Von Zeit zu Zeit dreht er sich um, um zu sehen, wer hinter ihm geht. Ich begleite den Knäuel aus der Distanz. Er gibt mir ein kleines Zeichen... Bleibt stehen und dreht sich um. Da stehe ich vor ihm. Er fühlt, dass nicht alles ganz in Ordnung ist. Er sagt auf Französisch: „*Quest-ce que tu veux*?“ (Was möchtest du?)

„Je veux te parler...“ (Ich möchte mit dir reden.) „*D´accord, plus tard...*“ (In Ordnung, später.) Er nimmt meinen Arm, stützt sich gleichzeitig auf jemand anderen und amüsiert sich, über die Eisflächen zu gleiten...

Um Gurudev hier zu sehen, haben manche bis zu fünf Tage Reisezeit unter härtesten Bedingungen hinter sich gebracht.

Auch wenn der Aufenthalt wenig kostet, bedeuten die Reisespesen für viele Ausländer ein Opfer, das ihnen nicht mehr erlauben wird, weitere Ferien zu finanzieren. Oft ist das bei Afrikanern, Orientalen, Türken, Jordaniern, Israelis der Fall. Der Meister hat versprochen zu den Sibiriern zu gehen, die nach ihm verlangen. Und in all die Länder, in denen Reisen die Menschen vor unlösbare Probleme stellen.

Wenn es mit den Finanzen klappt, fehlt es oft an der Zeit. Menschen in Anstellung, freien Berufen, Leiter von Unternehmen, Doktoren, Zeitungsdirektoren, Anwälte, Botschafter, Abgeordnete und Minister, alle mussten mehr oder weniger mit ihren Terminen jonglieren, um sich freimachen zu können. Nun, da sie da sind, ist jede Stunde kostbar.

Die meisten folgen dem Meister auf Schritt und Tritt. Wohin er auch geht, was immer er tut, Gurudev wird eingekreist. Er muss seinen ganzen Einfallsreichtum einsetzen, um sich zu befreien, sich auf die feine englische Art zu entziehen, um an einer Konferenz in Berlin, Frankfurt, Stuttgart oder im Europäischen Parlament in Straßburg teilnehmen zu können.

Aber die Anzeichen für den bevorstehenden Aufbruch lenken schnell die Aufmerksamkeit auf ihn. Das Zeichen wird gegeben, und sofort fahren überfüllte Wagen wie ein Wirbelwind hinter ihm her.

Der Meister profitiert schließlich von den Momenten, wo die Leute durch gemeinsame Beschäftigungen abgelenkt sind. So kann er sich befreien, während der Essenszeiten zum Beispiel. In diesem Fall wird die Anzahl der Wagen, die ihm folgen, geringer ausfallen.

Wenn er ein paar Stunden später zurückkommt, wird das gesamte Empfangskomitee da sein und auf ihn warten...

Und die Schlange wird weitergehen bis vor die Tür seines Schlafzimmers.

„Guruji, kann ich zwei Fortgeschrittenenkurse aneinanderreihen?"

*„Ja, wenn du richtig isst..."*

„Guruji, kann ich dich sehen?"

*„Du siehst mich..."*

„Gurudev, ich habe Kopfweh..."

*„Das ist Reinigung: Der Stress geht weg. Mach dir darüber keine Sorgen. Trink mehr Wasser... Lass dir eine ayurvedische Behandlung geben..."*

„Guruji, kann ich im Februar nach Indien kommen?"

*„Warte ein wenig, du kannst später kommen..."*

Der Meister wehrt sich nicht. Er nimmt das an, was ist. Er lässt die Leute das tun, was sie wollen... Selbst wenn er völlig erschöpft ist, widmet er jenen noch Zeit, die glauben, dies nötig zu haben, und wenn es nur darum geht, ihnen eine Freude zu machen.

Er sagt:

*„Die Fähigkeit, echte Liebe zu empfangen geht mit der Fähigkeit einher, Liebe geben zu können. Je mehr du in deiner Mitte bist und aus Erfahrung weißt, dass du Liebe bist, je besser fühlst du dich mit jeglicher Menge Liebe, in welcher Form sie auch immer ausgedrückt wird. Denn tief in deinem Inneren weißt du, dass die Liebe keine Emotion, sondern ein Zustand des Seins ist."*

Der Ashram ist ausgebucht. Obwohl das ganze Dachgeschoss ausgebaut wurde, hat der Platz gerade eine Saison lang ausgereicht. Bei jedem neuen Kurs muss man auf die Hotels und Gästezimmer der Umgebung ausweichen, um all diejenigen aufnehmen zu können, die die Gegenwart von Sri Sri Ravi Shankar in seinem europäischen Ashram genießen wollen.

Der Meister hat heute nahezu zwei Millionen Anhänger, verteilt auf hundertvierzig Länder, die den Zugang zu ihm vor allem über seine Organisation „Die Kunst des Lebens" finden. Viele haben die Grundsätze seiner Lehren auch durch die von ihm ausgebildeten Lehrer vermittelt bekommen. (Zu denen auch ich heute gehöre.) Aber nicht alle haben das Verlangen, den Guru zu treffen. Einige sind nicht an einer spirituellen Entwicklung interessiert. Andere halten sich an ihre eigenen Religionen, obwohl das sich nicht gegenseitig ausschließt. Es genügt ihnen, wenn sie die Techniken anwenden können, die sie gelernt haben, und ihre Wirkungen erfahren können. Hilfsmittel, die bereitstehen, und sie in ihrem Umfeld unterstützen, zu Hause oder bei der Arbeit. Dieser Erfolg gefällt ihnen. Mehr sagt ihnen vorläufig nicht zu.

Gurudev hat die Teilnahmebedingungen für Lehrerkurse, die er selbst leitet, etwas verschärft: Man muss eine längere Anfangsphase in Kauf nehmen und zuerst an einem Fortgeschrittenenkurs teilnehmen. Es ist unerlässlich, sich bereit zu fühlen, bevor man ihm seine Zeit stiehlt.

Da man die Mauern nicht ausdehnen kann – so sehr man sich dies manchmal wünschen würde – mussten die fünfhundert „Eingeweihten" der Weihnachtswoche ihre Koffer packen, um den Glücklichen der Neujahrswoche Platz zu machen. Fünfhundert andere Teilnehmer haben sich zusammengefunden, spontan zusammengewürfelt durch die Tatsache, dass sie dem Wissen und der Liebe des Meisters einen sehr hohen Wert beimessen. Die Herzen öffnen sich ohne jegliches Misstrauen. Zu erfahren, durch welche Situationen jeder gegangen ist, was ihm gefallen hat und was er zu vertiefen bereit ist, schafft ein brüderliches Einvernehmen, das normale Bruderschaft bei weitem übertrifft.

Im Haus des Meisters – Übersetzung des indischen Wortes „Ashram" – erlebt das Natürliche durch die geschützte Umgebung eine Periode vollkommener Blüte. Die Schüler fühlen sich wie zu Hause, entspannen sich und lächeln immer mehr. Keine Schreie mehr, auch nicht gegen Kinder. Keine Dramen, oder wenn, dann selten. Und von der ersten bis zur letzten Stunde schallendes Gelächter, das aber auch Tränen nicht ausschließt. Der Verbrauch an Taschentüchern erreicht hier eine Rekordhöhe...

Die Zeichen sozialer Zugehörigkeit werden an der Garderobe zurückgelassen. Wofür sollte man sie brauchen? Als Reicher oder Armer zu atmen, wo ist da der Unterschied? Als Leiter oder als Untergebener zu singen? Als Berühmter oder als Unbekannter zu meditieren? Alle sind „Groupies" für dasselbe Ideal: Sich selbst kennenlernen und anderen dienen zu wollen. Höher oder tiefer Gestellte, alle werden für die gleichen Aufgaben eingespannt: Kochen, putzen, flicken, transportieren, dekorieren, mit Blumen schmücken... Zwei Stunden am Tag für „Seva“: Zeit, die Dingen gewidmet wird, die sich im Moment gerade ergeben, die für einen Einzelnen oder auch für alle nützlich sind. Einfach tun. Ohne Ziel, ohne Hintergedanken. Ein gutes Mittel gegen Depressionen.

Kein „ich, ich, ich, ich“ beim Seva. Und obwohl der reine Enthusiasmus mit keinerlei Erwartungshaltung verbunden ist, erfolgt die Belohnung unmittelbar. Alles lächelt im Körper, all die kleinen, lebendigen Teilchen lächeln... Die wirkliche, einfache Natur freut sich.

Der Meister sagt:

*„Wenn du Seva machst, denk nicht, dass du jemandem einen Gefallen erweist. Dein Seva wird auf jeden Fall belohnt werden, du bekommst immer mehr, als du selbst tust. Wenn du eine Belohnung erwartest, verwandelst du Seva jedoch in „business.“*

Selbst wenn die Belohnung beim Seva nicht bemerkt wird, sollte es kein Gejammer geben. Denn auch wenn die Belohnung deutlich zu erkennen ist, wird es Beschwerden geben. Der Dienst am anderen ist weder Handlung – immer egozentrisch – noch Selbstbefriedigung, sondern einfach die Antwort auf eine Notwendigkeit. Sri Sri Ravi Shankar, Diener aller Diener, bewertet Seva ebenso hoch wie das Wissen. Das Seva gibt ihm den Saft: Die innere Haltung. Es entspricht einer inneren Haltung zu sagen: „Wenn du mich brauchst, bin ich da.“ Dies zu sagen ist Seva. Wer hat nicht zumindest irgendeinmal diese Worte schon gedacht oder formuliert?“

*„Beobachte den Zustand deines Geistes in solchen Augenblicken. Das sind die Momente, wo du dein Leben wirklich gelebt hast“, sagt Gurudev.*

Wenn die Hände damit beschäftigt sind, Karotten in Würfel zu schneiden, zusammen mit anderen, die dasselbe tun, musst du nur noch den Rest des Haufens der ganzen Karotten erledigen, wenn ihr die Größe der Würfel miteinander verglichen und die Norm festgelegt habt. Der Geist ruht sich aus. Dies könnte der richtige Moment sein, einander kennenzulernen, wie man es auch in der Außenwelt praktiziert. Was ist dein Beruf? Welches sind deine Vorlieben? Das letzte Buch, das du gelesen hast? Der letzte Film, den du gesehen hast? Was mich betrifft, dies und das... Eine solche Annäherung auf Grund von Gemeinsamkeiten wird hier gar nicht erst gesucht. Es gibt Besseres in sich selbst und in anderen zu entdecken.

In den meditativen Situationen, wo die Persönlichkeit keine Rollen spielen muss, erkennt es jeder viel deutlicher, dass er nicht das ist, was er gewöhnlich von sich erzählt.

Bin ich der Beruf, den ich ausübe? Bin ich meine Vorliebe für die Musik von Wagner? Bin ich meine Meinung über die französische Politik? Bin ich meine Gedanken, meine Gefühle, meine Erinnerungen, meine Emotionen? Keine dieser Facetten der Identität wird helfen, die Frage: „Wer bin ich?" zu beantworten.

Wer sich austauscht, während er die Aufgaben löst, ohne irgendjemandem ein besonderes Interesse entgegenzubringen, lernt sich sehr viel besser kennen als bei noch so langen Gesprächen im Wohnzimmer oder in der Kneipe.

Der Meister sagt:

*„Ich sehe Leute, die sich so lange damit aufgehalten haben zu fragen: „Was ist mit mir?" dass diese Sorge sie nicht mehr loslässt. Sie bleiben die gleichen. Zwanzig oder dreißig Jahre sind vergangen, und sie sagen sich immer noch: „Was ist mit mir?" Sie fahren fort, sich Sorgen darüber zu machen... Sie haben nicht einmal neue Sorgen, nur immer die gleichen alten!"*

Seva lehrt dich, dich von der fixen Idee zu befreien, jemand zu sein, eine Vorstellung, deren Unsinnigkeit sogar ein Größenwahnsinniger erahnen kann. Auch er wird mit leeren Händen ins Grab gehen. Seva korrigiert die Prioritäten. Die Dinge werden offensichtlich. Für andere nützlich zu sein, wird zum Meilenstein.

In der Anonymität der Arbeit, bei der nichts auf dem Spiel steht, entfalten sich die persönlichen Fähigkeiten in bisher ungewohnten Gebieten. Man wird von verkannten Talenten überrascht, von vernachlässigten Fähigkeiten. Man erkennt, wie sehr man sich selbst in seinem Leben begrenzt. Wie schlecht man sich selbst behandelt, und wie sehr es bei dieser Entwertung an Demut fehlt. Sri Sri Ravi Shankar lässt es nicht zu, dass irgendjemand in diesem mangelnden Selbstwertgefühl steckenbleibt. Wenn jemand erzählt, etwas

Bestimmtes nicht schaffen zu können, ist die Chance groß, dass er damit konfrontiert wird, und der Beweis wird nicht ausbleiben. Denn der Meister täuscht sich nicht über das Potenzial eines jeden. Erfinderisch, abenteuerlich, non-konformistisch, er weiß genau, wie er die persönlichen Talente vollumfänglich zum Erblühen bringen kann. „*Was willst du damit machen?*" „*Das ist eine gute Idee, oder?*" Die Entdeckung entwaffnet. Das Projekt erscheint außergewöhnlich. Schließlich bestätigt sich die Genauigkeit seiner Sicht.

Viele Leute sind auf diese Weise aufgeblüht. Jungen Menschen, die verwirrt, arbeitslos und drogenabhängig angekommen waren, ist es gelungen, eine Aufgabe im Ashram zu übernehmen.

Sie mussten sich da nur mit einem sehr geduldigen Arbeitgeber auseinandersetzen. Wer anderes als Gurudev würde die vielen begangenen Fehler in Kauf nehmen! Die vergessenen Dinge, die Irrtümer, die Ungeschicklichkeiten, das zerbrochene Material, sogar die Autos... Schließlich haben sie, obwohl sie einen wenig verheißungsvollen schulischen Schulsack mitbringen, ihre Berufung gefunden: Toningenieur, Tischler, Florist, Erzieher, Restaurateur... Andere wieder fanden sich bei Tätigkeiten wieder, die bedeutend bescheidener waren, als die in der Vergangenheit ausgeübten. In allen Fällen aber öffnet das Selbstvertrauen alle Türen. Seine Talente auszuschöpfen, sie zu ehren, sie zum Strahlen zu bringen: Sri Sri Ravi Shankar unterstützt diesen Wunsch. Denn die Talente werden uns nicht gegeben, damit wir uns damit in ein günstiges Licht setzen, sondern damit wir der Welt dienen.

Er sagt:

*„Die Arbeit als solche ermüdet dich nicht so, wie das Gefühl, derjenige zu sein, der sie tut. Alle Talente, die du hast, sind für die anderen. Wenn du eine schöne Stimme hast, ist sie für die anderen. Wenn du ein guter Koch bist, ist das für die anderen. Wenn du ein gutes Buch schreibst, ist das für die anderen. Was tust du? Du setzt dich nicht hin, um dein eigenes Buch zu lesen. Wenn du ein guter Schreiner bist, ist es für die anderen. So sind alle deine Talente für die anderen nützlich...*

*Sein Leben für andere hingeben, das ist lieben. Jeder ist ein Teil von uns. Es gibt eine gute Technik, um depressiv zu werden – möchtest du sie kennenlernen? Setz dich einfach hin und denke: „Und was ist mit mir? Was ist mit mir?" Ich sage es dir, du wirst vollkommen depressiv werden..."*

Indem man die ganze Vielfalt der Arbeiten im Ashram durchläuft, schleicht sich der Automatismus ein, auch überall draußen einen Beitrag im Sinne des Seva leisten zu wollen.

Für Sri Sri Ravi Shankar besteht der Sinn dieses Trainings mit Pfannen, Körben oder mit was auch immer darin, auch draußen ein anderes Verhalten anzunehmen.

Er sagt:

*„Mach Dienst in der Gesellschaft. Nimm dies als gegeben an: Wenn du etwas für die Welt tust, wird die Welt auf jeden Fall für dich sorgen. Wenn du dich damit begnügst untätig herumzusitzen und Däumchen zu drehen und darauf zu warten, dass die Gesellschaft oder die Welt deine Bedürfnisse erfüllen, dann wird das nicht geschehen. Wenn du dich selbst anbietest, wenn du deinen Körper, deine physische Kraft, deine Stärke, alles was du hast in den Dienst der Gesellschaft stellst – „ich werde dienen" – sei sicher, dass die Welt sich um deine Bedürfnisse kümmern wird. Dies ist ein Gesetz, so sicher wie das Brennen des Feuers: Es ist nicht möglich, dass die Welt sich nicht um dich kümmert. Es ist also unnötig, sich zu sorgen, es sich schwer zu machen: „Was ist mit mir? Was wird aus mir werden?" Ein Mittel um von dem individuellen zum universellen Bewusstsein zu gelangen besteht darin, die Schmerzen und die Freuden von anderen zu teilen.*

*In dem Ausmaß in dem du wächst, sollte auch dein Bewusstsein wachsen...*

*Die beste Möglichkeit, seine eigene Not zu überwinden besteht darin, die universelle Not zu teilen. Die beste Art, die individuelle Freude zu vergrößern besteht darin, an der universellen Freude teilzuhaben. Statt sich auszurechnen: „Was kann ich von dieser Welt bekommen?" denke: „Was kann ich für die Welt tun?" Wenn jeder dazu bereit ist, seinen Beitrag an die Gesellschaft zu leisten, wird dies zu einer göttlichen Gesellschaft führen. Dienst zu leisten ist ein Ausdruck von Liebe.*

*Diene auf alle Arten die dir möglich sind. „Das Leben wird klein, wenn es nicht geteilt wird."*

Der Meister erinnert uns ununterbrochen an den hohen Wert des Seva. In welchem Stadium der Schüler sich auch befindet, es ist nicht sinnlos, es zu wiederholen. Was er uns lehrt, wird nicht immer vollkommen verstanden. Selbstverständlich gibt es im Ashram auch die Arbeitstiere, die Berge von Arbeit erledigen und auch dann noch darauf Wert legen zu schuften, wenn die anderen schlafen oder sich vergnügen...

Es gibt die Zerstreuten, die man an das Geschirr erinnern muss, das sie stehengelassen haben... Es gibt die Deserteure, die ihren Mantel anziehen, sobald man ihre Hilfe braucht... Und da gibt es ein Übermaß an Helfern für die am wenigsten eintönigen Aufgaben und einen Mangel an solchen, die die undankbarsten übernehmen wollen. Der Meister setzt die Latte immer höher:

*„Man muss über etwas enthusiastisch sein können, das man nicht mag, weil einen das rein macht. Sei einfach enthusiastisch. Es ist nicht nützlich, die Ziele zu sehen. Eine multidimensionale Öffnung geschieht. Die unendliche Natur erscheint."*

Das Gefühl, in Frieden mit sich selbst zu sein, das man beim Seva empfindet, hält einen davon ab, gegen den zu kämpfen, der faulenzt. Jeder entwickelt sich in seinem eigenen Rhythmus... Sicher, einige ernsthafte Geister schwenken drohend ihr kleines Lehrbuch des perfekten Schülers, um bei den Abtrünnigen Schuldgefühle zu wecken. Was der Meister sofort unterbindet:

*„Predige nicht... Benutze das Wissen nicht wie eine Waffe, du bewirkst sonst, dass es unerträglich wird."*

Doch abgesehen von diesen seltenen moralischen Schlägen ist es im Ashram nicht üblich, die Art und Weise, wie andere reagieren, sich benehmen oder sich ausdrücken, zu bewerten. Eine impulsive Kritik wird ohne Echo bleiben. Klatsch und Tratsch können hier kein Gehör finden. Die Leute so zu akzeptieren, wie sie sind, ist die Basis der Lehre von Sri Sri Ravi Shankar. Es ist nicht weniger zutreffend festzustellen, dass der genannte Aspekt der Kunst des Lebens in diesem Sozialisationslabor leicht zu befolgen ist.

Es passiert ganz von alleine. Man eignet sich die Akzeptanz ganz einfach an, schnell und gut, wie ein elementares Geschenk der Existenz. Diese Akzeptanz gegenüber anderen wiederum verschafft dir selbst Wohlbefinden und Trost. Dadurch kann der Meister den Bogen leicht weiter spannen:

*„Wenn die Menschen dich nicht so akzeptieren, wie du bist, musst du auch das akzeptieren. Akzeptiere es! Das ist schön und einfach. Akzeptiere sie und erwarte nicht, dass sie dich dafür akzeptieren. Versuch vor allem nichts zu tun, um akzeptiert zu werden. Je mehr du es versuchst, je weniger wird es gelingen."*

Ein Licht bleibt fast die ganze Nacht an im Zimmer des Meisters. Er schläft nur etwa zwei bis drei Stunden. Dies kompensiert er mit Meditationen, die ihm eine weit tiefere Erholung in sehr viel weniger Zeit ermöglichen. In Wirklichkeit ist jeder Augenblick seiner Existenz Meditation. Am Ende des Korridors zeigen die Anhäufung von Schuhen und der andauernde Andrang ohne jeden Zweifel an, wo er wohnt. Eine kleine Zweizimmerwohnung – Schlafzimmer und Empfangsraum – mit Badezimmer: Tempel der Liebesbezeugungen. Seine private Küche befindet sich außerhalb. Eine indische Anhängerin bereitet dort die Mahlzeiten zu, indem sie die rituellen Regeln der absoluten Reinheit befolgt, wie bei allem, was den Guru betrifft. Die gleichen Bemühungen begleiten die Arbeit mit seiner Wäsche und seiner Wohnung. Niemand ist wirklich beauftragt, diese Aufgaben zu übernehmen. Gurudev ernennt unter den Anhängern den würdigen Empfänger dieses Ehrensevas.

Der Auflage, ihn nicht zu stören zum Trotz, gibt es einen pausenlosen Andrang von Leuten, die etwas von ihm wollen. Kein Schild scheint genügend abschreckend zu sein, um den zurückzuhalten, der zu ihm hineingehen will.

An der Tür des Vorraumes schützt der Türsteher den Meister vor Ausschreitungen. Jedes Mal wenn man klopft, steckt er seinen Kopf hinaus und filtert die, die empfangen werden sollen aus dem Gedränge derer, die versuchen, durchzukommen.

Dieser mühsame Posten wird von einem derjenigen besetzt, die sich das ganze Jahr hindurch um den Ashram kümmern. Das sind nur etwa zwanzig: Der Besuch des Meisters bietet die Gelegenheit, ihnen ihre Arbeit zu verdanken, vor allem aber, ihnen wieder Mut zu machen. Dauerhaft im Ashram zu leben ist kein reines Vergnügen. Es ist eine schwere Schule, aber die beste, die es gibt, um sich abzuhärten.

Warum öffnet sich die Tür des *meeting rooms*, um die einen eher durchzulassen als die anderen?

Eines der Rätsel dieses Gurus, der immer genau weiß, welche Dringlichkeit jeden zu ihm führt, ohne dass die Notwendigkeit besteht, es ihm zu erklären. Da warten alle andächtig, die sich erhoffen, einen Vorwand zu finden, der ihnen erlauben wird, ihn privat zu sprechen. Auch diejenigen gedulden sich, die darauf warten, dass Gurudev alle zusammen hereinlässt die gerade da sind, was manchmal geschieht. Die geöffnete Tür, die es möglich macht einen Moment bei ihm zu verbringen, zu plaudern, die Nachrichten bei CNN zu sehen oder ein Video zu betrachten, das während einer kürzlich unternommenen Reise gedreht worden ist. Oder aber er geht seine Post durch, erzählt drollige Geschichten, hilft einem Anhänger, der sich am anderen Ende der Welt aufhält telefonisch bei einer Arbeit... Selbstverständlich wird das Verteilen von getrockneten Früchten und Süßigkeiten auch nicht vergessen...

Seit der Episode im Dorf hatten es mir die Umstände noch nicht erlaubt, ihm meine Post zu bringen. Oft überlässt der Meister die großen Dinge der Zeit. Die Zeit, während der eine Emotion bestehen bleibt, beträgt zwei ein Viertel Tage. Danach bringt der Geist sie wieder in Ordnung, hält sie im Warmen, und ob man will oder nicht, hat sie sich verändert, und das Problem, das sie bewirkt hat, beginnt sich zu klären. Gurudev, der ein Helfer der Natur ist, bringt nun seine magische Berührung mit ein.

Die sorglosen Momente die ich mit ihm verbracht hatte, haben stark dazu beigetragen, meine tiefe Verzweiflung offenzulegen. Nun war es wichtig, nicht den Faden zu verlieren. Die Grundfrage blieb trotz allem aktuell...

Eines Nachmittags, als gerade niemand vor der Wohnung des Meisters wartete – ohne Zweifel, weil er sich gerade ausruhte – war ich gekommen, um meine Nachricht unter der Tür durchzuschieben. Im Moment, da ich es tat, öffnete er mir selbst die Tür, überhaupt nicht überrascht, mich dort vorzufinden. Er empfing mich in seinem Schlafzimmer, was ich später verstehen würde. Ich hatte ihm noch nie alleine gegenübergestanden. Ich war ergriffen von der Dichte des Lichts um ihn herum. Ich jedoch fühlte mich umgeben von einer historischen Tragödie, die wirklich seine Aufmerksamkeit verdient hätte...

Er hatte sich auf seiner Matratze umgedreht. Er saß mitten auf den Leintüchern auf seinen Fersen, er lächelte, den Blick auf einen verschneiten Berg gerichtet, verzaubert, wie wenn er ihn gerade erst entdeckt hätte.

„*Guten Tag... Wie fühlst du dich in Deutschland?*"

„Es kann mir hier nicht gut gehen."

„*Und hier an diesem Ort?*"

„Besser, ja. Hier geht es..."

„*Eines Tages werden wir einen Ashram in Frankreich haben, würdest*

*du dich darüber freuen?*"

„Ja..."

Ich wollte zur Sache kommen. Aber er wollte mich schon wieder entlassen. Er nahm die Karte, die ich ihm hinhielt, wie wenn dies unnötige zusätzliche Zeit wäre. Er beschränkte seine Aufmerksamkeit auf das Foto: Das Blau des Meeres, das meine Versuchung zu verschwinden darzustellen schien... Er sagte auf Englisch: „Nice..." Dann warf er einen Blick auf das, was ich ihm geschrieben hatte... Distanziert, neutral... Er wiederholte: „*Nice*", bevor er mit seinem traditionellen „*Jai Guru Dev*" (Sieg für das höhere Selbst) abschloss. Ich verließ das Zimmer, verletzt, nicht den erwarteten Trost bekommen zu haben. Als ich im Türrahmen stand, fügte er hinzu: „*Du hast einen sehr schönen Schal*“, um meine Enttäuschung zu versüßen. Aber ich war fuchsteufelswild. „*Nice*!“ Hunderte von Leuten störten ihn für nichts und wieder nichts; ich wollte Zeugnis ablegen von einem Drama, das immer noch Millionen von Opfern berührte; und er fand das „*nice*“... Ich lief davon, um mich im Wald zu beruhigen... Den Kopf voll mit bitteren Gedanken klagte ich an! Aber alles schmolz dahin, weil es irgendwie unhaltbar war. Was sollte ich gegen den Meister sagen, das ihn treffen würde? Dass er nichts von den speziellen Schrecken des zweiten Weltkriegs begriffen hatte? Dass er Antisemit war? Dass er sich nicht um das Unglück der Menschen kümmerte? Dass er sich lustig machte über mich? Nichts passte. Wie ihn also berühren? Etwa ins Auge fassen, den Ashram zu verlassen? Hoffen, ihm Schmerzen bereiten zu können? Das fühlte sich an, wie wenn man ein Loch in ein offenes Fenster bohren würde...

Ich dachte an diesen Zettel, den jemand vor kurzem in einen Korb gelegt hatte, der für die Sorgen gedacht war, die man dem Meister auf diese Weise übergeben wollte. „Guruji, ich liebe dich, aber in diesem Moment bin ich so wütend auf dich...“ Er hatte geantwortet: „*Wenn du auf einen Weisen wütend bist, wirst du trotzdem etwas davon haben. Wenn du einen Dummkopf liebst, wird daraus jedoch nur Elend entstehen.*“

Wie konnte das alles geschehen? Ich weiß es nicht, zumindest nicht im Detail. Ein Tag folgte dem anderen im gleichen Rhythmus, in der Harmonie des kosmopolitischen Zusammenlebens... Tatsache ist, dass nach einiger Zeit nichts mehr von dem Druck der Vergangenheit in mir zurückblieb.

Sadhana, Seva, Satsang und die Stille hatten die Wurzeln des Kummers verbrannt. In dem großen Erinnerungsladen, dem Gedächtnis, gab es auch noch ältere Gegenstände, die lange vorne ausgestellt gewesen waren, und deren Zeit nun auch vorbei zu sein schien.

Endlich! Als das Inventar beendet war, hinderte nichts mehr das Leben daran, homogen zu werden. Ein Kontinuum...

Eigentlich spielt es überhaupt keine Rolle, welche Alchemie bewirkt hat, dass die Erinnerungen zurück in ihre Fächer gelangt sind. Es genügt mir, dies zu genießen.

*„Du bist neugierig genug, alles verstehen zu wollen. Das ist nicht nötig. Es gibt Dinge, die du nicht wissen musst, andere musst du einfach als Tatsachen hinnehmen. Handle entschlossen, das ist sehr wichtig. Wenn du eine Pizza isst, genießt du sie ohne zu fragen, welchen Weg sie in deinem Organismus zurücklegen wird, um verdaut zu werden... Wie die Pizza in den Speisebrei verwandelt wird durch das Kauen und durch die Tätigkeit der Speicheldrüsen. Wie sie dann durch die Speiseröhre in den Magen gelangt, wo sie unter der Wirkung der gastrischen Säfte stehen wird. Wie die Salzsäure und das Pepsin auf sie wirken werden. Wie sie aussehen wird, wenn sie in den Dünndarm, den Zwölffingerdarm und die anderen Darmabschnitte gelangt, wo sie unter der Einwirkung von neuen Verdauungssäften, Gallensäften, Pankreassäften in Speisebrei umgewandelt wird.*

*Welche Säuren alle eine Rolle spielen, welche Enzyme und welche Bakterien sie in den Darmwänden antreffen wird, welche Teilchen ins Blut übergehen, in den Urin, und so weiter... Du fragst nicht danach, wie viele Teilchen durch die Pizza produziert werden. Nein, du genießt einfach... Punkt!*

*Wenn du dich dem Meister nicht nahe fühlst, sieh dich als einzig Verantwortlichen dafür. Es liegt an deinem Geist, an deinen Konzepten über das Ego. Teile mit dem Meister, was für dich wichtig oder persönlich ist. Teile es! Schäme dich nicht, sei nicht scheu, verurteile dich nicht. Solange du nicht bereit bist, dem Meister gegenüber das auszudrücken, was wirklich wichtig oder persönlich für dich ist, kann kein Gefühl wirklicher Nähe entstehen.*

*„Wie geht es dir? Wohin gehst du?“*

*Hör mit diesen formellen und oberflächlichen Gesprächen auf und sprich mit deinem Herzen zum Meister, über Dinge, die wirklich wichtig und privat sind, die in deinem Leben tatsächlich eine Bedeutung haben. Vermeide es, über den Preis des Orangensaftes zu reden...*

*Die Meister erwarten nichts von dir. Sie kümmern sich lediglich um diese ganze Angst und um die Abfälle, von denen du dich selbst nicht befreien kannst. Alle selbstverwirklichten Meister auf diesem Planeten sind Sammler von Abfällen.*"

So kommt es, dass Hunderttausende von Säcken mit Tränen zu seinen Füssen entleert werden. Für Gurudev sind dies Schätze: Je mehr Menschen sich davon befreien können, je weniger verschmutzen sie das Weltbewusstsein.

Und Wunder geschehen ebenfalls in der Stille und zu jeder Zeit.

Als Sri Sri Ravi Shankar sich aufmachte, um in der Welt die menschlichen Werte wiederzubeleben, war er ein junger achtzehnjähriger Meister, bereits von älteren Meistern als ein Prophet seiner Zeit anerkannt: „Hier ist Ganga!... Millionen von Menschen werden eintauchen und ihr Heil finden", verkündete Ma Anandamoyi, berühmte und sehr verehrte Heilige aus Indien. Das Wort „Ganga" – der Ganges – symbolisiert das Wissen. Die Gelehrsamkeit von „Ravi" – wie seine Eltern ihn nannten – grenzte an ein Wunder: Ein Jahr früher als vorgesehen beendete er sein Studium, nachdem er in allen Fächern das höchste Niveau erreicht hatte, Mathematik, moderne Wissenschaften, und Kunst eingeschlossen, die in Indien die Gruppe der humanen Wissenschaften bilden.

Das Einstudieren der fundamentalen Texte hatte ihn auch wenig gekostet. Der Inhalt der Texte des Christentums war ihm ebenso vertraut wie die Schriften des Hinduismus, die er wie angeboren in sich hatte. Das Kind war drei Jahre alt, als es die Bhagavad-Gita auswendig aufsagen konnte. Der Sanskritlehrer, der für die Einführung in die Religion zuständig war – seit frühester Kindheit, wie es die Tradition der damaligen Zeit verlangte – wurde Zeuge einer ergreifenden Vorführung: Er las eine Zeile des Textes und das Kind machte weiter... Wenn man Sri Sri Ravi Shankar heute fragt, wie das möglich war, bestätigt er das Phänomen und antwortet: „Vielleicht Prägungen aus der Vergangenheit im Bewusstsein." Später war es Gandhis Sanskritlehrer, der die Kurse weiterführte.

Nach der Ermordung des Mahatma, hatte Pandit Sudakar Chatunvedi es abgelehnt, andere zu unterrichten, bis man ihm den jungen Ravi Shankar vorstellte.

Am Anfang seiner schulischen Laufbahn ließ man ihn drei Klassen überspringen.

Die Lehrer sahen mehr in ihm, als nur ein Wunderkind, dessen Reife die der Schüler seines Alters bei Weitem übertraf. Er vereinte in sich eine wunderbar frische Unschuld mit dem intensiven Wunsch, etwas über den Schöpfer und seine Schöpfung zu lernen.

In Papanasam, dem Dorf in Tamil Nadu, wo er seine früheste Kindheit mit seinen Eltern und seiner achtzehn Monate jüngeren Schwester verbracht hatte, betrachtete man den Jungen als Miniaturmystiker, hinter dem sich ein Geheimnis verbarg. Aber das ist nicht erstaunlich: Indien lebt mit den Göttern. Außerdem war das Kind in eine Familie hineingeboren, die bekannt war für ihre Barmherzigkeit. Die Ahnen von Sri Sri Ravi Shankar waren renommiert und reich – seinem Urgroßvater verdankt der sehr touristische Palast des Maharaja von Mysore seine Fassade voller Lichter, Millionen von Glühbirnen, die 1912 installiert wurden, als das Land noch keine Elektrizität hatte. Eine Generation später wurde ihr ganzes Vermögen an die Armen verteilt. Seit damals kam die Familie durch Arbeit für sich selbst auf. Manchmal fehlte es zu Hause an Nahrung, aber man lehrte die Kinder, immer den Überfluss zu sehen, und selbst vor einem fast leeren Schrank pflegten die Frauen zu sagen: „Oh, es gibt ja noch viel..." Manchmal blieb auch noch genügend, um es an die Bettler zu verteilen.

Ravi spielte nicht mit den anderen Kindern. Er mied sie nicht, aber ihre Spiele langweilten ihn. Seine Teilnahme an einem Fußballspiel hätte das Fiasko der Mannschaft garantiert: „Meine Füße werden niemals etwas treten können", dachte er, „nicht einmal einen Ball..." Er zog es vor, sich in die Stille zu setzen und zu meditieren. Einige warnten Amma, seine Mutter: „Lass deinen Sohn nicht so viele Stunden meditieren, er wird ein Dummkopf werden!" Aber Amma war sich bewusst, dass sie sich um ihn keine Sorgen machen musste.

Nach seiner Geburt 1956 ereigneten sich jede Menge unerklärlicher Dinge. Nachgewiesene Ereignisse jenseits aller Logik und der Gesetze der Physik. Wie an dem Tag, als die schweren Ketten der Wiege, in der das Neugeborene schlief, plötzlich brachen. Das Eisen stürzte unter einem gewaltigen Krach herunter. Amma war vor Schreck ohnmächtig geworden. Aber anstatt ins Innere der Wiege zu fallen, wie es zu erwarten gewesen wäre, hatten sich die Ketten darum herum verteilt, und das Baby plapperte, ohne einen Schrei, ohne eine Träne...

Es geschah auch, dass das Auto, in dem Ravi reiste, ein Rad verloren hatte. Es verfolgte jedoch seinen Weg auf der Straße weiter, ohne Probleme mit dem Gleichgewicht zu bekommen, bis jemand zwei Kilometer weiter sie auf das Problem aufmerksam machte...

Die Eltern sahen in diesen Winken des Schicksals den Hinweis, dass sie einen Auserwählten zu erziehen hatten. Auf die Frage, ob diese Winke des Schicksals wirklich mit ihm zu tun hätten, antwortet Sri Sri Ravi Shankar: „Für die Eltern sind die Kinder sehr wichtig! Wunder gibt es in jedem Leben. Jeder Moment ist ein Wunder – die Vögel, die zwitschern, die Blumen, die sprießen..."

Auf jeden Fall wurde die Annahme von den Orakeln bestätigt. Bei einem Besuch einer sehr hohen spirituellen Autorität, seiner Heiligkeit Sri Shankaracharya von Shirganga, in ihrem Haus in Bangalore, klärte dieser die Eltern Ravis darüber auf, welches Phänomen der Natur sie gezeugt hatten: „Euer Kind ist göttlich. Ihr seid glücklich und gesegnet, seine Familie sein zu dürfen." Und er hatte die Hände gefaltet als Zeichen des Respekts für den jungen Meister. Das Unergründliche spielt eine Rolle in Sri Sri Ravi Shankars Leben. Aber er äußert sich darüber auf sehr bescheidene Weise.

Er äußert sich eigentlich nur über die Wunder, die den Westen aufgewühlt haben, um uns an die göttliche Natur jedes menschlichen Wesens zu erinnern. Er ist auch erstaunt darüber, dass wir den unsichtbaren Elementen, die von Maschinen erzeugt werden, mehr Bedeutung beimessen als denen des Menschen, der die Maschine schließlich geschaffen hat. Es entspricht manchmal seiner Vorgehensweise, Verwirrung in den Geistern zu erzeugen. Manchmal spricht der Meister die Existenz irrationaler Phänomene vor einer dafür reifen Versammlung auch an, um die Geschmeidigkeit der grauen Zellen auf die Probe zu stellen.

Aber er macht keinerlei Aufhebens um die Geheimnisse, die besonderen Situationen angedichtet werden, wenn die Menschen sie ihm anvertrauen. Sri Sri Ravi Shankar schürt diese Dinge nicht. Er holt diejenigen auf die Erde zurück, die etwas zu sehr abheben und verleiht denen Flügel, die auf Bleisohlen gehen. Die Mitte wäre angemessen. Sich einer handfesten Realität zu verschreiben, wo auch das Irrationale, jenseits aller Konzepte der Normalität, einen Platz hat.

*„Die Natur ist irrational: Warum haben wir zwei Augen, eine Nase für zwei Nasenlöcher und nur einen Mund, der zwei Aufgaben gleichzeitig erfüllt – sprechen und essen – wo doch die anderen Organe nur eine Aufgabe haben? Warum nicht ein Auge vorne und eines hinten am Kopf, was uns erlauben würde zu sehen, was hinter unserem Rücken geschieht... Das wäre viel praktischer... Und warum nicht ein Ohr als Radar über dem Kopf? Der Natur fehlt es an Rationalität!"*

Wie alle erleuchteten Wesen besitzt Sri Sri Ravi Shankar außergewöhnliche Fähigkeiten, das heißt, jenseits der 10% des normalerweise benutzten menschlichen Potenzials.

Jeder kann ganz nebenbei feststellen, wie ungemein scharf die Sinne des Gurus sind.

Aber auch hier kein „Abracadabra." Pomp und Show interessieren ihn nicht. Ein Schüler hatte ihn eines Tages gefragt, ob er den Wunsch unterstützen würde, einen Meister in Indien zu treffen, der berühmt für seine Materialisationen war.

*„Wenn es für dich wichtig ist, tu es."*

„Was bedeuten diese Wunder, die er vollbringt?"

*„Die Wunder, die bedeuten gar nichts!"*

„Ich mag es, Wunder zu sehen!"

Gurudev hatte gelacht, war einen Moment in die Stille gegangen und hatte geantwortet:

*„Wenn du ihn treffen möchtest, tu dies, um seine Weisheit, seine*

*Liebe kennenzulernen. Geh nicht wegen seiner Wunder... Das lohnt sich nicht.*"

Sri Sri Ravi Shankar möchte einfach als ein weiser Mann aus dem Orient gesehen werden. Einer, der in die Menschheit verliebt ist, der keine Distanz wünscht, bis auf die, welche für die Weitergabe des Wissens notwendig ist. Dieser Akt braucht eine Bühne, damit das Wissen, *„wie das Wasser von einem höheren Niveau zu einem tieferen fließen"* und Respekt erzeugen kann. *„Das Ego bricht, wenn Ehrfurcht vor dem Wissen entstehen kann."*

Abgesehen davon, Ehrwürdiger auf Augenhöhe, ist Sri Sri Ravi Shankar für die Massen, an die er sich richtet, einer ihresgleichen, der durch sein Beispiel offenbart, wie hoch der Mensch sich erheben kann.

*„Ich bin wie du. Du bist wie ich"*, meint er immer.

Immer wieder stellen ihm die Menschen überall in der Welt die gleiche Frage: „Was ist der Unterschied zwischen dir und mir?" Er antwortet in einem Ton, der jeden Zweifel ausschließt: *„Es gibt absolut keinen Unterschied. Alles was ich bin, bist du auch."*

„Bist du Gott?"

*„Ja, und du bist es auch."*

Trotzdem scheinen Lichtjahre ihn von denen zu trennen, die noch ganz gewöhnlich in einer normalen humanen Inkarnation leben. Doch er unterstützt eine passive Anbetung keineswegs.

*„Finde zuerst die Antwort auf die Frage: „Wer bin ich?" Wenn du weißt, wer du bist, weißt du, wer ich bin."*

In einigen Grundzügen ist die Lehre Sri Sri Ravi Shankars ein wenig wie ein Hindernislauf, der durch die Jagd nach dem Sein abgesteckt wird. Denn das spirituelle Leben hat zwingende Übergänge, unumgängliche Gesetze, wie auch das materielle Leben sie aufweist. So sicher, wie ein volles Glas nicht umgedreht werden kann, ohne dass der Inhalt verloren geht, so sicher wie der Karren die Erde ohne die Hilfe der Ochsen nicht bearbeiten kann, so sicher wie der *Apfel von Newton* nicht in einem Anlauf auf den Gipfel des Turms von Pisa gelangen könnte, gibt es Bedingungen sine qua non bei den spirituellen Angelegenheiten.

Damit es funktioniert, muss man dies respektieren. Wenn man seine eigenen geistigen Fähigkeiten nicht korrekt anwendet, macht man sehr schnell die Erfahrung von „*Kuddelmuddel*".

„*Um glücklich zu sein, brauchst du nur ein wenig Geschicklichkeit*", sagt der Meister. Es ist nicht so kompliziert, dafür offen zu sein.

# 5
# GRUNDSÄTZE DES SPIRITUELLEN LEBENS

SRI SRI RAVI SHANKAR zählt achtzehn wesentliche Grundsätze für das spirituelle Leben auf.

## 1. VERTRAUEN HABEN

*Das Vertrauen ist der erste Schritt. Vertrauen in sich selbst zu haben. Ohne Vertrauen kann Selbstverwirklichung nicht stattfinden. Der Zweifel ist es, der sich dem Vertrauen entgegensetzt.*

*Wenn du die Negativität ausschaltest, stellst du fest, dass das Positive sich bereits manifestiert hat. Wenn der Zweifel ausgeräumt ist, stellt sich das Vertrauen ein. Deshalb musst du zuerst verstehen, was Zweifel ist, um Vertrauen aufbauen zu können. Wenn du die Natur des Zweifels beobachtest, stellst du fest, dass er sich immer gegen etwas Positives richtet. Du zweifelst niemals an etwas Negativem.*

*Wenn dir jemand sagt: „Ich liebe dich sehr", antwortest du: „Wirklich?" Wenn einer jedoch meint: „Ich verabscheue dich", fragst du niemals: „Wirklich?"*

*Du zweifelst niemals an deiner Wut, deiner Depression, deiner*

*Traurigkeit, deinem Kummer, deinem Unglück. Aber du zweifelst an allen positiven Qualitäten, die du hast. Du zweifelst an deinen Fähigkeiten, jedoch nicht an deinen Mängeln. Siehst du, was ich sagen will? Zweifle an deinem Unvermögen.*

*Zweifle an deinen Schwächen. Dann wächst das Vertrauen in deine Fähigkeiten. Sobald du denkst, du seist schwach, verlierst du das Vertrauen. Sei gut zu dir selbst. Ruhe dich aus auf den Dingen, die du gut kannst.*

*Suche nicht die perfekte Handlung, denn dann würdest du sie nur auf später verschieben. Selbst wenn ein paar Fehler entstehen, handle schnell. Sei dynamisch. Verstehe deinen Zweifel als ein in Frage stellen des Positiven, ein Vertrauen in das Negative und wisse, dass wenn du zweifelst, unweigerlich etwas Gutes vorhanden sein muss. Wenn du ihm auf diese Weise entgegentrittst, bietet dir der Zweifel eine Möglichkeit, dich weiterzuentwickeln.*

*Ich sage nicht, du sollst deine Zweifel aufgeben. Zweifle so viel du willst! Zu 100%! Dies wird dir helfen, weiterzukommen. Wenn du diese Schranke der Zweifel einmal überwunden hast, wird ein neuer Fortschritt auftauchen.*

Sri Sri Ravi Shankar fügt bei:

*Hab Vertrauen in dich selbst. Du brauchst nicht übertrieben weise zu sein. Sei selbstbewusst. Sei nicht unerbittlich hart, nur weil das Leben strukturiert werden muss. Erlaube den Wundern, in dein Leben zu kommen! Denke nicht, dass es dir an Vertrauen fehlt. Dein Mangel an Vertrauen betrifft nur die Vergangenheit, nicht das Jetzt. Sobald du deinen Mangel an Vertrauen erkennst, befindest du dich bereits in einem anderen Moment.*

*Du änderst dich in jedem Moment. Wenn du sagst, dir fehle es an Vertrauen, verhinderst du, dass sich Vertrauen einstellen kann. Zweifeln bedeutet, etwas loswerden zu wollen. Der Zweifel ist ein vorübergehender Zustand, bei dem man den Fuß weder auf dem einen noch auf dem anderen Ufer hat. Daraus entsteht Spannung. Du hast keine alten Zweifel. Hast du das beobachtet? Wann tauchen deine Zweifel auf? Sie tauchen nur dann auf, wenn du jemand noch nicht so gut kennst.*

*Der Zweifel kann nicht entstehen, wenn ein Gefühl der Nähe vorhanden ist. Der Zweifel braucht die Distanz, um zu erscheinen. Du zweifelst niemals an etwas, das dir teuer ist, was dir nahe ist. Distanz ist aufgekommen. Es ist möglich, dass du an dir selbst zweifelst, aber nicht an dem, was zu dir gehört. Der Selbstzweifel ist ein Mangel an Nähe zu sich selbst.*

*Alle unsere Ängste und Zweifel kommen daher, dass wir die Freude, die Liebe oder das Vergnügen, die wir von der Welt erhalten, nicht zulassen können. Deine Zweifel stützen sich auf deine Angst. Und die Angst äußert sich auf folgende Weise: Du verlierst die Freude und das Vergnügen, die du von der Welt erhältst. Deine Angst ist unbegründet. Sie ist eine Erweiterung und Ausdehnung derselben Liebe, die du im Leben erfährst, tausendmal vergrößert.*

*Die Freude wird wieder zurückkommen. Du musst nicht erschrecken. Du musst nichts zurückweisen oder verlassen. Die Angst ist ein Eindruck aus der Vergangenheit, der die Zukunft der Gegenwart reflektiert. Da Angst auf den Kopf gestellte Liebe ist, kann alles, was durch Liebe erklärt werden kann, auch durch Angst erklärt werden. Ein Kind, das sich an seine Mutter klammert, kann auf zwei Arten verstanden werden: Das Kind klammert aus Liebe oder aus Angst. Dieser primitive Instinkt der Angst kann durch das Bewusstsein der göttlichen Liebe vollständig transformiert werden.*

*Die vollkommene Abwesenheit von Angst ist nur im totalen Chaos oder in der maximalen Ordnung möglich. Weder ein Heiliger noch ein Dummkopf haben Angst, aber alle anderen Menschen müssen sich damit auseinandersetzen. Die Angst ist unerlässlich, um die Ordnung in der Welt aufrechtzuerhalten. Es ist ein primärer Instinkt. Die Angst vor dem Tod schützt das Leben. Die Angst vor dem Bösen erhält das Gute aufrecht. Die Angst vor der Krankheit ermutigt uns zur Hygiene.*

*Die Angst vor dem Leid macht dich tugendhaft. Versuch nicht, die Angst auszuschalten. Meditiere einfach und mach die Erfahrung, dass du niemand bist, oder dass du ein Teil von jemand ganz Besonderem bist. Du musst die Angst beobachten, wie wenn sie außerhalb von dir ist, bei jemand anderem. Du kannst die Angst nie ganz ausschalten und du sollst es auch nicht. Die Angst hilft dir dabei, die Füße auf dem Boden zu behalten, aber sie ist nur bis zum einem gewissen Grad wichtig. Es ist wie mit dem Salz in der Nahrung. Gibt es zuviel davon, wird sie ungenießbar, aber ohne Salz schmeckt das Essen auch nicht. Ein wenig Angst ist unerlässlich beim Wachstumsprozess.*

*Die Natur hat dich so gemacht. Du fährst auf der rechten Seite der Straße, aus Angst einen Unfall zu verursachen. Du gehst auf dem Bürgersteig. Du startest den Wagen erst, wenn es grün wird. Alle diese Handlungen werden durch die Angst motiviert. Wenn du frei von jeglicher Angst bist, kannst du tun und lassen was du willst, dich über alle Regeln hinwegsetzen.*

*Die Gesetze werden immer wegen der Angst respektiert und das ist keine schlechte Sache. Zuviel Angst ist jedoch nicht nützlich. Du musst ein wenig Angst beibehalten, so, wie auch die Nahrung ein wenig Salz braucht. Ehrgeiz zeigt ein Mangel an Selbstvertrauen an. Wenn du weißt, dass dir etwas ganz leicht gelingen kann, bist du nicht ehrgeizig. Ehrgeiz zeigt Herausforderung und Unsicherheit an, die das Gegenteil von Selbstvertrauen darstellen. Also kann jemand, der ein starkes Selbstvertrauen hat, niemals ehrgeizig sein.*

*Gleichzeitig kann jemand, der gar kein Selbstvertrauen hat, auch nicht ehrgeizig sein! Damit man Ehrgeiz entwickeln kann, muss ein klein wenig Selbstvertrauen vorhanden sein, sowie eine vollständige Unkenntnis des Selbst. Es ist beinahe unmöglich, volles Vertrauen zu entwickeln, ohne Wissen über sich selbst.*

*Mit dem Wissen über das Selbst musst du keinen Erfolg mehr suchen, denn die ganze Natur der Existenz ist nur ein Spiel mit dem eigenen Bewusstsein.*

*Die Menschen sind stolz, wenn sie Ehrgeiz entwickeln. Der Weise wird ihnen einfach zulächeln. Ehrgeiz kann sich niemals auf eine Sache richten, von der du weißt, dass du sie ohne Mühe erreichen kannst. Du kannst nur dann ehrgeizig sein, wenn du Mühe aufwenden musst, wenn die Sache eine Herausforderung darstellt und wenn du nicht sicher bist, ob du erfolgreich sein kannst.*

*Zusätzlich hält der Ehrgeiz alle Freude des Augenblicks fern. In der Freude gibt es weder einen Wunsch noch Ehrgeiz. Der Ehrgeiz verspricht die Freude irgendwann in der Zukunft. Das erzeugt eine Vision von Freude und lässt Frustration in deinen Händen zurück.*

*Mit dem Wissen über das Selbst bedeutet nichts mehr eine Herausforderung. Nichts verlangt eine Anstrengung von dir. Die Natur ist bereit, deine Vorhaben zu unterstützen, noch bevor sie überhaupt auftauchen, ohne dir die Chance zu geben, dich danach zu sehnen oder sie dir zu wünschen. Möchtest du immer noch ehrgeizig sein? Oder besteht dein Ehrgeiz einfach nur noch darin, deinen Ehrgeiz loszuwerden?*

## 2. SICH SELBST UND ANDEREN KEINE VORWÜRFE MACHEN

*Das nächste Ziel besteht darin, aufzuhören, sich selbst und anderen Vorwürfe zu machen. Die spirituelle Reise ist eine Reise zum Selbst, und wenn du damit anfängst dir Vorhaltungen zu machen, versuchst du nicht mehr, das Selbst zu erreichen.*

*Du wirst von dieser Suche nicht mehr angezogen. Ohne diese Bewegung in Richtung des Selbst, des Geistes, reist du zur Materie. Die Freude, die aus der Materie entsteht, ermüdet. Diejenige, die aus dem Geist entsteht, erhebt dich.*

*Du wirst negative Eigenschaften in dir entdecken, aber mach dir keinerlei Vorhaltungen. Jedes Mal, wenn du dich selbst verurteilst, wirst du geneigt sein, andere zu verurteilen, weil die Selbstkritik nicht allzu lange dauern kann. Du findest einen Ausweg, indem du die Kritik auf jemand anderen überträgst. Dies lässt Hass entstehen. Und jedes Mal, wenn du einen anderen tadelst, bereitest du dich von Neuem darauf vor, dich selbst zu tadeln.*

*Es werden heute so viele Verurteilungen ausgesprochen, dass sie das Bewusstsein der ganzen Welt beeinträchtigen.*

Sri Sri Ravi Shankar sagt auch:

*Wenn du aufhörst, andere und dich selbst zu verurteilen, heißt das nicht, dass du keine Bemerkungen machen darfst, wenn es nötig ist.*

*Du darfst kritisieren, aber die Kritik darf nicht aus deinem Herzen kommen – es sollte eine Kritik sein, die nur von den Lippen kommt. Wie fühlst du dich, wenn dir jemand Vorwürfe macht? Spürst du eine Schwere? Fühlst du dich verletzt, unglücklich, traurig? Das bedeutet, dass du widerstehst. Das ist alles. Das, wogegen du Widerstand leistest, bleibt bestehen. Wenn jemand dich kritisiert, leistest du innerlich Widerstand. Es kann sein, dass es nicht sichtbar ist, aber du leistest inneren Widerstand und darunter leidest du.*

*Eine unwissende Person wird sagen: „Verurteile mich nicht, ich leide darunter." Sie wird aufpassen, denn sie wird versuchen sich zu rächen, weil sie verletzt wurde.*

*Ein Erleuchteter wird auch sagen: „Verurteile mich nicht." Weißt du warum? Weil dies dich leiden lassen könnte. Er wird es aus Mitgefühl sagen. Du kannst dich dafür einsetzen, dass jemand dich nicht verletzt, sei es aus Mitgefühl oder aus Wut.*

*Die Sicherheit für deine Seele besteht darin, Mitgefühl für die Fehler der anderen zu entwickeln, sonst bleibt dir nichts anderes übrig, als wütend auf sie zu sein. Wenn du Mitgefühl hast, kann dich nichts berühren.*

*Kann die Sonne unrein oder beschmutzt werden? Das gleiche gilt für dich. Nichts kann dich berühren. Entwickle diese Haltung in deinem Geist und du wirst die unangenehmsten Situationen bewältigen können.*

*Hat man dir unangenehme Worte gesagt? Es sind nur Worte, wie von einem Fisch in einem Aquarium: Er öffnet das Maul...*

*Wenn jemand dich beschimpft, genieße ganz einfach den Ausdruck seines Gesichts. Nimm es nicht an. Sieh, wie diese kleinen Dinge dich irritieren... Dein Leben ist weit mehr als das. Dein kleiner Körper enthält die ganze Essenz der Schöpfung. Dieser kleine Körper, der deine, ist ein Kondensat des Universums...*

*Wir verschwenden unsere Kraft, unsere Zeit, nicht wahr?*

*Freiheit wird uns durch eine gewisse Ebene des Bewusstseins zugänglich. Mann kann nicht frei sein, wenn man gegen etwas oder gegen jemanden ist.*

*Zweifle an den Komplimenten der Leute, nicht jedoch an ihrer Kri-*

*tik. Kritik ist schwieriger zu äußern als Komplimente. Deshalb ist es sehr wahrscheinlich, dass eine Person, die dir gegenüber eine kritische Bemerkung äußert, aufrichtig ist. Beim Loben können schlechte Motive vorliegen, trotzdem erhoffen wir das Lob von den anderen.*

*Wenn du zentrierst und im tiefsten Inneren ruhig bist, wird das Lob ganz natürlich zu dir kommen. Sprich nur über das Wissen. Wiederhole weder die Dinge, die dir zugetragen werden, noch die Meinung von anderen.*

*„Dieser oder jener hat dies oder das über dich gesagt…" Wenn jemand mit solchen Dingen zu dir kommt, halte ihn davon ab. Glaube ihm nicht. Wenn jemand dich direkt kritisiert, wisse, dass er dein schlechtes Karma auf sich nimmt und lass los. Gib der Sache keinerlei Bedeutung. Wenn du einer der nahen Anhänger des Meisters bist, wirst du alle Kritik dieser Welt mit einem Lächeln entgegennehmen. Wenn du jemanden kritisierst, verbindest du dich mit ihm.*

*Ein Weiser ist einer, der aus den Fehlern der anderen lernt. Weniger weise ist derjenige, der nur aus seinen eigenen Fehlern lernt.*

*Der Dummkopf macht die gleichen Fehler, wieder und immer wieder, und lernt nie aus ihnen.*

*Wenn du über den Fehler nachdenkst, der von einer anderen Person begangen wurde, bringt dich das in eine Art Fiebrigkeit. Das zerstört den Frieden in dir. Das verdüstert die Liebe in dir.*

*Wenn ein Fehler entstanden ist, ist er entstanden. Was hätten wir davon, nachher zu bestrafen?*

*Ich sage dir: Lass deinen Schutzwall fallen. Jeder kann einen Fehler begehen – auch du. Rechtfertige deine Fehler nicht. Akzeptiere sie einfach und geh weiter. Du wirst ganz ohne Schutzwall auskommen, wenn du unerschütterlich bist.*

*Decke den Fehler auf aber biete auch eine Lösung an. Wenn du einen Fehler aufdeckst und keine Lösung dafür anbietest, hast du nur halbherzig gehandelt. Wenn ihr nicht sofort ein Mittel findet, arbeitet gemeinsam daran, eines zu finden.*

*Du fragst: „Warum bin ich hier?"*

*Ich sage dir, denk darüber nach, warum du nicht hier bist:*

*Du bist nicht hier, um zu verurteilen.*

*Du bist nicht hier, um zu weinen.*
*Du bist nicht hier, um zu schlafen.*
*Du bist nicht hier, um anzugeben.*
*Du bist nicht hier, um zu kämpfen.*

## 3. SICH SELBST UND ANDERE LOBEN

*Das dritte Gesetz beinhaltet, sich selbst und andere zu loben. Andere zu loben geht weiter, als sie nur nicht zu verurteilen. Zu loben erweckt den Geist, und die Gegenwart des Geistes hebt dich an, die anderen, sowie die ganze Umgebung. Die Tatsache, dich selbst und andere zu loben erschafft einen Raum voller Freude in dir. Wenn du fähig bist, dich selbst zu loben, erwartest du es nicht mehr von anderen. Man denkt, sich selbst zu loben sei Ego, aber in Wirklichkeit, kann das Ego sich selbst nicht loben. Es erwartet vielmehr die Komplimente der anderen. Verstehe, dass alles Lob sowieso an das Göttliche geht. Wenn du sagst, dass du schöne Augen hast, wer hat sie erschaffen? Jedes Lob geht zum Göttlichen, zum Schöpfer. Die Tatsache, jemandem ein Lob zu schenken, entwickelt das Bewusstsein. Etwas öffnet sich in dir. Urteilen verengt das Bewusstsein. Da die spirituelle Dimension einer Erweiterung des Bewusstseins, des Geistes entspricht, wollen wir sie nicht mit Vorwürfen durchkreuzen. Verschenke dein Lob aufrichtig an die anderen und beobachte, was du empfindest.*

Sri Sri Ravi Shankar fährt fort:

*Wie kannst du die Eifersucht oder den Neid besiegen?*

*Wenn du Eifersucht wahrnimmst, sage dir, dass alles vorbeigeht. Das Objekt, auf das sich deine Eifersucht richtet, wird nicht immer existieren. Eines Tages wird es nur noch Vergangenheit sein. Wisse, dass die Person, auf die du neidisch oder eifersüchtig bist, sich in der Vergangenheit gutes Karma erschaffen hat, dessen Früchte sie jetzt erntet. Lass dich davon inspirieren und erlange jetzt einen Verdienst.*

*Schaffe ein Gefühl der Zugehörigkeit zu dieser Person, anerkenne, dass sie ein Teil von dir ist. Denk an alles, was du hast und sie nicht, und sei dankbar dafür. Reich ihr die Hand und bilde ein Team mit ihr. Was tun, wenn andere auf dich eifersüchtig sind oder dich beneiden? Denk an all diejenigen, die neidisch sind auf das, was du hast und siehe, dass diese Dinge, um die sie dich beneiden, dir gar keine große Freude gebracht haben. Frage sie, ob sie glücklich sind. Lobe sie aufs Äußerste. Zeig dich aufmerksam ihnen gegenüber. Wisse, dass ihre Gefühle nur vorübergehend sind. Das Beste ist, ihren Neid und ihre Eifersucht gar nicht zu beachten. Wenn du einem Gefühl Raum gibst, wird deine Unwissenheit nur zunehmen. Stelle deine Talente nicht vor ihnen zur Schau. Wisse, dass sie nur Marionetten sind. Sie werden alle sterben, wie Kartoffeln und Tomaten, auch wenn es etwas länger dauern sollte. Wenn das alles nichts bringt, geh schlafen! Schließe Freundschaften mit Menschen, die glücklich sind. Auf diese Weise kannst du die Eifersucht vermeiden. Sei den Menschen gegenüber gleichgültig, die schlechte Dinge tun.*

*Hab Mitgefühl mit denen, die unglücklich sind. Sei glücklich für die, die gute Arbeit leisten.*

## 4. AUFRICHTIGKEIT

*Die Aufrichtigkeit ist das vierte Gesetz. Sei in allem ehrlich. Betrüge dich nicht selbst und versuch auch nicht, andere zu betrügen. Du bist nicht im Interesse der anderen auf dem spirituellen Pfad.*

*Spirituelle Suche ohne Ehrlichkeit ist leer. Sie bringt keinerlei Vorteile. Wenn du aufrichtig bist, bringt sie einen Frieden, ein Glück und eine Freude, wie du sie sonst nirgendwo auf diesem Planeten finden kannst.*

Sri Sri Ravi Shankar sagt auch:

*Sei nicht allzu schlau dem Göttlichen gegenüber. Versuche nicht, es hinters Licht zu führen. Die meisten deiner Gebete und Rituale dienen eigentlich nur dazu, das Göttliche zu manipulieren. Du versuchst, am meisten zu bekommen und ihm am wenigsten zu geben, und es weiß das. Aber es ist ein kluger Partner, es wird dich noch besser betrügen. Wenn du unter den Teppich gehst, geht es unter den Fußboden.*

*Sei auch bei deinen Bemühungen aufrichtig. Versuch nicht, mit dem Göttlichen scharfsinnig zu rivalisieren. Von dem Augenblick an, da du ein Glücksgefühl erlangt hast, wird alles andere zu einer Quelle der Freude werden. Ohne dieses Glücksgefühl werden die Freuden der Welt nicht anhalten.*

*Eine Person, die dir viel bedeutet und der du vollkommen traust, lügt dich an und wird dabei erwischt. Was fühlst du? Traurigkeit, Wut, Groll, Enttäuschung, Mitgefühl, Ernüchterung, Verlust an Respekt,*

*Erstaunen, Traumatisierung, Befangenheit?*

*Vor kurzem hat mich jemand angelogen. Ich habe Glück und noch mehr Liebe empfunden. Denn diese Person war eine schlechte Lügnerin. Wenn sie eine gute Lügnerin gewesen wäre, wäre sie nicht entlarvt worden. Ich habe gedacht: „Diese Person ist so unschuldig, dass sie nicht einmal angemessen lügen kann.“ Sie lügt und wird sogleich erwischt. Wäre sie nicht erwischt worden, wie hätte man wissen können, dass sie gelogen hatte?*

*So kommt es, dass man einen guten Lügner nicht identifizieren kann. Der, den du einen Lügner nennst, ist kein guter Lügner und unschuldig. Oder nicht? Es ist deshalb unnötig, dich diesen ganzen mentalen Verrenkungen auszusetzen.*

*Vereinige dich stattdessen mit der Liebe und löse dich in ihr auf.*

## 5. VERANTWORTUNG ÜBERNEHMEN

*Der spirituelle Weg bedeutet nicht, vor seiner Verantwortung zu fliehen, sondern sie wahrzunehmen. Es sind die vielen Dinge, für die du im Leben Verantwortung übernommen hast, die dich auf den Weg bringen. Wenn du denkst, dass das, was dir auferlegt worden ist, zu schwer für dich ist, wird dir noch mehr aufgeladen. Die Leute denken fälschlicherweise, dass spirituell sein bedeutet, vor einer schweren Arbeit zu fliehen. Nein. Charakteristisch für den spirituellen Weg ist eine dynamische und kompetente Betätigung.*

Sri Sri Ravi Shankar sagt auch:

*Verantwortung ist die Natur des Lebens. Ein Stein übernimmt keine Verantwortung. Verantwortung ist die Natur des Bewusstseins.*

*Je mehr Verantwortung es übernimmt, desto stärker wird es. Übernimmt es die volle Verantwortung, so wird es außerordentlich kraftvoll.*

Frage: Was ist mit dem Gleichgewicht zwischen Vergnügen und Verantwortung?

*Antwort: Sie sind nicht entgegengesetzt. Es ist kein Gleichgewicht notwendig. Wenn du deine Verantwortung liebst, wird sie ein Spiel. Manche Leute sagen: „Lass Gott für alles sorgen und gib dich ihm hin"; andere meinen: „Ich muss Verantwortung übernehmen." Sich dem Göttlichen hinzugeben, bedeutet: „Dein Wille geschehe", und der Wille des Göttlichen für dich bedeutet, Verantwortung für die ganze Welt zu übernehmen.*

*Es sind die zwei Seiten der gleichen Medaille. Je mehr du dich hingibst, je verantwortlicher wirst du. Einer der unverantwortlich ist, kann sich nicht hingeben. Warum benimmt sich jemand unverantwortlich? Aus Faulheit, aus Angst oder beides. Wenn du faul oder verängstigt bist, kannst du nicht in der Liebe sein. Vollkommene Verantwortung bedeutet vollkommene Hingabe. Das ist ein wenig schwer zu schlucken, aber es ist die Wahrheit.*

*In der Regel denken die Menschen: Entweder ich übernehme Verantwortung oder ich gebe mich hin. Aber die beiden gehen Hand in Hand.*

*Wenn du Verantwortung übernimmst und mit Hindernissen konfrontiert wirst, erinnere dich daran, dich hinzugeben. Das gibt dir die Kraft, weiterzugehen. Es befreit dich vom Gewicht, dich als Schöpfer einer Handlung zu fühlen.*

*Verantwortung ist der dynamische Ausdruck des Lebens im gegenwärtigen Augenblick. Wenn du erschüttert bist, erinnere dich daran, dass Verantwortung Hingabe an das Göttliche bedeutet.*

*Verantwortung zu übernehmen oder sich hinzugeben, ohne anzunehmen, der Schöpfer einer Handlung zu sein, ist die Kunst des Weisen.*

*Vollkommene Verantwortungslosigkeit ist unmöglich. Eingeschränkte Verantwortung macht dich schwach und erschöpft dich. Unbegrenzte Verantwortung gibt dir Stärke und bringt dir Freude. Man ist vollkommen verantwortlich für seine Erfahrungen.*

## 6. DIE VERGANGENHEIT LOSLASSEN

*Das sechste Gesetz des spirituellen Lebens ist die Fähigkeit, die Vergangenheit loszulassen. Du siehst die Vergangenheit wie einen Traum. Dadurch kommst du wieder in den gegenwärtigen Augenblick zurück. Du stellst fest, dass keine Anstrengung nötig ist, um im gegenwärtigen Augenblick zu sein. Im Moment, da du die Vergangenheit loslässt, kommt der Geist von selbst in die Gegenwart zurück. Im gegenwärtigen Augenblick ist der Geist wach, der kleinste Funken wird zum Glühen. Wenn du dich an die Vergangenheit klammerst, wird der Funken von Asche überdeckt.*

*Sei im gegenwärtigen Augenblick und zerstreue die Asche der Vergangenheit mit einem Atemzug.*

Sri Sri Ravi Shankar sagt außerdem:

*Wir ehren die Vergangenheit. Wir haben nur Lob für unsere Vergangenheit, die glorreiche Vergangenheit… Oder wir glorifizieren etwas, das weit weg ist, weit entfernt, außerhalb unserer Reichweite.*

*Der Geist ist zufrieden, wenn die Ideale und die Ziele weit weg sind. Sehr interessant, nicht wahr?*

*Da die Vision des Menschen sich in die Zukunft oder in die Vergangenheit projiziert, wird er unfähig, das Göttliche hier und jetzt zu erkennen, in der Gegenwart, im Innersten seines eigenen Herzens.*

*Ganze Ströme von Gedanken gehen durch deinen Geist, sie kommen und sie gehen. Es kann sein, dass du einen dieser Gedanken zurückhältst und ihn daran hinderst, sich zu verflüchtigen.*

*Wenn ein Gedanke sich in deinem Geist festgesetzt hat, wie die Nadel eines alten Grammofons in der Rille einer Schallplatte, nennt man das eine Sorge.*

*Und Sorgen sind Verursacher von Kummer. Jeder Kummer entsteht, weil man in einem Ereignis blockiert ist, einem Gedanken oder einem Wunsch, der der Vergangenheit angehört.*

*Warum bist du traurig? Warum hast du Kummer? Wegen deines Wunsches. Du klammerst dich an die Vergangenheit. Die Traurigkeit ist die Erinnerung an die Vergangenheit. Die Erinnerung an einen Wunsch aus der Vergangenheit schafft jetzt die Traurigkeit. Nur die Erinnerung an den Schöpfer, an das Göttliche, kann die Hindernisse auf deinem Weg entfernen.*

*Alle deine Projekte sind ein Traum, deine ganze Erinnerung an die Vergangenheit ist ein Traum – weil beide in diesem gegenwärtigen Moment nicht als Realität existieren.*

*Du befindest dich dauernd in einem Traumzustand. Deshalb bist du unglücklich – der wache und der schlummernde Traum. Eine erleuchtete Person lebt vollständig im Moment und deshalb schätzt sie die Schönheit in ihrer Ganzheit.*

*Bereue die Vergangenheit nicht. Nichts ist jemals zwecklos. Die ganze Vergangenheit, alles was wir bis jetzt durchmachen mussten, hat unser Fundament erbaut und die Mauern errichtet. Wir sind jetzt hier, um das Dach darauf zu setzen, um es zu vollenden. So wirst du immer einen Schutz gegen das Unwetter haben. Du musst hinsehen und die Vergangenheit von deinem Geist lösen.*

*Alles, was dich zum Weinen bringt, gehört zur Vergangenheit und hat keine Substanz.*

*Ich bin Bewusstsein.*

*Indem man sich an das klammert, was man liebt oder nicht liebt, schließt man sich in der Vergangenheit ein.*

*Es reicht, die Vergangenheit wiederzukäuen, um sich elend zu fühlen. Dabei fühlst du dich genauso schlecht, wenn du dich an die guten, wie wenn du dich an die schlechten Dinge erinnerst.*

*Wenn du Steine in deinen Händen festhältst, werden deine Hände nicht frei sein, um Diamanten oder Gold zu ergreifen.*

*Der Geist kann nicht in der Gegenwart bleiben, er ist frustriert, deprimiert, rebellisch. Er selbst existiert durch die Illusionen. Er will dauernd etwas Unmögliches. Wenn etwas möglich wird, entfernt er sich davon. Der Geist ist es gewohnt, im Verlangen, in der Frustration zu leben.*

*Unser Geist schwingt die ganze Zeit hin und her – entweder er ist wütend über die Vergangenheit oder er sorgt sich um die Zukunft. Hast du das beobachtet? Er ist wie eine Pendeluhr.*

## 7. AKZEPTIEREN

*Du musst lernen, um dich herum ein harmonisches Umfeld zu schaffen. Du magst glauben, dass die Umgebung dich erschafft, aber in Wirklichkeit erschaffst du deine Umgebung.*

*Sieh, was ist, ist. Dieses Annehmen von was ist, hat zwei Aspekte. Der erste besteht darin, den gegenwärtigen Moment als unvermeidlich anzunehmen. Was geschehen ist, ist geschehen.*

*Wenn du möchtest, dass die Dinge anders sind, können sie nur im folgenden Moment anders werden. Das geschieht nur, wenn du das, was ist, mit Ruhe akzeptieren und dann etwas ändern kannst.*

*Der zweite Aspekt besteht darin, die anderen so zu akzeptieren, wie sie sind. Was für eine Haltung sie auch immer haben mögen, erkenne, dass dies das Bestmögliche ist, was sie im gegenwärtigen Moment zu geben haben. Analysiere die Situation. Suche mögliche Erklärungen für ihr Verhalten.*

*Gleichzeitig solltest du selbst Verantwortung übernehmen. Auf diese Weise wird das Akzeptieren dynamisch und deine Umgebung harmonisch.*

Sri Sri Ravi Shankar sagt außerdem:

*Ihr liefert einander so lange eine Schlacht, bis ihr ganz schwer werdet. Wenn du schwer wirst, brichst du zusammen. Das Ego ist das Gewicht. Durch dein Gewicht verletzt du andere. Derjenige, der kein Gewicht trägt, ist weise. Dann geschieht Gewaltlosigkeit. Wenn ein Vogel hoch fliegt, schwebt er nur noch.*

*Du musst in vollkommener Zustimmung durch das Leben schweben. Es gibt keine Probleme, es gibt nur Lösungen... Und wenn es keine Lösung gibt, gibt es auch keine Probleme. Es bleibt dir nichts anderes übrig, als es anzunehmen.*

*In jeder Beziehung gibt es diese große Erwartung, dass die andere Person sich ändern wird. Wir denken nie daran, dass stattdessen wir uns ändern könnten. „Du hast dich zum Besseren verändert." „Du bist nicht mehr der Gleiche!" „Ich weiß nicht, was mit dir geschehen ist!"*

*Was uns diesem wunderbaren Wesen in uns öffnet ist, andere so zu akzeptieren, wie sie sind, denn dann können wir auch uns so akzeptieren, wie wir sind.*

*Viele Menschen denken, Toleranz sei eine Tugend. Toleranz ist ein negativer Ausdruck. Wenn du etwas liebst, musst du es nicht tolerieren. Toleranz weist auf eine tiefe Abneigung hin, die sich jederzeit in Hass verwandeln kann. Sie setzt die Vorstellung einer Trennung, einer Enge des Geistes, einer Begrenzung des Bewusstseins voraus. Tolerieren ist eine zeitlich begrenzte Einstellung. Toleranz ist ein potenzieller Vulkan. Wenn du etwas tolerierst, bedeutet das, dass du dich an etwas festklammerst.*

*Auch Akzeptanz ist ein negativer Begriff. Du akzeptierst das, was nicht liebenswert ist. Toleranz und Akzeptanz sind Kinder des Urteils und der Trennung. Man stellt sich diese Wendungen positiv vor. Ich aber sage dir, sie sind es nicht.*

Frage: Aber ist es nicht so, dass wir die Menschen akzeptieren sollen, wie sie sind?

Antwort: *Wenn du sie nicht liebst, bis du gezwungen, sie zu akzeptieren. Akzeptiere die Menschen nicht so, wie sie sind. Liebe sie einfach so, wie sie sind.*

## 8. ANERKENNEN DES EIGENEN TODES

*Das achte Gesetz des spirituellen Lebens bedeutet das Anerkennen des eigenen Todes. Zu verstehen, dass du eines Tages sterben wirst. Da es tief in unserem Inneren etwas gibt, was nicht stirbt, ist es für uns schwierig, die Tatsache unseres Todes vollkommen zu akzeptieren. Das Anerkennen des Todes kann dich in den gegenwärtigen Augenblick zurückbringen. Es kann dir dabei helfen, diesen vielen kleinen Versuchungen zu widerstehen, die dich von der Gegenwart wegbringen.*

*Wenn du einmal wirklich begriffen hast, dass du sterben wirst, kann dich die Zukunft nicht mehr beunruhigen.*

Sri Sri Ravi Shankar sagt außerdem:

*Der Tod bringt dich in Kontakt mit der Realität. Er bildet ein Vakuum, eine Leere, und diese Leere ist ein fruchtbarer Boden, damit der Geist sich manifestieren kann.*

*Alle Talente, die Erfindungen und die Kreativität entspringen dieser Leere.*

*Die Schöpfung hat die Tendenz zu dieser Leere zurückzukehren.*

*Alle Religionen haben Bräuche, die mit Begräbnis und Einäscherungen zu tun haben, denn nur das Bewusstsein des Todes kann dir Loslösung und Wachstum im Bewusstsein bringen.*

*Die Göttlichkeit ist sowohl in der Leere als auch in der Feier anzutreffen. In dir selbst gibt es die Leere, in dir selbst gibt es die Feier.*

*Das Wissen über den Tod wird die Qualität deines Lebens verbessern. Das Wissen über das Leben bringt dir Vertrauen, das Wissen über den Tod lässt dich angstfrei und zentriert werden.*

*Feiere die Stille und feiere den Lärm. Feiere das Leben und feiere den Tod. Das Leben ist sehr schön. Es ist strukturiert. Und um es noch schöner zu machen, wurde auch der Tod vorgesehen.*

*Der Tod ist komplementär zur Existenz. Er ist dem Leben nicht entgegengesetzt. Er ist eine Ergänzung des Lebens. Er bewirkt, dass das Leben neu und frisch wird.*

*Das Universum ist geheimnisvoll, nicht jede Knospe sprießt, nicht jede Welle erhebt sich. Du kannst darüber nur staunen. Versuche nicht, es zu verstehen. Das Wesentliche ist, mit diesem Etwas, das sich nicht ändert, zu experimentieren, mit diesem Etwas, das nicht stirbt, mit diesem Etwas, das in dir nicht verdirbt.*

*Niemand kann sich jemals vorstellen, dass irgendjemand sterben wird. Weißt du warum? Weil es die Realität ist! Du hast Mitleid mit jemandem, der gestorben ist, weil du das Gefühl hast, dass du selbst nicht sterben wirst.*

*Und das ist wahr. Etwas ganz Tiefes in dir stirbt niemals. Das ist der Grund, warum du niemals fühlst, dass du alt bist oder dass du sterben wirst. Du wirst nicht sterben. Selbst wenn du vielleicht denkst: „Ich werde sterben, ich werde alt", ist das nur oberflächlich. Tief in deinem Inneren weißt du ganz sicher, dass du nicht sterben wirst. Du bist jenseits des Todes.*

## 9. DIE UNBESTÄNDIGKEIT DES LEBENS

*Das neunte Gesetz ist die Unbeständigkeit all dessen, was existiert, der Situationen, der Umstände, der Gefühle und der Menschen um dich herum. Zu wissen, dass nichts bestehen bleibt, erhöht die Ebene des Geistes. Du kannst mit mehr Energie, Begeisterung und Lebenskraft handeln. Wir glauben, die Erkenntnis über die Unbeständigkeit der Dinge werde unsere Begeisterung verringern und zur Apathie führen. Das Gegenteil ist der Fall. Das genaue Verständnis der Unbeständigkeit erweckt den Geist. Wenn der Geist wach ist, fühlst du dich aufgerichtet. Begeisterung und Dynamik sind die Folge.*

Sri Sri Ravi Shankar sagt noch:

*Alles um dich herum verändert sich. Dein Körper, dein Geist, deine Prioritäten, deine Freunde, deine Feinde, alles verändert sich unaufhörlich. Tief in unserem Inneren haben wir Sehnsucht nach etwas, das sich nicht ändert, das ewig ist, das immer da ist, das immer gleich ist.*

*Um die Veränderung wahrnehmen zu können, brauchen wir einen Anteil, der sich nicht verändert, einen Referenzpunkt. Das ist dein Selbst!*

*Die Meinungen ändern sich, die Arbeit ändert sich, die Beziehungen ändern sich, die Freunde ändern sich. Es dauert eine Weile, eine Weile die vorübergeht. Die Launen kommen und gehen, die Gedanken kommen und gehen.*

*Ob wir es wollen oder nicht, die Dinge hören nicht auf, sich zu ändern. Alles was existiert, ist dieser Veränderung unterworfen. Und du identifizierst dich mit Dingen, die sich ändern! Halte dich an diesem Etwas in dir fest, das sich nicht ändert. Sei mit ihm. Der Körper hat sich verändert, du hast dich nicht verändert. Dieser zentrale Punkt in dir, der sich nicht verändert hat, entspricht dem gleichen Prinzip, das der gesamten Existenz zugrunde liegt, das verantwortlich für die regelmäßige Zusammensetzung einer Blume ist, für die Farben ihrer Blüten und für die Form ihrer Blätter.*

*Wenn wir das verstehen, entsteht eine große Vereinheitlichung in unserem Bewusstsein. Unsere Wahrnehmung verändert sich. Alles, was wir betrachten, betrachten wir mit Intensität. Alles, was wir hören, hören wir mit Schärfe. Wir verschmelzen mit allem, was wir sehen und hören. Es gibt einen eindeutigen Unterschied in der Qualität der Wahrnehmung, die uns mit dem vereint, was wir wahrnehmen.*

*Deshalb haben die Heiligen zu allen Zeiten davon gesprochen, dass man sich mit der Quelle, dem Rhythmus, dem Ultimativen vereinigen soll.*

*Es gibt zwei Arten von Erfolg: Erfolg im Leben oder Erfolg in der Welt. Es ist möglich, in der Welt erfolgreich zu sein, ohne zwangsläufig auch Erfüllung im Leben gefunden zu haben. Erfüllung im Leben bedeutet, auf die Quelle ausgerichtet zu sein, in der Freude und in der bedingungslosen Liebe zu leben.*

## 10. GLAUBEN

*Glaube an die höchste und unendliche Intelligenz, die diese Schöpfung hervorgebracht hat, von dem kosmischen Entwurf bis zur Interaktion der Gene, der Atome und der Moleküle.*

*Durch die einfache Anordnung der Elektronen entsteht entweder eine Blume oder ein Stein, Gold oder Kohle. Es existiert eine Grundsubstanz, eine untergründige Intelligenz, eine Einheit in dieser ganzen Schöpfung. Und siehe, sie lebt. Wir sehen das Universum nicht als etwas Lebendiges. Wir sehen überall nur Materie. Nur die Gegenstände erscheinen vor unseren Augen. Wir wissen, dass es in der Schöpfung ein magnetisches Feld gibt, und doch sehen wir es als tot an. Das reine Bewusstsein, das die Grundlage des Geistes bildet, dessen Teil du bist, ist ein Feld dieser Natur, und es lebt.*

*An diese Intelligenz, die alles erschafft und aufrechterhält, zu glauben, sie zu verstehen und zu akzeptieren, ist das zehnte Gesetz des spirituellen Lebens.*

Sri Sri Ravi Shankar sagt noch:

*Es gibt drei Arten von Glauben:*

*– Der Glaube an dich selbst... Ohne den Glauben an dich selbst denkst du: „Das kann ich nicht machen. Es ist nichts für mich. Ich werde in diesem Leben niemals Freiheit finden."*

*– Der Glaube an die Welt... Du musst an die Welt glauben, sonst kannst du keinen Zoll weit gehen. Du bringst dein Geld zur Bank in dem Glauben, es zurückzuerhalten. Wenn du an allem zweifelst, wird dir nichts gelingen.*

*– Der Glaube an das Göttliche... Glaube an das Göttliche und du wirst dich weiterentwickeln.*

*Alle diese Arten zu glauben stehen miteinander in Beziehung. Um stark zu sein, musst du alle drei haben. Wenn du an einem zweifelst, wirst du bald an allen zweifeln.*

*Die Atheisten scheinen den Glauben an sich selbst und an die Welt zu haben, aber nicht den an Gott. In Wirklichkeit haben sie nicht einmal einen unerschütterlichen Glauben an sich selbst.*

*Und ihr Glaube an die Welt kann nicht konstant sein, weil die Welt sich dauernd verändert. Ein Mangel an Glauben an Gott, an die Welt oder an sich selbst erzeugt Angst.*

*Der Glaube füllt dich aus. Ohne den Glauben an Gott kann dir der Glaube an die Welt keinen vollständigen Frieden bringen. Wenn du den Glauben und die Liebe hast, hast du automatisch Frieden und Freiheit.*

*Menschen, die stark gestört sind, sollten einfach an Gott glauben, damit er ihnen hilft, ihre Probleme zu überwinden. Wenn du keinen Glauben hast, brauchst du keine Fragen zu stellen. Denn wie sollst du an die Antwort glauben, die du erhältst? Wenn dein Glaube aber sehr tief ist, gibt es keine Fragen.*

*Wenn du an Gott glaubst, an dich selbst oder an deine Familie und an deine Freunde, können gar keine Fragen aufkommen. Wenn du weißt, dass jemand auf dich aufpasst, was gibt es da noch zu fragen? Wenn du den Karnataka Express nach Bangalore genommen hast, ist es unnötig, an jeder Station zu fragen: „Wohin geht der Zug?" Wenn jemand auf dich aufpasst, warum einen Astrologen konsultieren?*

*Der Glaube ist dein Reichtum. Der Glaube gibt dir augenblicklich Kraft. Der Glaube zentriert dich, bringt dir Stabilität, Ruhe und Liebe.*

*Der Glaube ist dein Segen. Es gibt hier jedoch ein Paradox: Wenn es dir an Glauben fehlt, musst du beten, um ihn zu finden. Um aber beten zu können, brauchst du den Glauben.*

*In der Wissenschaft erlangst du zuerst Wissen, danach folgt der Glaube. In der Spiritualität kommt der Glaube zuerst, gefolgt von dem Wissen. Zum Beispiel: Die Idee, dass Insektenschutzmittel und chemischer Dünger gut für die Pflanzen sind, stammt aus der Wissenschaft.*

*Die Menschen haben daran geglaubt, und man hat diese Mittel in der ganzen Welt verwendet. Später hat man bemerkt, dass sie schädlich sind, und der Glaube hat sich auf die biologische Landwirtschaft verschoben.*

*Das gleiche geschah mit den Antibiotika. Das Wissen hatte den Glauben wachsen lassen. Als es sich veränderte, musste auch der Glaube nachziehen. Das Wissen und der Glaube an die Wissenschaft sind an Ereignisse gebunden.*

*In der Spiritualität ist der Glaube zuerst da, das Wissen folgt später... Wenn du deine Meditationen gewissenhaft durchführst, wirst du Wissen über das Bewusstsein erhalten. Selbst ein Analphabet kann durch den Glauben ein tiefes Wissen erlangen.*

*Die Menschen glauben an die Welt, aber die Welt ist nichts als eine Seifenblase. Sie glauben an sich selbst, aber sie wissen nicht, wer sie sind. Sie denken, sie glauben an Gott, aber sie wissen nicht wirklich, wer Gott ist.*

Frage: Was ist der Unterschied zwischen Glauben und Vertrauen?

Antwort: *Der Glaube ist der Anfang. Das Vertrauen ist die Konsequenz daraus. Der Glaube an dich oder an dein Selbst bringt Freiheit. Der Glaube an die Welt bringt dir Frieden im Geist. Der Glaube an Gott erweckt die Liebe in dir.*

Frage: Kannst du Glauben und Glaubwürdigkeit kommentieren?

Antwort: *Glauben ist eine Sache des Herzens, Glaubwürdigkeit eine des Intellekts... Eine gute Verbindung der beiden wird das Leben friedlich und einfach werden lassen. Der Glaube ist dann nötig, wenn du die Grenzen deines Wissens erreicht hast. Dein Eifer das Unbekannte kennenzulernen, wird durch den Glauben bewirkt. Die Menschen sprechen viel von Gott, aber wenn du tiefer gehst, wirst du entdecken, dass ihr Glaube wackelig ist.*

*Sie glauben überhaupt nicht daran, dass es eine unendliche, organisierende Intelligenz gibt, eine Macht, die die totale Kontrolle über alles hat – dieser Glaube fehlt völlig. Der Glaube ist die Natur des ungeteilten Geistes, eines ungeteilten Bewusstseins.*

*Da du an Gott glaubst, versuchst du nicht, Gott kennenzulernen. Du glaubst an das Selbst, und versuchst nicht, es kennenzulernen. Versuch nicht, etwas an das du glaubst zu einem Wissensobjekt zu machen.*

*Das Kind glaubt an seine Mutter. Es will seine Mutter nicht kennenlernen, es glaubt ganz einfach an sie. Wenn du den Glauben hast, was musst du da noch wissen? Wenn du aus der Liebe ein Wissensob-*

*jekt machen willst, wird sie verschwinden. Gott, die Liebe, das Selbst und den Schlaf findest du nur jenseits des Wissens.*

*Wenn du versuchst zu analysieren, kommen Zweifel auf und der Glaube verschwindet. Also fang nicht damit an, Dinge wissen zu wollen oder zu analysieren, an die du glaubst.*

*Die Analyse schafft Distanz. Die Synthese vereint. Glaube bedeutet Synthese, Wissen bedeutet Analyse. Das Bewusstsein kann ohne Glauben nicht existieren. Es ist wie die Flamme einer Kerze. Der Glaube ist eine stabile entspannte Bewusstseinsqualität. Der Glaube ist die Natur des Bewusstseins. Glaube an die Stille.*

## 11. DIE EINHEIT DER SCHÖPFUNG

*Wenn der menschliche Geist angespannt und gestresst ist, urteilt er, wählt aus, liebt dieses, liebt jenes nicht, errichtet Barrieren. Und indem er so handelt, zieht er sich aus der Existenz zurück. Sich aus dem Fluss der Existenz zurückzuziehen, bedeutet Trennung. Es sieht jedoch nur so aus, denn in Wirklichkeit ist es unmöglich, sich von der Existenz zu trennen.*

*Wenn man einen Teil eines Kreises entfernt, gibt es keinen Kreis mehr. Versteh, dass du ein Teil der Existenz bist, ein Fragment des Ausdrucks der höchsten Intelligenz, der vereinigenden Kraft, die die ganze Schöpfung stützt, und alles, was existiert.*

Sri Sri Ravi Shankar sagt noch:

*Es ist der Intellekt, der zerteilt und zusammenfügt. Einige Kreaturen der Welt fügen nur zusammen, andere teilen nur auf. Die Ameisen fügen nur zusammen. Sie holen die Dinge und bauen daraus Ameisenhaufen. Die Affen jedoch können nichts zusammenfügen. Sie teilen alles auf. Gibst du ihnen eine Girlande, so zerreisen sie sie in Stücke und werfen sie in die Runde. Ein Affe kann nur zerteilen und analysieren. Ein Biber fügt Dinge zusammen, er sammelt Holz und baut einen Staudamm. Auch die Vögel, so wie der Webervogel, fügen Dinge zusammen.*

*Menschliche Wesen können beides: Sie analysieren und sie fügen wieder zusammen. Du analysierst die relative Welt und fügst wieder zusammen, um das Eine zu finden. Der Intellekt analysiert, um die Wahrheit zu finden, und die Wahrheit fügt alles wieder zusammen, wenn sie einmal gefunden wurde.*

*Eine einzige Zelle wird zum ganzen Körper. Hier wird sie zum Nagel, dort zur Nase oder zur Zunge, aber alles ist nur die Manifestation einer einzigen Zelle. Auf die gleiche Weise besteht das ganze Universum aus einer einzigen Substanz.*

*Sich daran zu erinnern und zu fühlen, dass alles aus einer einzigen Zelle hervorgegangen ist, heilt den Körper und den Geist. Und hält deine Verfassung im Gleichgewicht.*

*Jedes Atom ist selbst ein eigenes Universum. Das kleinste Molekül ist vollständig... Vor zehntausend Jahren haben die Rishis das schon erkannt, und heute wird es von den modernen Wissenschaften bestätigt.*

*Sie haben entdeckt, dass die DNS des Menschen die DNS aller Tiere, Insekten, und so weiter... enthält, von ungefähr fünfzigtausend verschiedenen Lebewesen. Aus der DNS eines Menschen kann man sowohl einen Elefanten als auch eine Fliege reproduzieren. Aus der DNS eines Elefanten lässt sich jedoch kein Mensch in die Welt setzen. Der menschliche Körper ist einzigartig.*

Frage: Gibt es eine Ähnlichkeit zwischen dir, mir und den Tieren?

Antwort: *Das Erscheinungsbild ist verschieden, die Existenz ist jedoch dieselbe. Erkenne die Einheit. Wenn du die Einheit in dir selbst erkennst, in deinem Körper, in deinem Herzen, wirst du die Einheit überall erkennen. So einfach ist das... In der ganzen Schöpfung besteht die Tendenz, Eins zu werden, zu dem Einen zurückzukehren, weil die Zwei schmerzhaft ist. Das Ziel der Schöpfung besteht darin, von der Zwei zur Einheit zurückzukehren. Alles hat den Wunsch, mit etwas zu verschmelzen. Dieses Etwas nennt man Liebe. Es ist ein Zeichen von Intelligenz, das Eine in der großen Anzahl zu sehen, und die Vielfalt in dem Einen zu entdecken.*

*Du kannst nur den Regen sehen, nicht aber, wie der Ozean zur Wolke wird. Dies ist ein Geheimnis. Dass die Wolke zum Ozean wird ist jedoch greifbar.*

*Hast du dich schon einmal auf einen Felsen gesetzt und dir vorgestellt, ein Teil dieser Erde zu sein? Dass dein Körper aus der Substanz dieser Erde hervorgegangen ist? Woraus besteht denn dieser Körper? Aus Proteinen, Aminosäuren, Kohlehydraten, Mineralstoffen, Salz. Alles ist ein Teil dieser Erde. Und eines Tages wird dieser Körper in die Erde zurückkehren... Sei dir bewusst, dass dein Körper ein Teil dieser Erde ist. Dein Körper besteht zu 90% aus Wasser. Dieses Wasser hat den gleichen Anteil an Salz, die gleiche Zusammensetzung wie das Wasser des Ozeans.*

*Du bist eine Portion Ozean, die außerhalb des Ozeans lebt. Der Atem, der in deinem Körper ein- und ausgeht, ist ein Teil der Luft, die die Erde umgibt. Es gibt keine neue Luft. Es ist die alte Luft, die wiederverwertet wird.*

*Du bist ein Teil der Existenz. Dein Körper ist nur ein Fragment des Ausdrucks der großen kosmischen Intelligenz und der Schöpfung. Wenn dein Bewusstsein das erfasst, verwandelt sich das „kleine Ich", mit dem du denkst: „Ich, ich, ich, mich, mich, mich..." in ein „großes Ich" oder in ein „Nicht-ich".*

*Wenn du begreifst, dass jeder ein Teil von dir ist, lösen sich deine Wünsche auf, alle deine Abneigungen verschwinden. Deine Wünsche kommen nur auf, weil du glaubst, nichts zu besitzen. Deine Abneigungen entstehen, weil du nicht haben willst, was du glaubst zu haben. Kannst du die Ironie in dieser Sache erkennen?*

*Wenn du weißt, dass dir ohnehin alles schon gehört, beruhigen sich deine Wünsche. Wenn du weißt, dass alles, was du verabscheust, ein Teil von dir ist, verschwindet die Abneigung und eine vollständige Synthese tritt ein. Einheit taucht auf.*

*Das Wort Einheit ist eigentlich nicht adäquat. Es zeigt noch Dualität an. Wenn man „eins" sagen kann, bedeutet dies, dass „zwei" ebenfalls existiert.*

*Aus diesem Grund sage ich, dass die Sprache unzureichend ist, um die ganze Wahrheit über die Existenz auszudrücken. Es ist ratsamer, Schweigen zu bewahren.*

## 12. DEINE NATUR IST LIEBE UND FRIEDEN

*Wenn du die Einheit der Schöpfung verstanden hast, brauchst du dich nicht mehr anzustrengen, um andere zu lieben.*

*Die Liebe ist deine Natur. Das was ist, ist Liebe. Es gibt nichts anderes als die Liebe. Erkenne, dass die Liebe keine Handlung ist, die du vollbringst, auch keine moralische Verpflichtung, der du nachkommen musst. Sieh, dass du in der Liebe existierst, und dass alles in der Liebe existiert. Und wisse, dass auch Friede deine Natur ist.*

*In jedem Augenblick, wo auch immer du dich gerade befindest, kannst du dich einfach hinsetzen und loslassen, wissend, dass es in dir diesen klaren, reinen, weiten und tiefen Raum gibt. Dieser innere Raum ist das, was du bist. Wenn du das fühlen kannst, bist du in Kontakt mit deiner spirituellen Dimension.*

*„Ich entstamme dem Frieden, ich bin im Frieden, ich werde in den Frieden zurückkehren. Friede ist mein Ursprung und mein Ziel. Ich bin Frieden, ich bin Raum, ich bin Liebe."*

*Diese innere Affirmation oder Erfahrung lässt dich zu einem Sucher werden.*

*Das zwölfte Gesetz besagt, dass deine Natur Liebe und Frieden ist.*

Sri Sri Ravi Shankar sagt auch:

*In tiefer Meditation stellen wir fest, dass jeder ein Teil von uns ist. Der Strom der Liebe kann dann natürlich fließen. Die Liebe ist nicht aufgesetzt. Sie ist nicht künstlich. Liebe ist nicht Erfüllung, sondern eine Erkenntnis. Friede kann nicht erreicht, sondern muss ganz einfach erzeugt werden. Wenn du einmal einen friedlichen Geisteszustand erlebt hast, wird dich die Erinnerung daran dazu bringen, ihn immer wieder erleben zu wollen. Beachte: Du möchtest eine Anzahl Menschen als Freunde haben, du verhältst dich freundschaftlich mit ihnen, aber plötzlich werdet ihr zu Feinden. Das ist, wie wenn du eine Blume zu derb anfasst. Wenn du sie zu stark zusammendrückst, fallen alle Blütenblätter ab.*

*Eine Person, die dir gleichgültig ist, kann niemals dein Feind sein, mit einer Person, die du nicht liebst, kannst du keinen Konflikt haben. Alle Konflikte entstehen mit einer Person, die zu einem bestimmten Zeitpunkt dein Freund geworden ist. Ist das nicht erstaunlich?*

*Lerne, freundlich mit möglichst vielen Leuten zu sein, möglichst mit allen, dann wirst du sehen, dass alle gerne mit dir zusammen sein möchten.*

*Freude bedeutet, Liebe zu empfinden für das, was ist, Traurigkeit ist Liebe für das, was nicht ist. Liebe ist immer unvollendet. Sie muss unvollendet bleiben. Wenn sie vollendet ist, findet sie ein Ende. Bei allem, was vollendet, voll, ganz ist, hast du die Grenzen festgesetzt, hast du Einschränkungen gefunden.*

*Damit die Liebe unendlich sein kann, muss sie unvollendet bleiben. Alles, was unvollendet ist, ist unendlich.*

*Gott ist die erste und am wenigsten kostspielige Substanz, die es gibt. Vielleicht gibt es irgendwo keine gute Luft, aber Gott ist da. Vielleicht gibt es kein Tageslicht, aber Gott ist da. Wenn du bis zum Mond gelangst, ist Gott da. Wenn du dich jenseits der Atmosphäre befindest, Gott ist da. Gott ist einzigartig, wie auch das Leben einzigartig ist. Die Liebe ist in allem.*

*Und wenn du tief in diesen Zustand der Liebe vordringst, gibt es keinen Unterschied mehr zwischen dir und dem, was ist. Du möchtest Frieden haben, aber dein Bedürfnis nach Frieden hat dich nervös gemacht. Indem du dir wünschst, dass die Welt um dich herum friedlich ist, schaffst du Unruhe.*

*Der Frieden kommt von innen, nicht von außen. Wenn du selbst friedlich bist, wird es auch deine Umgebung werden, und die Menschen um dich herum ebenfalls. Du bist das Zentrum des Universums. Frieden ist deine wirkliche Natur. Frieden ist deine angeborene Natur.*

*Das kann dich niemals verlassen. Konflikt ist die Natur der Welt. Wohlbefinden ist die Natur des Selbst. Suche Wohlbefinden im Herzen des Konflikts. Wenn du genug vom Wohlbefinden hast, nimm Teil an den Spielen der Welt. Wenn du die Spiele der Welt satt hast, kehre zurück zum Wohlbefinden des Selbst.*

*Wenn du dem Meister nahe bis, machst du beides gleichzeitig.*

*Wenn du versuchst, den Konflikt zu beenden, verlängerst du ihn. Stell dich dem Konflikt, indem du das Wohlbefinden im Selbst wieder findest.*

## 13. GLEICHGEWICHT

*Das dreizehnte Gesetz des spirituellen Lebens besteht darin, ein Gleichgewicht zwischen Ruhe und Aktivität zu finden, ein Gleichgewicht zwischen Stille und Wort.*

*Wenn du dein ganzes Leben lang schweigst, ohne auch nur ein einziges Wort zu flüstern, heißt das nicht unbedingt, dass du ein spirituelles Leben gelebt hast. Das Wort wurde dir geschenkt. Talente und Fähigkeiten wurden dir gegeben.*

*Mach guten Gebrauch von dem, was dir gegeben worden ist und halte das Gleichgewicht mit Hilfe der Meditation und der Selbstbeobachtung durch deinen Geist.*

Sri Sri Ravi Shankar sagt auch:

*Nimm dir Zeit für dich selbst. Bleib während einiger Zeit allein, während einigen Tagen im Jahr, während einigen Momenten pro Tag. Dies verstärkt die Energie, den Geist, der du bist.*

*Sieh, es gibt Momente, da du dich ohne offensichtlichen Grund nicht gut fühlst. Plötzlich fühlst du dich gar nicht mehr im Gleichgewicht. Manchmal gehst du irgendwo etwas essen und fühlst dich nicht gut. Du setzt dich irgendwohin und fühlst dich nicht gut. Manchmal ist es der Kontakt mit irgendjemandem, der bewirkt, dass du dich schlecht fühlst.*

*Was also tun? Suche für eine kurze Zeit keinen Kontakt zu anderen, halte ein wenig Abstand, geh nicht auswärts essen. Fünf Tage oder eine Woche können genügen.*

*Bleib einfach mit dir selbst. Du wirst sehen, es wird sich ändern. Besonders wenn du sehr deprimiert bist ist es wirksam. Verzichte auf*

*Kontakt und bleibe auf dich selbst zentriert. Du kannst schenken, nimm aber während dieser Zeit keine Geschenke an. Du wirst sehen, dass das ganze Unwohlsein, die Depression, zerrinnen werden.*

*Der Geist bündelt sich, konzentriert sich, schärft sich. Er wird leicht und frei. Ruhe stellt sich ein, und die Sinne gewinnen an Macht und an Kraft. Du wirst fähig, selbst zu urteilen, deine Seele zu spüren, dein Sein. Bleib bei dir selbst. Das wird dir erlauben, von der Situation zu profitieren. Normalerweise tauschst du dauernd Energie aus. In jedem Moment verlieren wir unsere Energie und erhalten die von anderen. Wenn du Verwirrung wahrnimmst oder Chaos, wenn der Geist nicht klar ist, leg alles auf die Seite und gib dich damit zufrieden, einfach nur zu beobachten.*

*Diese Zeit der Stille bedeutet nicht, dass du überhaupt nicht sprechen darfst. Es entspricht eher einer Zeit der Zurückgezogenheit. Das ist es, was auch die religiösen Gemeinschaften tun: Sie ziehen sich zurück. Es ist nicht notwendig, dir eine Höhle zu suchen, aber vermeide es, alles anzunehmen, was die anderen dir schicken.*

*Wenn du Arzt bist oder Krankenschwester, wenn du Patienten zu betreuen hast, hörst du natürlich nicht auf, zu arbeiten. Aber nachdem du heimgekehrt bist, nimm eine Dusche und bleib mit dir allein. Die anderen Arbeiten, die anderen sozialen Kontakte, stelle sie zurück, bis du deine Batterien wieder aufgeladen hast. Wenn du beobachtest, verschwindet das Negative. Das, was entwicklungsorientiert ist, wird reicher, weitet sich aus. Wenn du die Liebe beobachtest, wird sie grösser. Wenn du die Angst beobachtest, hört sie auf. Wenn du die Freude beobachtest, wächst sie. Wenn du die Eifersucht beobachtest, verschwindet sie.*

Frage: Kann jeder in dieser Welt, in diesem Leben, all seine Möglichkeiten, all seine Leiden in Glück transformieren?

Antwort: *Ja, das ist möglich, das ist sehr gut möglich.*

Frage: In einer Woche?

Antwort: *Es ist sogar in einem Augenblick möglich! Jeder kann das auf der intellektuellen Ebene verstehen, aber das ist nicht genügend. Man muss über ein paar einfache Techniken verfügen, um den Geist zu beruhigen, um fähig zu sein, sich wieder zu zentrieren... Obwohl die Menschen alle Annehmlichkeiten haben, versinken sie in der Depression. Und um aus der Depression herauszukommen, nehmen sie Drogen oder tun Dinge, die nicht mit dem Leben in Einklang zu bringen sind, die nicht in Richtung Evolution zielen.*

*Es ist außerordentlich wichtig, das Wissen über den Atem, die Existenz und das Selbst zu verbreiten. Dieses Wissen gehört nicht einer einzelnen Nation, einer Rasse oder einer Gemeinschaft. Es gehört der ganzen Welt. Die ganze Welt hat dieses Wissen nötig. Das Telefon und die Elektrizität wurden im Westen entdeckt, was aber nicht bedeutet, dass es dem Rest der Welt vorenthalten wird.*

*Dank dieses wundervollen Wissens kann sich unser Leben immer weiter in Richtung bedingungsloser Freude entwickeln.*

## 14. DAS WISSEN ÜBER DAS SELBST

*Fang damit an, dir über die Gefühle in deinem eigenen Körper bewusst zu werden, über deine eigene Haut, deine Haut unter den Kleidern, deine Muskeln, Nerven und Knochen. Sei nicht unsensibel dem Leben gegenüber, wie ein Tier, das sich damit begnügt, zu essen, zu trinken und zu schlafen. Beobachte jede Empfindung. Schärfe deine Aufmerksamkeit so stark wie möglich. Durch das Wissen über den Körper gelangst du zum Wissen über den Geist, der sich anders verhält als der Körper.*

Sri Sri Ravi Shankar sagt auch:

*Das Leben imprägniert jede Zelle deines Körpers, die Zellen der Haut, diejenigen der Haare und die des ganzen Körpers. Du kannst völlig unbewusst vor dem Fernsehapparat sitzen und vollkommen vertieft in ein Ereignis oder deine Gedanken sein. Aber ob du dir dessen bewusst bist oder nicht, das Leben ist in jeder Zelle deines Körpers gegenwärtig. Ich sage nicht, dass du immer mit der Erde verbunden bist. Ich sage, dass du ein Teil dieser Erde bist.*

*Wenn du dich an den Tisch setzt und ein Stück Brot in die Hand nimmst, hast du dann jemals über Folgendes nachgedacht: „Das ist mein Körper. Dieses Brot, das ich aufnehme, wird zu den Zellen meines Körpers. Dieses Brot ist mein zukünftiger Körper. Es ist nur eine Frage der Zeit?“ Du hast ein Glas Milch vor dir. Hast du jemals gedacht: „Auch das wird ein Teil meines Körpers. Diese Milch wird zu meinem Blut werden?“*

*Als Jesus die Messe eingeführt hat, hat er gesagt: „Das ist mein Fleisch. Das ist mein Blut.“ Er meinte damit: „Diese ganze Schöpfung ist mein Körper.“ Fühle, dass du mit allem eins bist. Du bist schon ein Teil der Nahrung, die du zu dir nimmst. Schon bevor du sie aufgenommen hast, bist du ein Teil davon. Sie ist schon dein Fleisch.*

*Jesus hat zu seinen Jüngern gesagt: „Beklagt euch nicht. Denkt nicht, dass ich nur in diesem Körper bin. Dieses Brot ist mein Körper. Und die ganze Nahrung der Welt ist mein Körper, denn sie wird zu meinem Körper.“*

*Warum misst du dem Körper so viel Bedeutung bei? Wenn dieser Körper weggeht, wird ein anderer seinen Platz einnehmen, weil es weiterhin genug geben wird, um ihn zu ernähren. Die Nahrung erschafft den Körper. Wenn du die Nahrung mit vollem Bewusstsein einnimmst, bin ich du! Dieses Bewusstsein, das ich bin, und das du so außergewöhnlich findest, ist auch in dir. Nichts von dem, was ich habe, fehlt dir.*

*Dieser Körper ist nicht mein Fleisch. Dieses Brot ist mein Fleisch. Das Fleisch ist das Brot. Erkenne den Unterschied zwischen dem physischen Körper und dem Fleisch, und die ganze Welt wird zu deinem Körper. Das ist das kosmische Bewusstsein.*

*Alle gehören zu mir, so wie mein eigener Daumen zu mir gehört. Jeder ist ein Teil von mir.*

## 15. LOSLÖSUNG UND REIFE

*Die Reife oder auch die Loslösung werden von einer verschärften Aufmerksamkeit begleitet. Reife und Loslösung sind ein Paar.*

*Du kannst nicht reif sein, wenn du nicht auch losgelöst bist. Oft wird Loslösung fälschlicherweise als flacher und schwerer Geisteszustand bewertet oder als ein negativer Seelenzustand. Man verbindet damit Distanz und Desinteresse. Das entspricht nicht den Tatsachen. In der Loslösung bist du bewusst. Du befindest dich in der Intimität mit dir selbst. In der Reife gibt es keine Fiebrigkeit. In der Reife gibt es Königtum, Freiheit, Verständnis und Geheimnis.*

*Das fünfzehnte Gesetz des spirituellen Lebens bedeutet Loslösung zu erreichen und mit der Reife zu leben.*

Sri Sri Ravi Shankar sagt noch:

*Wirkliche Intimität bedeutet Loslösung. Beobachte deinen Geist. Was spielt sich da ab? Sympathien, Antipathien, Wünsche und Abneigungen. „Ich will dies, nein, ich will das nicht.“ Andauernde Diskussionen, Zynismus, Kritik, Apathie, Entmutigung. Bist du dir dieser Fluktuationen bewusst, die in deinem Geist auftauchen? Lass nur einen Augenblick lang alles fallen.*

*Setz dich ruhig hin. Das ist Loslösung: Zentriert zu sein. Hast du schon bemerkt, dass der Geist keine Aufregung mehr ertragen kann, nachdem du viel gelacht oder dich stark erregt hast? Es wird zu viel. Du möchtest dich von der Aufregung lösen und einen Moment lang ruhig sein. Welche große Freude kannst du für immer behalten? Weisheit kommt dann auf, wenn du erkennst, dass Freude wehtut. Deine Loslösung beginnt an dem Tag, an dem du entdeckst, dass die Freude stört.*

*Wir haben diese Sensibilität verloren. Deshalb sind wir so gierig nach immer größerer Freude. „Sicher gibt es noch etwas Besseres für mich, etwas, das mir noch mehr Glück bringen könnte.“*

*Das ist Fiebrigkeit. Wir bewegen uns unaufhörlich von der einen Fiebrigkeit zur nächsten, und immer so weiter. Es ist ein dauernder Kampf.*

*Kummer lässt Fiebrigkeit entstehen, Freude lässt Fiebrigkeit entstehen. Loslösung bewirkt das subtile Gleichgewicht jenseits von Freude und von Traurigkeit. Im Zustand von Loslösung kann jede noch so große Freude auftauchen, sie wird dich nicht erschüttern. Selbst wenn man dir den Himmel schenkt, bewegst du dich keinen Zollbreit. Das ist die Erleuchtung. Das Geheimnis dahinter ist die Loslösung.*

*Man kann lernen, zu meditieren, man kann sich andere Techniken aneignen, Loslösung kann man nicht lernen. Sie kann sich in deinem Leben nur mit der Zeit oder durch die Gnade deines Meisters entfalten. Es gibt kein anderes Mittel, sie aufkeimen zu lassen. Man kann sie nicht durch Bücher erreichen. Nur die Erfahrung wird sie dir bringen. Die höchste Weisheit, die man auf diesem Planeten erlangen kann, ist die Loslösung. Alles kann durcheinandergeraten, aber nicht die Loslösung. Man kann alles kaufen, aber nicht die Loslösung. Nur der ist reich, der losgelöst ist.*

*Die Loslösung offenbart immer die Wahrheit. Wenn du über etwas die Wahrheit wissen möchtest, sei vollkommen losgelöst, zentriert. Das ist die Kraft. Wirkliche Nähe kann sich nur einstellen, wenn die Leidenschaft fehlt. Durch die Abwesenheit von Leidenschaft, bist du dir selbst nah. Du kannst Nähe zu jedermann zulassen. Wenn du ganz im Einklang mit dir selbst bist, kannst du ohne jegliche Schwierigkeit jeden lieben und jedem nahe sein. Kritik, Zynismus und Gleichgültigkeit verschwinden. Gleichgültigkeit unterscheidet sich vollkommen von Loslösung. Die Leidenschaft ist die Ursache deiner Gleichgültigkeit.*

*Alles, was existiert, gehört dem Göttlichen. Lass also deine Bürde los. „Man hat mich beschimpft. Man hat mir wehgetan..." Du siehst hinter jeder Handlung eine Absicht.*

*Lass das alles ganz einfach fallen. Lass es geschehen. Folge dem augenblicklichen Strom des Lebens, und das Leben beruhigt sich wieder ganz von selbst. Loslösung trennt dich nicht. In Wirklichkeit verbindet sie dich. Sie verbindet dich so vollständig mit dem gegenwärtigen Augenblick, dass du 100% mit allem sein kannst, was du gerade tust.*

*Das Haupthindernis, das viele Sucher auf dem Weg bremst, ist ihr Wunsch, loszulassen. Sag nicht, dass du loslassen willst, geh davon aus, dass du es schon getan hast.*

*Der Wunsch, loszulassen, wird zum Hindernis auf dem Weg. Das ist, wie wenn ein Kind seiner Mutter sagen würde: „Ich möchte dich lieben." Kein Kind sagt jemals so etwas zu seiner Mutter. Es ist offensichtlich, dass es sie schon liebt.*

*Loslassen ist keine Handlung, es ist ein Seinszustand. Ob du das erkennst oder nicht, es ist wirksam.*

*Die Weisen wachen auf und sehen. Die anderen brauchen etwas mehr Zeit. Wisse, dass du keine Wahl hast. Tief in dir drin hast du bereits losgelassen.*

## 16. WERTSCHÄTZEN DER SCHÖNHEIT

*Das sechzehnte Gesetz ist das Anerkennen der Schönheit in der Schöpfung, der Schönheit in jedem, der Schönheit in deinem Inneren, und zu wissen, dass diese Schönheit die Natur des Geistes ist.*

*Der Geist rennt hinter der Schönheit her, schätzt die Schönheit, aber es ist ein Unterschied, ob man die Schönheit schätzt, oder ob man sie besitzen möchte. Indem man die Schönheit besitzen möchte, verliert man die Loslösung.*

*Wisse, dass es der Geist ist, der schön ist. Wo auch immer du Schönheit wahrnimmst, der Geist ist da. Wenn jemand schön ist, dann deshalb, weil der Geist in ihm schön ist. Eine Leiche ist niemals schön. Wenn du Schönheit dem Geist zuordnest und sie von der Materie trennen kannst, schreitest du mit großen Schritten auf dem spirituellen Weg voran.*

Sri Sri Ravi Shankar sagt auch:

*Schönheit ist ein inneres Gefühl, ein inneres Erwachen. Wenn die Negativität und die Steifheit in dir sich auflösen, dann entdeckst du tief in deinem Inneren die Schönheit der Schöpfung. Wellen von Schönheit, Wellen von Zufriedenheit steigen aus deinem ganzen Sein auf. Eine der kostbarsten Fähigkeiten, die der menschliche Körper aufweist, ist die Fähigkeit, Schönheit schätzen zu können.*

*Die Grundlage der Schöpfung ist die Schönheit. Die Wahrheit ist eine Sache des Intellekts, die Schönheit wird im Herzen empfunden. Der Intellekt analysiert. Er ist neugierig zu wissen, woraus eine Pflanze besteht, wie sie wächst, wann sie blüht. Das Herz macht sich nicht die Mühe, diese Dinge zu erfahren. Es empfindet einfach: „Oh! Das ist so wunderbar!" Die Wertschätzung der Schönheit bricht im Herzen hervor und nimmt dein ganzes Wesen gefangen.*

*Schönheit bedeutet kein Urteil. Es ist nicht so, wie bei einer Schönheitskonkurrenz, wo die Richter sitzen und beschließen, wer Mister Universe oder Miss Amerika wird. Es ist hässlich, Schönheit zu beurteilen. Miss Amerika, Mister Universe, das ist eine Erniedrigung.*

*Es ist, wie wenn man über käufliche Liebe spricht. Schönheit kann nicht verkauft werden. Man kann sie nicht ausstellen. Sie ist ein Phänomen. Etwas, das auftaucht, wie ein Tornado. Ein Ausruf: „Oh!", und der Geist wird automatisch leer. Es ist kein Massenphänomen.*

*Es ist intim, persönlich. Wenn es das nicht wäre, könnte es nicht göttlich sein. Das Göttliche ist immer persönlich. Man sagt: „Die Schönheit liegt im Auge des Betrachters." Wenn du voller Freude bist, wenn du aufblühst in der Liebe, nur dann kannst du die Schönheit wertschätzen. Eine gewisse Ebene des Bewusstseins ist dabei unerlässlich.*

*Wenn du gestresst und angespannt bist, erscheint dir selbst die schönste Sache als hässlich, oder du versuchst, einen Fehler darin zu finden. Jemand, der Hunger hat oder krank ist, kann Schönheit nicht genießen. Alles was er dann möchte, ist wieder normal sein. Die Tatsache normal zu sein, kann dich jedoch nicht befriedigen, weil es nicht das Höchste darstellt.*

*Die Schönheit ist das Höchste. Sie ist die letzte Eroberung. Wenn du dich wunderbar wohlfühlst, zeigen selbst Steine und Stacheln dir ihre Schönheit.*

*Schönheit und Liebe gehören zusammen. Man muss das Schöne lieben. Wenn du etwas liebst, findest du darin auch Schönheit. Kennst du die Geschichte von Lilah und Majnu? Sie waren verliebt wie Romeo und Julia. Man fragte Majnu: „Wenn Gott jetzt zu dir käme, in welcher Gestalt sollte er dir erscheinen?" Er meinte: „Das Beste wäre, wenn er zu mir in der Gestalt von Lilah käme. Nur dann würde ich ihn sprechen wollen."*

*Du hast noch nie etwas geliebt ohne den Versuch zu machen, es zu besitzen. Das beginnt schon in der Kindheit. Wenn das zweite Baby kommt, möchte das erste die ganze Aufmerksamkeit seiner Mutter. „Warum hast du dieses Baby ins Haus gebracht? Bring es weg!“ Viele Kinder sagen das. „Du gehörst nur mir allein.“ Diese Angst, den Platz im Herzen des geliebten Menschen zu verlieren, sitzt tief in uns drin. Liebe, die Angst hat zu verlieren, kann sich nicht ausdehnen. Sie führt zu anderen schlimmen Empfindungen und Gefühlen. Eifersucht kommt auf.*

*Da gibt es jemanden, den du sehr liebst, ein Freund, eine Freundin, aber er oder sie richtet seine Aufmerksamkeit auf jemand anderen. Beobachte, was mit deinem Magen geschieht: Er krampft sich zusammen. Du versuchst alles, um das nicht wahrzunehmen, was in dir geschieht. Viel Hässlichkeit taucht auf, da Verlustangst da ist. Du liebst niemals etwas Grosses, Beachtliches, weil du das selbst noch nicht bist. Und solange du sehr klein bleibst – ich sage es dir – gibt es keine Freude, kein Glück, keinen Frieden.*

*Freude ist Ausdehnung, Größe in deinem Herzen. Das kann nur geschehen, wenn du sehr verliebt bist, aber das, was du liebst nicht besitzen kannst.*

*Die Menschen leben so, als wären sie tot, zu 90% tot. Sie schlafen, fahren zur Arbeit, essen, plaudern und schlafen wieder. Den ganzen Tag verbringen sie völlig unbewusst, nicht dort, wo sie wirklich sind. Sie gleichen dem Frosch im Brunnen, der glaubt, dass der Brunnen das Universum sei, dass es sonst nichts mehr gebe.*

*Eingeschränktes Bewusstsein bedeutet Tod. Da ist ein Mangel an Feuer, an Fortschritt. Wenn man davon ausgeht, kein Glück zu haben, kommt der Neid. Jemand anders hat Glück, ich aber nur Unglück. Mit dem Gefühl, kein Glück zu haben, gehen Geldgier, Wut, Hass einher... Eine ganze Kette aus Negativität. Ich sage nicht, dass du nie Neid oder andere negative Gefühle haben sollst. Nein. Ich beobachte die Mechanismen, die bei der Schönheit eine Rolle spielen und lasse dich sehen, dass alle diese Gefühle mit ihr zu tun haben. Ich zeige dir auf, was für ein Phänomen die Schönheit ist. In der Schönheit gibt es Unschuld. In der Schönheit siehst du vollkommene Vitalität. Durch die Schönheit bekommst du eine Vorstellung von einem guten Schicksal.*

*Die Lebensgeschichte eines Baumes ist in einem toten Holzscheit eingeprägt. Die Schönheit des Baumes bleibt trotz seiner Transformation erhalten.*

*Die Preise bei Filmfestspielen gehen an Schauspieler, die tiefe Emotionen wie Wut und Frustration ausdrücken. Wenn Kinder weinen, ist auch Schönheit zu erkennen. Sie ist überwältigend, diese Schönheit. Du musst nur aufwachen und sehen – das ist die Realität. Wenn du erwacht bist, zeigt sich die Schönheit auf dem Gipfel ihres Ruhmes als Weisheit, als Wissen. Es ist das Wissen, das eine unwissende Person verschönert. Und wie geschieht das?*

*Durch das Bewusstsein, durch die Energie in ihr. Wenn die Energie in dir erwacht, wenn du lachen und die Vergangenheit loslassen kannst, wirst du so strahlend! Die Übungen, die wir hier machen, beleben das Wissen und erwecken die Schönheit in dir.*

*Für einen Armen ist die Schönheit im Reichtum zu finden. Für einen ausgehungerten Menschen im Essen. Eine vereinsamte Person entdeckt die Schönheit in der Gesellschaft von anderen.*

*Und für die, die aufgewacht sind, im Erwachen. Sie sagen: „Oh! Wo war ich? Ich bin auf so kleine Dinge hereingefallen, aber jetzt ist mein Leben schön."*

*Und die Dankbarkeit, die nun zum Ausdruck kommt, ist das Schönste, was es geben kann. Hast du das Gesicht von jemandem gesehen, der Tränen der Dankbarkeit vergießt? Es gibt keine gleichwertige Schönheit auf diesem Planeten. Die Schüchternheit lässt deine Schönheit noch grösser werden. Sie ist dein Schmuck. Göttlichkeit ist nichts anderes als der Ausdruck von Schönheit.*

## 17. ANBETEN UND EHREN

*Das Wertschätzen der Schönheit führt zur Anbetung. Du verehrst die Schönheit, du betest sie an. Alles in der Schöpfung als ein Abbild des Schöpfers anzubeten und zu ehren, entspricht dem nächsten Gesetz des spirituellen Lebens. Ehre alles. Ehren ist mehr als eine emotionale Reaktion. Es ist eine Haltung. Sie zeigt ein ausgewogenes Verständnis über das Leben an. Man ehrt, wenn sowohl Respekt als auch Liebe vorhanden sind. Wenn man ehrt, befindet sich der Geist zu 100% im gegenwärtigen Augenblick, und ein Gefühl von Heiligkeit kommt auf. Liebe und Respekt führen zur Verehrung, und die Verehrung führt zum Göttlichen. Du kannst nichts als göttlich ansehen, wenn du es nicht liebst. Gleichzeitig kannst du keine Liebe für etwas empfinden, wenn du es nicht als göttlich anerkennst. Der Sinn für das Göttliche bringt Wachsamkeit ins Bewusstsein. Das Bewusstwerden beginnt.*

Sri Sri Ravi Shankar sagt noch:

*Der Geist, der dein Leben lenkt, ist heilig. Ehre diese Lebensenergie. Wenn du die Lebensenergie ganz natürlich ehrst, werden alle anderen Tugenden mühelos zu deinem Ausdruck. Du wirst großzügig, bekommst ein Gefühl von Zugehörigkeit und fühlst dich mit jedem Menschen und jeder Sache verbunden.*

Frage: Was kann ich tun, wenn die Leute mich nicht respektieren?

Antwort: *Bedanke dich bei ihnen. Sie haben dir die Freiheit gegeben. Wenn die Menschen dich respektieren, haben sie dir deine Freiheit genommen. Sie erwarten, dass du ihnen zulächelst, dass du sie erkennst und dass du dich auf eine ganz bestimmte Weise ihnen gegenüber verhältst.*

*Wenn sie dich nicht respektieren, musst du ihre Fragen nicht beantworten und du kannst alle Formalitäten fallenlassen. Wenn du an Respekt gewinnst, geschieht das oft auf Kosten deiner Freiheit! Weisheit bedeutet, der Freiheit die erste Priorität zu geben, und sich nicht um den Respekt zu kümmern. Wenn die wirkliche Liebe da ist, wird dir der Respekt ganz einfach folgen.*

*Respektiere alle Menschen so, wie du mich respektierst, aber erwarte von ihnen nicht dasselbe wie von mir. Du aber machst genau das Gegenteil: Du respektierst die anderen nicht so, wie du mich respektierst, erwartest aber von ihnen, dass sie dir Freude bringen und sich ideal benehmen. Wenn sie deine Erwartungen nicht erfüllen, bist du frustriert. Du beschimpfst oder verdammst sie. Durch dieses Verhal-*

*ten verlierst du deine spirituelle Energie. Sie zu segnen, stellt die spirituelle Energie hingegen wieder her.*

*Die Welt ist voll von Verschiedenartigkeit, Auseinandersetzungen sind unvermeidlich. Mit Weitblick oder Geduld bahnst du dir auf intelligente Weise einen Weg.*

*Ehre alles in der Schöpfung, einschließlich deines Körpers. Hast du jemals deinen Körper mit großer Ehrerbietung betrachtet? Hast du jemals deinen eigenen Atem wahrgenommen? „Oh! Ist das schön!" Der Atem geht ein und aus. Er erhält das Leben.*

*Bringe deine Aufmerksamkeit mit Ehrerbietung zu jedem Teil deines Körpers. Jede Hektik wird in Liebe verwandelt. Betrachte Bäume mit Ehre. Fühle Dankbarkeit für die Bäume, die da wachsen. Sie reinigen das Gift, das wir ausatmen.*

*Alles im Universum, die Sonne, die Luft, der Mond, das Wasser, alles gehört dir. Hast du schon einmal gedacht: „Alle diese Sterne gehören mir? Ich habe so viele Sterne. Diese Bäume gehören mir. Die Menschen gehören mir. Alles im Universum gehört mir."*

*Du liebst jemanden, du ehrst ihn. Deine Liebe verwandelt sich in Hingabe. Das Bedürfnis, besitzergreifend zu sein, verschwindet. Ehrerbietung ist nicht besitzergreifend. Ehrerbietung besagt: „Was auch immer dir Freude bringt, ich bin glücklich darüber." Das Gefühl von Verehrung muss geweckt werden. Weil wir aufgehört haben, die Menschen zu respektieren und zu verehren, haben wir unsere Gesellschaft zu mehr Gewalt geführt. Wenn alle Menschen, die heute mit Waffen herumspazieren mehr Respekt in sich hätten, mehr Ehrerbietung, mehr Achtsamkeit denen gegenüber, die um sie herum leben, wären sie ganz anders. Was die Leute anbeten wollen, spielt überhaupt keine Rolle. Seien es Bäume, ein Kreuz, eine Person oder ein Symbol, es hat gar keine Bedeutung. Es ist das Gefühl des Anbetens, das wesentlich ist. Auch wenn es sich um einen Popstar handelt, es spielt keine Rolle. Die Emotion muss sich authentisch, aus dem Inneren heraus, manifestieren. Das ist wichtig. Hindere die Menschen nicht daran, zu idealisieren, die anderen zu respektieren und zu ehren.*

*Im Orient verlangt es die Tradition, dass die Kinder ihre Mutter jeden Tag wie eine Göttin ehren. Danach ist es der Vater, den man verehrt, dann der Guru, und schließlich jeder Gast des Hauses.*

*Die Kinder können während des Tages eine Auseinandersetzung mit ihren Eltern haben, aber jeden Morgen werden sie dazu angehalten, sich zu versöhnen, denn sie müssen sich vor ihnen verneigen, um den neuen Tag zu beginnen. Wenn sie sich auch wieder streiten werden, fangen sie doch jeden Tag wieder bei Null an.*

*Das Leben besteht aus vielen verschiedenen Farben. Wir müssen es mit all seinen Farben und Geschmäckern annehmen. Heutzutage müssen wir die Menschen dazu erziehen, wieder jemanden anzubeten, mehr zu ehren, mehr zu schätzen. Sei nicht überängstlich, was die Verehrung betrifft. Ängstige dich vielmehr über die Gewalt, die Arroganz, die Beleidigungen, die vulgäre Sprache, die Wut, die Frustration, und nicht über die Verehrung, die Dankbarkeit und die Wertschätzung.*

*Durch Reife wird Liebe zur Hingabe. Die Ausdehnung der Hingabe bedeutet Fülle im Leben. Wenn die Liebe reift, wird sie zur Hingabe.*

## 18. DAS LEBEN IST UNVERGÄNGLICH

*Das neue und letzte Gesetz des spirituellen Lebens besagt, dass das Leben unvergänglich ist. Dies widerspricht vollkommen dem Gesetz, dass das Leben unbeständig, und alles leicht verderblich ist. Nun sagen wir, das Leben sei unvergänglich. Nichts kann ihm geschehen. Die Wahrheit ist immer widersprüchlich.*

Sri Sri Ravi Shankar sagt noch:

*Nichts gehört dir. Weder dein Körper, noch deine Gedanken, noch deine Gefühle, noch deine Empfindungen. Nichts von all dem gehört dir.*

*Alles taucht von alleine auf, bleibt eine Zeit lang und geht von alleine wieder. Erinnere dich, dass deine Natur, die Freude, Frieden und Fülle ist, ewig gleich bleibt.*

*Du bist nicht auf diesen Körper beschränkt, auf deinen Namen, auf diese gegenwärtige Form, auf die Beziehungen, die du mit deiner Umgebung unterhältst.*

*Es kann sein, dass du deine Vergangenheit nicht kennst, die uralten Zeiten deiner Existenz, aber du weißt, dass du von weither kommst, und das ist schon einmal nicht schlecht...*

*Du hast jede Menge Erfahrungen hinter dir und kommst trotzdem identisch daraus hervor, leuchtend, unschuldig, rein, nicht beschmutzt. In dieser Hinsicht bist du uralte Liebe.*

*Macht das Sinn? Ob das Sinn macht oder nicht, wo bleibt der Unterschied? Wenn es Sinn macht, gut. Wenn nicht, auch gut. Das ist wunderbar.*

*Die Wahrheit kann nicht durch einen Beweis erfasst werden. Wahrheit ist jenseits von Beweis und Widerlegung. Die Wahrheit verläuft nicht linear, sie ist multidimensional. Sie ist sphärisch.*

*In einer Sphäre steht jeder Punkt mit dem anderen in Beziehung. In einer Linie ist jeder Punkt nur mit zwei weiteren Punkten verbunden, dem Punkt davor und dem dahinter. In der Sphäre besteht die Verbindung auf alle Seiten, 360 Grad. Die Wahrheit ist die Existenz. Sie ist das, was existiert. Das bedeutet, mit sich selbst innerlich im Einklang zu sein. Wir glauben, die Wahrheit im Geschehen zu erkennen. Das was existiert, ist die Wahrheit. Was sich nicht ändert, ist die Wahrheit. Was sich ändert, ist eine Illusion.*

# 6
# MEDITIEREN IST SEIN

Die Stürme auf den „meeting room“ gehen weiter, auch wenn sie um diese Zeit hoffnungslos sind. Gurudev schickt alle in die Meditationshalle, wo er später auch hinkommen wird, sobald die Aufnahmen eines gerade laufenden Interviews beendet sind.

Die Gespräche, die der internationalen Presse gewährt werden, sind weniger rar geworden. Der Name von Seiner Heiligkeit Sri Sri Ravi Shankar, der auf den interkonfessionellen Veranstaltungen auf allen Kontinenten schon zu einem Begriff geworden ist, entgeht den Medien nicht, die sich mit dem ungewöhnlichen Diskussionsteilnehmer auseinandersetzen. Das Rednerpult der Vereinigten Nationen ist ja noch vorstellbar, das Ökonomische Weltforum in Davos erstaunt schon eher, auch wenn mehrere religiöse oder spirituelle Führer der Einladung gefolgt sind.

Der Meister lehnt die modernen Möglichkeiten, Weisheit zu verbreiten, nicht ab. Jeder konstruktive Austausch ist ihm willkommen. Er antwortet also den Journalisten – allen – ob sie sich nun für Spiritualität öffnen können oder nicht.

Stichhaltige Argumente kommen nicht immer von Seiten der Experten, der wichtigen Leute oder der einflussreichen Medien.

Alle Fragen können Sri Sri Ravi Shankar gestellt werden. Keine einzige wird ihn kränken.

Manche fragen ihn, ob es auf den indischen Strassen immer noch

Schlangen gebe. Auf welche Weise er seine Zeit nicht vergeuden wolle. Oder, ohne sich die Mühe zu machen, nachzudenken: „Warum ist der Atem wichtig?"

Er antwortet und ist so verblüfft, dass er es heute noch erzählt:

*„Ist das eine Frage?*

*Der Atem ist nicht wichtig, er ist einfach unerlässlich! Ohne Atem bist du ganz einfach tot! Was der Nutzen des Atems sein soll? Bist du dir bewusst, was du sagst? Worin besteht der Nutzen, zu lieben? Du kannst den Atem nicht benutzen, er ist es, der dich benutzt. Das gleiche gilt für die Liebe. Du denkst immer an die Vorteile, an das unmittelbare Vergnügen. Du überlegst die ganze Zeit: „Was werde ich bekommen?"*

Die Bilanz ist nicht gerade überwältigend: Das Niveau des Verständnisses ist oft eine Katastrophe, die Verfälschung der Worte seelenlos, das Ergebnis deprimierend.

Doch der Meister beurteilt weder Leistung noch Handlungsweise. Er sagt einfach:

*„Es ist gut, immer mehr über Spiritualität zu reden. Die Welt braucht es... Die Menschen nehmen die Spiritualität oft zu ernst, und umgekehrt verwandeln sie Spiele in Kriege. Dann geht der ganze Zauber der Existenz verloren. Spiritualität ist nicht langweilig. Sie ist die Würze des Lebens. Führt darüber keine ernsthafte Diskussion, sonst haben wir nur ein weiteres Fach. Spiritualität sollte wie Plauderei sein, entspannt und intim. Aber das wird sich bald ändern..."*

Sri Sri Ravi Shankar wird die auf die schiefe Bahn geratenen modernen Medien nicht anprangern: Die Morde, die sowohl bei den Unterhaltungs- als auch bei den Informationssendungen ununterbrochen gezeigt werden, die Vorherrschaft der deprimierenden Nachrichten, die quasi Ausschließlichkeit der Berichte, die in den schwärzesten Farben geschildert werden... Er bestätigt jedoch die Verzerrung der Realität– verhängnisvoll für die Moral der Bevölkerung – die schon mit der Ausstrahlung der ersten Informationen am Morgen beginnt. Er sagt:

*„Das ist nicht der Spiegel des Lebens."*

Und er übernimmt die Verantwortung ohne weiteren Kommentar, indem er das „Sri Sri Ravi Shankar Center of Media Studies" gründet.

Es handelt sich um eine Schule für Journalismus, die er im Jahr 2000 in Bangalore, einer dynamischen Stadt in Südindien, gegründet hat. Dort sollen Beobachter ausgebildet werden, die zuerst mit sich selbst im Reinen sind und die nicht versuchen, die Welt nach ihrer Vorstellung darzustellen und ihre eigene Sicht der Dinge in ihre Reportagen mit einfließen zu lassen. Eine Anzahl Fachleute, Journalisten und Direktoren von großen internationalen Informationszentren, die bereit sind, mit der schlechten Presse ihres Berufs zu brechen, bilden den Verwaltungsrat der Schule.

Die neue Generation von Journalisten, die schon zur Stelle ist, zeigt den Unterschied. Das „Engelhafte" ist nicht nach dem Geschmack von Sri Sri Ravi Shankar, der, ganz im Gegenteil, lebhafte, sogar bissige Gesprächspartner vorzieht. Die Übung, ihn zu interviewen, wird nur gewagter. Und da er gegen nichts angehen und auch niemanden besiegen will, wird die Befragung zu einem natürlichen Spiel ohne aufgesetzte Liebenswürdigkeit:

„Was denkst du über „New Age?"

*„Das Zeitalter ist immer neu."*

„Das „New Age" hat eine „Industrie des Heils" begründet. Bist du ein Händler der Seligkeit?"

*„Der Markt entspricht einem Bedürfnis der Menschen. Er deckt das Bedürfnis nach Glück, Frieden und Schönheit ab. „Business" und Spiritualität entwickeln sich in gegensätzliche Richtungen. Beim Geschäft gibst du weniger und nimmst mehr. In der Spiritualität gibst du mehr und nimmst weniger."*

„Worin besteht die Bedeutung, einen Guru zu haben?"

*„Im Westen wird es als schlecht betrachtet. Man glaubt, seine Freiheit dadurch aufzugeben. Im Orient ist man davon überzeugt, dass der Guru einen zur Freiheit hinführt. Die Menschen sind stolz, wenn sie sagen: „Ich bin der Schüler von „So und So"..."*

*Ein Guru verlangt nichts von seinen Schülern. Im Gegenteil, er hilft ihnen, ihre Sicht zu erweitern, er vermittelt ihnen eine andere Dimension. Tatsächlich verlierst du nicht nur keineswegs dein Ur-*

*teilsvermögen, sondern du gewinnst an Freiheit, du befreist dich von deinem kulturellen, emotionalen, religiösen Ballast, du verlierst deine Hemmungen. In Indien weiß man, dass man Gott berührt, wenn man sein Ego dem Guru überlässt. Aus diesem Grund hat ein Guru-Schüler-Verhältnis in unserer Gesellschaft schon immer eine wichtige Rolle gespielt. Wenn du klassischen, indischen Tanz lernen möchtest, ist dein Lehrer nicht nur ein Tanzlehrer, sondern ebenfalls ein Guru. Das gleiche gilt bei der Musik, dem Kampf, und so weiter. Ist es nicht so?"*

„Was ist dein Auftrag? Was hat die heutige Welt am meisten nötig?"

*„Die menschlichen Werte. Die menschlichen Werte ins Leben zurückzubringen."*

„Was hast du für ein Projekt für die Zukunft?"

*„Nichts Spezielles. Wir sind immer bereit, das zu tun, was der Augenblick, die Umstände erfordern."*

„Was ist das Besondere an dem indischen spirituellen Wissen, wenn du es mit anderen spirituellen Traditionen vergleichst?"

*„Jeder Ort hat seine eigenen Besonderheiten. Die Schweiz hat den Käse. Deutschland hat Marzipan. Indien hat die Spiritualität."*

„Heute sieht man überall Anzeichen für die Wiederbelebung der Spiritualität und der Meditation. Hat das mit der aktuellen Epoche zu tun?"

*„Wenn die Werte sich anheben, ist es eine besondere Epoche. Die menschlichen Werte lassen die Zeit speziell werden. Die Feierlichkeiten lassen die Zeit speziell werden.*

*Was ist das Besondere an der Feier? Es ist die Feier, die alles einzigartig macht."*

„Dann bist du optimistisch, was das Wachstum der Werte betrifft?"

*„Verbreite die Werte, festige sie, und die Zeit wird automatisch besser werden. Wir können die Epoche dadurch transformieren, dass wir die Werte wiederbeleben."*

„Ist es die Anziehungskraft der spirituellen Alternativen, die die Gurus stützt?"

*„Es ist die Suche der Menschen nach Glück. Durch die Wahrheit*

*erreichst du die Bestimmung. Die Wahrheit ist der letzte Augenblick. Das Endergebnis.*"

„Was ist deine Botschaft für die Leser und für Indien?"

*„Eine wirklich religiöse Person wird ganz natürlich frei von konfessioneller Bindung sein. Sie geht davon aus, dass alle Menschen ihr zugehörig sind. Die einzelnen Religionen beschäftigen sich nur mit ihrer eigenen Gruppe und nicht mit der ganzen Menschheit. Alle unsere religiösen Führer teilen die Menschheit auf und übernehmen nur die Verantwortung für einen begrenzten Teil. Spiritualität bedeutet, Verantwortung für alle Völker der Erde zu übernehmen. Die religiösen Führer aller Religionen müssen sich einigen. Nur so können die menschlichen Werte unterstützt werden.*"

„Aber der Glaube von bestimmten Menschen kann auch lebensgefährlich sein..."

*„Das Problem beginnt dort, wo jemand den anderen sein Gottesverständnis aufzwingen will. Meine Idee über Gott und seine Idee über Gott könnten auch nebeneinander existieren. Das Grundprinzip der „Kunst des Lebens" besteht darin, die Menschen so zu akzeptieren, wie sie sind. Das Leben ist multidimensional. Wenn du das vergisst...*"

„Was passiert dann?"

*„Ihr seht Menschen, z.B. die moslemischen Fundamentalisten, die nur ihre eigenen Schriften gelesen haben. Hätten sie die Upanishaden studiert, könnten sie bestimmte Handlungen nicht begehen.*

*Gott war schon vor dem Koran da. Und wir sollten unsere Verantwortung wahrnehmen. Wir haben das Wissen des Yoga, Vedanta und der Upanishaden noch nicht der ganzen Welt zugänglich gemacht. Erinnere dich daran, dass es keine einheitliche Art geben kann, in dieser Welt zu leben. Du kannst nicht alle Menschen zu Materialisten machen, wie die Kommunisten es versucht haben – ohne Erfolg. Und du kannst auch nicht die ganze Welt spirituell werden lassen. Es gibt einen Platz für jeden in dieser Welt.*"

„Wie viele Menschen sind in den Genuss deiner Lehre gekommen?"

*„Meine Aufmerksamkeit richtet sich nicht auf das Ergebnis.*"

„Im Alter von siebzehn Jahren hattest du den Abschluss in Physik, Chemie und Mathematik schon gemacht. Ist der Wissenschaftler in dir skeptisch über die spirituelle Person in dir?“

*„Ich stemple mich nicht als Wissenschaftler oder als spirituell ab.“*

„Was unterscheidet dich von einem Politiker?“

*„Das weiß ich nicht. Ich kann über mich sprechen, aber wie könnte ich es über andere tun? Vergleiche dich mit niemandem in dieser Welt. Auch nicht mit mir. Du bist einzigartig.“*

„Was ist der Unterschied zwischen dir und mir?“

*„Denkst du, es gibt einen? Was ist der Unterschied zwischen einer Blume und einer Knospe? Es ist derselbe Unterschied.“*

„Bist du niemals deprimiert oder wütend? Zum Beispiel, wenn es ein Problem in deiner Organisation gibt?“ (Lacht.)

*„Wir halten die Organisation so klein wie möglich, nur gerade so groß, um das Wissen verbreiten zu können. Die Organisation ist der Rahmen, der das Bild hält. Wenn der Rahmen das Bild allerdings immer weiter zerfrisst, dann dient er nicht dem Ziel.*

*Gleichzeitig kann das Foto aber nicht ohne einen Rahmen aufgehängt werden.“*

„Oft denken die Menschen, ihr seid eine Sekte, wenn du von Meditation und vom Singen sprichst.“

*„Was ist eine Sekte? Sie wissen es nicht. Wenn es ein Gefühl der Zugehörigkeit mit der ganzen Welt beinhaltet, dann ist es besser, in einer Sekte zu sein. Es gibt zwei Sekten: Die der deprimierten und die der glücklichen Menschen. Sekten sind Gruppen, die andere ausschließen, die denken, nur sie seien gut, und die anderen seien schlecht. In der Organisation „Die Kunst des Lebens“ schließen wir alle Religionen mit ein: Sie sind alle Teil der Wahrheit. Beunruhige dich nicht. Sei einfach glücklich. Teile deine Freude. Bilde Projekte für den Dienst an der Menschheit.“*

„Ist es eine bewusste Entscheidung von deiner Seite, dich auf die Jungen zu fokussieren? Du ziehst sie in sehr großer Zahl an.“

*„Wir versuchen nicht, irgendjemanden zu beeinflussen oder die Jugend im Besonderen anzuziehen. Ich bin einfach das, was ich bin. Wenn du dich von mir inspirieren lässt, sehr schön! Wenn nicht, dann*

*inspirierst du mich. Entweder du wirst inspiriert, oder du inspirierst mich. Das ist unsere Haltung und die all derer, die zu uns kommen. Sie werden auch bekannt werden. Lächle oder bring mich zum Lächeln. Inspiriere oder werde inspiriert.*"

„Die Menschen sagen, dass die Gurus heutzutage die Spiritualität kommerzialisieren."

*„Die Menschen sind frei, ihre Meinungen zu haben. Ich kümmere mich nicht darum, Schlagzeilen in Zeitschriften zu machen. Ich bin hier, um zu dienen...*"

„Siehst du dich selbst als Mann oder als Gott?"

*„Als Kind.*"

Er schließt mit einem „*Jai Guru Dev*" ab.

Der Meister lädt die Besucher, die dies wünschen, ein, an der Meditation vor dem Frühstück teilzunehmen. Die Journalisten nehmen sein Angebot meistens an, weniger aus Neugierde, sondern um ein wenig auszuruhen.

Die kleinen Anzeichen von kämpferischer Überheblichkeit am Anfang haben sich während des Gesprächs verflüchtigt. Er ist genau der richtige Mann. Die außergewöhnliche Gestalt des Weisen flösst Respekt ein, seine Freundlichkeit rührt.

Aber erst nachdem sie selbst die Erfahrung mit der geführten Meditation durch den „Yoga Shiromani" gemacht haben, interessieren sie sich noch mehr für die Übungen und den Teil davon, der schwer in Worte zu fassen ist.

Und wenn sie den Heiligen vor ihren eigenen Augen im *Samadhi* gesehen haben, werden sie erfassen können, was sie gerade versucht haben einzuordnen.

Von nun an werden die Artikel über Sri Sri Ravi Shankar gegen das ungeschriebene Gesetz verstoßen, herabwürdigen zu müssen, wie es aktuell eine Verpflichtung zu sein scheint.

Und der Meister freut sich zu sehen, dass die Ängste über die Spiritualität wieder einen Schritt zurückgewichen sind.

Nahe an der Bühne stehen einige Stühle für die Besucher bereit. Für solche, die körperliche Probleme haben und für solche, deren Funktion dies erfordert.

Persönlichkeiten des öffentlichen Lebens kommen oft, um einen Teil des Programms mitzuerleben. Einige Stunden in der Gegenwart von Sri Sri Ravi Shankar zu verbringen, wird nicht ohne Wirkung bleiben. Etwas Neues wird erscheinen, etwas wird sich bewegen...

Der Ashram ist offen für die Repräsentanten aller spirituellen oder religiösen Richtungen. Gurudev ehrt ihre Traditionen. Er wird ihren Gottesdiensten folgen – seien sie christlich oder von einer anderen Religion – als einfacher Gläubiger...

Es ist ihm wichtig, dass die Schüler seine Lehren auf vielfältige Art erleben können.

Aktuell wohnen im Haus neun Gäste, *Swamis*, buddhistische Mönche aus Indien, in orange Tücher gekleidet, mit nackten Armen und Wollmützen, damit sie es mit dem deutschen Winter aufnehmen können.

Es sind spirituelle Kapazitäten, die am universitären Leben ihres Landes stark beteiligt sind. Jeder von ihnen hat die Verantwortung für mehrere Fachrichtungen übernommen.

Neben den *Swamis* sitzt ein Mann in den Siebzigern mit einer erhabenen Haltung, der seine Autorität durch seine asketische Ausstrahlung zeigt, die seinen großzügigen Blick in den Hintergrund treten lässt.

Es ist Acharya Ratnanda, den man liebevoll „Pitaji“ nennt. Er wartet auf die Ankunft seines jungen Meisters. Das Besondere daran ist, dass er dessen Vater ist. Auf dem Boden, inmitten der Musiker sitzend, eine schöne junge Frau in einen leuchtenden Sari eingehüllt: Bhanu, Gurudevs Schwester, ist auch da.

Beide leisten ebenfalls ihren Beitrag, um das Wissen weiterzutragen. Die Gelehrsamkeit und die Weisheit von Pitaji sind beachtlich. Auch er ist Doktor in vedischen Wissenschaften, ein vorzüglicher Arzt in ayurvedischer Therapie, ein begeisterter Astrologe, der diese Wissenschaft seit einem halben Jahrhundert studiert... wie ein galiläischer Sucher.

Er ist ein Redner, der die Erzählkunst perfekt beherrscht. Auf diese Weise beglückt er die Versammlungen der Schüler seines Sohnes regelmäßig mit Geschichten aus den Puranas, in denen die Spannung sich mit dem Humor vereint.

Es handelt sich um die gleichen Lebenslektionen, die er schon seinen kleinen Kindern erzählte.

Bhanu lehrt die Samadhi Meditation und verzaubert die *Bhajans* mit ihrer Nachtigallenstimme.

Im Moment, da der Meister eintritt, stehen Pitaji und Bhanu auf, zur gleichen Zeit wie der ganze Saal, zurückhaltende und strahlende Anhänger. Sie warten mit gefalteten Händen, bis Gurudev sie erreicht, und verbeugen sich bei seinem Vorüberziehen, wie sie es schon seit bald vierzig Jahren tun.

Keine Demonstration familiärer Bindungen: Gurudev begrüßt Pitaji mit einem kaum merklichen Kopfnicken. Sobald er sich eingerichtet hat, bittet er seinen Vater, sich auf der Bühne neben ihn zu setzen und lädt die Mönche ein, auf den dafür vorgesehenen Sesseln in seiner Nähe Platz zu nehmen. Weder der eine noch die anderen erlauben es sich, ihre Plätze einzunehmen, bevor sie dazu aufgefordert worden sind.

Der Meister lobt seine renommierten Gäste, erklärt, dass auch sie Millionen von Schülern in Indien haben, weist auf ihre große Verantwortung hin – vor allem auf die jenes gelehrten Mönchs, der tausendfünfhundert Universitäten vorsteht...

Wenn wir das sehen und glauben überbeansprucht zu sein, können wir unsere Beschwerden relativieren. Und auch unsere intellektuellen Heldentaten...

Als Antwort bieten uns die Mönche etwas an, was für sie großen Wert hat: Ihre *Bhajans* aus dem Norden mit schweren und tiefen Klängen und einer wunderbaren Wirkung. In dieser aufmerksamen Runde scheint die Dankbarkeit der großen Mystiker für die höhere Dimension des *Gurus* durch.

Dieser unternimmt alles, um jegliche Unterscheidung durch seine zuvorkommende Bescheidenheit auszuradieren.

Bevor die Meditation beginnt, bei der es von Bedeutung ist, dass nichts stört, überprüft das Auge des Meisters das Wohlbefinden eines jeden. Er lässt einen Fensterflügel schließen, der sich zu nahe an einem Kopf befindet. Er lässt ein anderes Fenster öffnen, um Luftdurchzug zu vermeiden. Er lässt einige Reihen auflockern und jene Schüler aufschließen, die es schlecht getroffen haben...

Für den Rest muss man selbst besorgt sein. Die Schultern sind mit einem Schal bedeckt, die Wirbelsäulen aufgerichtet, die Doppelkinne zurückgezogen: Aus dem regungslosen Parkett ertönt das „*Om*", dreimal gesungen, bevor man den Anweisungen des Meisters folgt.

Die Meditation ist der Dreh- und Wendepunkt des spirituellen Lebens:

„*Ohne Meditation gibt es nicht die gleiche Tiefe, nicht die gleiche Sensibilität, nicht die gleiche Wahrnehmung... Das Leben ist oberflächlicher*", sagt Sri Sri Ravi Shankar.

Im Westen versteht man gewöhnlich unter Meditation, sich in eine Betrachtung zu vertiefen, einen Gedanken reifen zu lassen... Hier ist es das genaue Gegenteil.

„*Was ist Meditation? Geist im gegenwärtigen Augenblick bedeutet Meditation, Geist ohne Unruhe bedeutet Meditation, Geist, der zu Nicht-Geist wird, bedeutet Meditation. Geist, der weder Zögern noch Erwartung kennt, bedeutet Meditation, Geist, der heimgekehrt ist zur Quelle, bedeutet Meditation.*"

Der Meister erklärt:

„*Jede Freude, die du im Leben erfährst, kommt aus deinem Inneren. Wenn du fähig bist, alles loszulassen, woran du dich klammerst, dich zu beruhigen und in diesem Raum zentriert zu bleiben, dieser Akt heißt Meditation. Meditation ist die Kunst, nichts zu tun, die Kunst des „Nichtstuns". Die Erholung ist tiefer als die des tiefsten Schlafs, den du jemals kennenlernen kannst. Viel tiefer, weil es im Schlaf immer einen Ort gibt, wo noch Wünsche zu finden sind. In der Meditation transzendierst du sie alle.*

*Dies bringt deinem Gehirn eine unglaubliche Ruhe! Das ist, wie wenn du deinen ganzen Körper wieder in Ordnung bringst, wie wenn du den gesamten Körper-Geist-Komplex überholen lässt.*

*Es ist sehr wichtig, inneren Frieden zu haben. Dafür musst du nicht in den Wald gehen und dich isolieren, nein. Wo auch immer du bist, ist es möglich, in Kontakt mit deinem Zentrum zu kommen.*

*Der schönste Ort des Universums befindet sich in deinem Inneren. Wann ist Ruhe möglich? Wenn du jede andere Aktivität beendet hast. Wenn du aufhörst, dich zu bewegen, zu arbeiten, zu sprechen, zu hören, zu schauen, zu fühlen, zu schmecken... Wenn all diese Aktivitäten aufhören, auch der Prozess des Denkens, dann erfährst du Ruhe. Du beendest alle beabsichtigten Aktivitäten und ruhst dich aus. Nur die unwillkürlichen Handlungen gehen weiter: Der Atem fließt, das Herz schlägt, der Magen verdaut die Nahrung, das Blut kreist. Dies ist Ruhe, dies ist Erholung – es ist jedoch noch nicht die totale Erholung.*

*Wenn der Geist sich beruhigt, tritt die Meditation spontan ein, und man erlebt die totale Erholung. Es kommt vor, dass du in einem Zustand von Nervosität, Erregung und voller Wünsche ins Bett gehst. Der Geist plant, plant, plant... Diese Pläne bleiben im Geist hängen. Die ehrgeizigen Wünsche bleiben bestehen. Oberflächlich gesehen scheinen sie für einen Moment zu verschwinden, aber in Wirklichkeit sinken sie noch tiefer ein. Deshalb bist du erfüllt von Wünschen und Ambitionen, wenn der Schlaf nicht sehr tief ist.*

*Leute, die sehr ehrgeizig sind, können keinen tiefen Schlaf finden, weil ihr Geist nicht hohl und leer wird. Er ist nicht frei. Wirkliche Freiheit bedeutet, von der Zukunft und von der Vergangenheit befreit zu sein. Wenn du nicht glücklich im gegenwärtigen Augenblick bist, wünschst du dir eine glänzendere Zukunft. Wenn du dich im Geist an einen Wunsch klammerst, heißt das, dass der gegenwärtige Augenblick nicht befriedigend ist. Das erzeugt Spannung im Geist. Jeder Wunsch erzeugt Fiebrigkeit. Die Meditation ist dann weit davon entfernt, sich einstellen zu können. Du kannst zwar mit geschlossenen Augen sitzenbleiben, wenn aber die Wünsche nicht aufhören hochzukommen, ist deine Meditation nur eine Illusion. Du lässt nur die Gedanken schweifen.*

*Was bedeutet es, zentriert zu sein? Es bedeutet, zufrieden mit dem gegenwärtigen Moment zu sein, den Blick auf das Höchste zu richten, in diesem friedlichen Raum zu bleiben.*

*Wenn du nicht zentriert bist, dreht dein Geist sich im Kreis und Frieden ist nicht möglich. Jeder Wunsch oder Plan wirkt sich aus wie ein Sandkorn im Auge: Er irritiert. Du kannst die Augen weder öffnen noch schließen. Es ist in jedem Fall unangenehm.*

*Von Leidenschaften losgelöst zu sein entspricht der Entfernung des Staub- oder Sandkorns, sodass du die Augen frei öffnen und schließen kannst. Wenn du losgelöst bist, kannst du die Welt in voller Freiheit genießen und dich entspannen. Du fühlst dich erleichtert. Vollkommene Freiheit stellt sich ein. Das ist Befreiung.*

*Du wirst weder durch die Anwesenheit der Dinge noch durch ihre Abwesenheit gestört. Ohne Loslösung stört es dich, die Sachen zu besitzen, und sie nicht zu besitzen, stört dich ebenfalls.*

*Wenn du einen Gefährten hast, ist das ein Anlass zur Sorge. Wenn du keinen Gefährten hast, machst du dir ebenfalls Sorgen. Hast du Geld, so ist das eine Sorge. Du hast Angst und fragst dich immerzu, was du damit machen sollst. Soll ich es investieren oder nicht? Wenn du es investierst, hat das gleich eine neue Unruhe zur Folge – wird das Geld sich vermehren oder wird es an Wert verlieren? Wie wird sich der Finanzmarkt entwickeln? Wenn du aber kein Geld hast, kommt ebenfalls Verärgerung auf.*

*Meditation heißt, die Wut, die Ereignisse der Vergangenheit und die Zukunftspläne fallen zu lassen. Den Moment so zu akzeptieren, wie er ist, jeden Augenblick voll und ganz zu leben.*

*Was immer du auch planen oder tun magst, deine endgültige Bestimmung ist das Grab. Ob du das Leben eines guten oder bösen Mannes führst, ob du ein Fischer oder ein Heiliger bist, du endest im Grab. Ob du reich bist oder arm, intelligent oder beschränkt, ein Idiot oder ein gedankenloser Schussel, alle werden im Grab enden!*

*Was sind das alles für kleine Sachen, die im Geist auftauchen und dich daran hindern, in Frieden zu leben, in der Freude und in der Liebe zu sein?*

*Ob du geliebt oder gehasst wirst, du endest im Grab. Ob du selbst jemanden liebst oder hasst, ihr endet alle beide im Grab.*

*Die Menschen haben Kriege geführt. Diejenigen, die sie gewonnen haben, sind ins Grab gegangen, die, die sie verloren haben, ebenfalls.*

*Was spielt das für eine Rolle? Der Unterschied: Ein paar Jahre. Diejenigen, die überlebt haben, haben auch gelitten. Jene, die schnell gegangen sind, sind friedvoller gegangen. Der Patient stirbt und der Arzt ebenfalls.*

*Es gibt zwei Dinge, die Gott zum Lachen bringen: Erstens, wenn ein Arzt seinem Patienten sagt: „Machen Sie sich keine Sorgen, ich bin da, um Sie zu retten".*

*Und zweitens, wenn zwei Personen meinen: „Das ist mein Land" und sich um dieses kleine Stück Erde schlagen. Dann amüsiert sich Gott. Er sagt: „Ihr werdet alle beide im Grab enden, dennoch sagt ihr: „Das ist mein Land!" Ha, ha, ha, lasst mich lachen!"*

*Loslösung kann soviel Freude in dein Leben bringen. Denk nicht, Loslösung sei Apathie. Es gibt einen Unterschied. Der Zustand von Apathie bedeutet Unfertigkeit.*

*Losgelöstheit ist voll von Enthusiasmus und Freude. Loslösung bringt alle Freude in dein Leben. Sie erlaubt dir, dich vollkommen auszuruhen. Wenn du dich gut ausruhst, wenn du tief in Meditation gehst, kommst du sehr dynamisch wieder heraus. Du wirst fähig, besser zu handeln. Glaube nicht, dass sich in Richtung Loslösung zu bewegen bedeutet, alles aufzugeben und in ein Kloster zu gehen. In den Klöstern haben die Leute auch Tagträume über das Paradies... Wenn du dich an die Vorstellung klammerst, der „Handelnde" zu sein, kann dich das bremsen. Wenn du dich an die Projekte klammerst, kann dich das daran hindern, tief in die Meditation einzutauchen.*

*Dieses einfache Wissen genügt. Lass los, setzt dich hin und stelle fest, wie schon wenige Tage mit diesen Übungen die Qualität deines Lebens ändern können. Das Selbst ist wie ein grenzenloser Ozean, die ganze Göttlichkeit ist da. Du bist so tiefgründig, du kannst deine Tiefe gar nicht erfassen. Meditation bedeutet Sein. Meditation heißt, Gott in dir selbst zu sehen."*

„Wenn ich mich hinsetze, um zu meditieren, kommen alte Erinnerungen und stören mich."

*„Das ist nicht wichtig, verliere nicht den Mut! Lass sie kommen! Sage: „Kommt, setzt euch mit mir hin!" Je mehr du sie vertreiben willst, desto mehr werden sie dir zu schaffen machen. Sag einfach: „Was für ein schönes Maya-Spiel!"*

„Ich kämpfe in der Meditation, um meine Wirbelsäule geradezuhalten. Deshalb gelingt es mir nicht, loszulassen..."

*„Wenn du dich hinsetzt, um zu meditieren, setz dich ganz gerade hin. Wenn du in der Meditation bist, lass es geschehen, dass deine Haltung sich ändert. Dein Kopf kann sich senken, deine Wirbelsäule kann sich entspannen, es kann sein, dass du einschläfst, und so weiter. Kümmere dich nicht darum, ob du gerade sitzt... Lass los... Lass auch die Seligkeit oder die Freude über deine Meditation los. Versuche nicht einmal, den Frieden zu erhalten. Wenn du versuchst, den Frieden aufrechtzuerhalten, wirst du dir nur Unruhe einhandeln. Wenn du dich nicht um die Freude kümmerst, wird das Elend dich niemals berühren. Wenn du dich nicht um den Frieden kümmerst, wird nichts dich beeinträchtigen. Akzeptiere alles und nimm es als Teil des Lebens an.*

*Wenn du nicht am Vergnügen festhältst, wirst du frei sein, und wenn du dich nicht an die Freiheit klammerst, erhältst du Liebe. Die Hingabe ist eine Illusion, die es ermöglicht, die anderen Illusionen zu bekämpfen.*

*Die Mühe ist der Schlüssel des relativen Lebens. Die Abwesenheit von Mühe ist der Schlüssel des absoluten Lebens."*

*„Om Shanti, Shanti, Shanti..."*

Gurudevs Singen vertieft die Ruhe noch, gleichzeitig bringt es das Bewusstsein in die Umgebung zurück. Und mit den Worten:

*„Langsam..., allmählich..., in deinem eigenen Rhythmus... kannst du die Augen öffnen..."* findet das Publikum aus der genussvollen Zeit des Rückzugs heraus.

*„Geht es gut?", fragt Gurudev.*

Die meisten erheben nur den Daumen. Andere, die schneller aus ihrer Regungslosigkeit herausgekommen sind, ergänzen den Daumen durch das Wort: „Fine!" Einigen ist es auch nicht gelungen, sich zu entspannen. Zu viele Gedanken... Oder aber Emotionen sind hochgekommen und haben das gestört, was sie sich unter einer guten Meditation vorgestellt hatten.

„Es ist sehr schwierig für mich, in dieser Position zu bleiben. Ich habe Beinschmerzen, Rückenschmerzen... Ich mag nicht meditieren."

*„Wann fühlst du dich besser, wenn du meditierst oder wenn du nicht meditierst?"*

„Ich weiß nicht... Eher, wenn ich nicht meditiere..."

*„Also meditiere nicht. So einfach ist das!"*

Heute ist Mittwoch. Der Tag, an dem der wöchentliche Wissensbrief ausgearbeitet wird. Der Meister erbittet einen Beitrag von allen, um ihm den letzten Schliff zu geben. Der Haupttext wurde schon von einem kleineren Ausschuss entworfen, aber Gurudev unterbreitet ihn aus freien Stücken dem Auditorium: Eine Gelegenheit, aktiv zum Wissen beizutragen, anstatt sich damit zu begnügen, einfach nur Futter entgegenzunehmen. Natürlich hat der Meister eine genaue Vorstellung über das Wissen, das er in der Welt in Umlauf bringen will. Seine Äußerungen werden sogleich aufgeschrieben. Er sagt:

*„Man fragt mich: „Was ist deine Botschaft?" Ich habe keine Botschaft. Um eine Botschaft zu haben, muss man weit weg sein. Eine Botschaft braucht Distanz. Eine Botschaft gehört zur Vergangenheit oder zur Zukunft. Eine Botschaft ist unpersönlich und leblos. Wissen kann keine Botschaft sein. Der Weise wird dir keine Botschaft liefern, sondern dich ganz einfach aufwecken.*

*Gott gibt dir auch keine Botschaft. Damit Gott dir eine Botschaft geben könnte, müsste er weit von dir entfernt sein. Gott ist dir aber näher als dein Atem. Wie könnte er dir da eine Nachricht zukommen lassen?*

*Die Weisen brauchen weder selbst eine Nachricht, noch müssen sie dir eine zukommen lassen. Wer auch immer eine Nachricht braucht, wird daraus keinen Nutzen ziehen können. Und derjenige, der daraus einen Nutzen ziehen könnte, wird sie nicht brauchen."*

*„Was ist der Unterschied zwischen dem Wissen und einer Nachricht?"*

*„Du kannst die Zutaten lesen – eine Nachricht lesen – aber wenn du die Nahrung kostest, wird die Information zu Wissen.*

*Du kannst lesen und immer wieder lesen, was es heißt, im gegenwärtigen Moment zu leben, noch und noch, aber es wird erst zu Wissen, wenn du es ausprobierst hast. Schreibt das auch in den Wissensbrief...*"

Pitaji hört seinem Sohn zu wie ein Schüler, der nicht aufhört, von seinem Meister zu lernen. Ich war gerade dabei diese einzigartige Beziehung zwischen einem Vater und seinem älteren Sohn zu entdecken, dem er mit einer fast schüchternen Hingabe begegnet.

Nichts Besitzergreifendes, nicht einmal Stolzes ist in seiner Haltung, sondern eher eine sanfte Hingabe an den göttlichen Willen, der ihn zum Erzeuger seines eigenen Meisters gemacht hat.

Er sagt nicht „mein Sohn" zu ihm, sondern „Guruji". Wenn er von ihm spricht, handelt es sich meistens um Zitate. Er betrachtet sie als Zugabe, die seine eigenen Ausführungen schmückt.

Am Tag, als Pitaji sich damit einverstanden erklärte, mir seine intimste Vision anzuvertrauen, hatte er das noch niemals vorher öffentlich getan. Er vertraute meinem Urteilsvermögen, was die Entscheidung betraf, ob sie veröffentlicht werden sollte oder nicht. „Es kommt ganz darauf an, wie man Guruji beschreibt", sagte er zu mir. Man kann Angst erzeugen oder bewirken, dass er geliebt wird. Pitaji selbst wollte die reine Wahrheit äußern, ohne Zensur.

„Verehrter Pitaji, du entstammst einer sehr frommen Familie..."

*„Mein Urgroßvater hat in seinem Leben hundert „Yagyas" (vedische Riten) zelebriert. Mein Großvater hat viele Tempel bauen lassen. Er war eng mit Mahatma Gandhi verbunden. Sie waren sich sehr nahe. Guruji ist am selben Tag wie Adi Shankara geboren und wurde am Geburtstag des sehr großen Heiligen Ramanuja getauft. Diese Umstände trafen zum ersten Mal seit Jahrhunderten zusammen. Sie symbolisieren Gurujis aufgeschlossenen Monismus kombiniert mit einem vereinheitlichten Dualismus."*

„Was hat dich dein Sohn gelehrt, das dir noch nicht aus diesem Erbe zugetragen worden wäre, dir, der du bereits selbst ein großes Wissen über die heiligen Texte und einen tiefen Glauben besitzt?"

*„Das Wichtigste, was ich von meinem Sohn gelernt habe ist, zu realisieren, dass die Liebe Gott ist. Liebe zu erleben, das macht einen großen Unterschied."*

„Wenn ich Guruji noch niemals getroffen hätte, was würdest du zu mir über ihn sagen?"

*„Jede Epoche hat große Seelen hervorgebracht, deren Worte und Taten unsere Vorstellungen von Normalität bei Weitem übertroffen haben. Auch in den modernen Zeiten gibt es große Meister, die es sich zur Aufgabe gemacht haben, uns durch ihre Handlungsweise und ihre Möglichkeiten von einer außerordentlich tiefen Ebene zur höchsten Ebene anzuheben, was die Grundwerte des Lebens und der Liebe betrifft.*

*Das Göttliche antwortet auf die Betroffenheit und auf die Verzweiflung, indem es uns seine Segnungen durch einen wohltätigen Meister erfahren lässt. Diese außergewöhnlichen Wesen bewirken, dass sich normal Sterbliche durch Liebe, Mitgefühl und Gnade weiterentwickeln, indem sie ihre Augen auf Gott richten und ihre Hände über die Menschen breiten.*

*Seine Heiligkeit Sri Sri Ravi Shankar ist so ein Messias der modernen Zeit, einfach in seiner Haltung, aufrichtig in seinen Handlungen, unschuldig wie ein Kind und reif im Wissen. Für mich ist er ein Messias, der sehr klar lehrt, dass die Liebe das Höchste bedeutet. Vielen Menschen geht es genauso wie mir."*

„Wie geht man mit so einer Überzeugung um? Redet man darüber oder schweigt man lieber?"

*„Guruji selbst sagt nichts. Er hält sich über dieses Thema zurück. Er sagt nur, dass er ein Botschafter der Liebe ist. Eine Rose riecht gut. Sie braucht keinerlei Werbung."*

„Aber du selbst zögerst nicht..."

*„Ich selbst habe das Recht, es zu sagen. Ich bin sein Vater und sein erster Schüler."*

„Was für eine Erziehung lässt man so einem Wesen wie Guruji angedeihen?"

*„Auch ein Messias muss die Prozesse und Gesetze des Lebens durchlaufen. So musste auch er zur Schule, ins Gymnasium. Das was er lernte, wusste er schon, das ist das Schöne... Er nahm alles sehr schnell auf, da das innere Bewusstsein bereits vorhanden war."*

„Unter welchen Umständen übernimmst du die Funktion des Vaters bei deinem Sohn?"

*„Als er geboren wurde, wusste ich über sein Horoskop schon, dass ich eines Tages sein Schüler sein würde. Du kannst gleichzeitig Vater und Bewunderer sein. Die Bewunderung führt zur Akzeptanz, die ihrerseits zum Gehorsam führt. Ich weiß, dass Guruji der Menschheit gehört. Ich habe das Glück, sein Vater zu sein. Aber ich weiß, dass ich das nicht vollkommen in Anspruch nehmen darf. Die Sonne schützt dich, aber du kannst nicht sagen, dass sie dir gehört. Ich war es gewohnt, Guruji zu sagen, er sei gleichzeitig „mein Sohn und meine Sonne"." (Englisch: son/sun. Ravi heißt übersetzt Sonne.)*

„Hast du auch schon befürchtet, dass die Welt ihn missverstehen könnte? Oder fühlst du im Gegenteil, dass seine Existenz und die sehr konkrete Arbeit, die er auf diesem Planeten leistet, ihn völlig zeitgenössisch in seiner Epoche werden lassen, und dass das mit der aktuellen Evolution einhergeht?"

*„Selbst Christus wurde nicht verstanden. Er wurde gekreuzigt. Aber er hat gesagt: „Vergib ihnen, denn sie wissen nicht, was sie tun." Guruji sagt dasselbe. Er ist daran, ein wirkliches Liebesimperium aufzubauen. In der aktuellen Epoche gibt es drei große Weisen wie er... Aber die großen Emotionen müssen erfahren, nicht erklärt werden."*

Nachdem er die Meditationshalle verlassen hat, ist Gurudev direkt in die Küche gegangen. Er prüft den Bestand, kontrolliert die Frische der Produkte, versichert sich, dass nichts fehlt, weist auf Verschwendung hin, beaufsichtigt die Hygiene... Die Sauberkeit muss vollkommen gewährleistet sein.

Das ist auch der Fall... beinahe. Der Meister hat ein paar Krümel entdeckt, die auf einem Tisch vergessen wurden. Es ist nicht mehr nötig, dass er es ausspricht. Er ist verstanden worden. Und da steht er nun, in einer Ecke des Speisezimmers mit einem Schöpflöffel in der Hand. Heute Mittag serviert er den Reis, den er im Laufe des Morgens selbst gekocht hat. Den Kopf bedeckt mit seinem weißen Schal verpflegt er jeden, ist bei jedem voll dabei, 100% bei der Sache die er gerade tut... Er, der überhaupt nicht anwesend sein müsste, der sich bedienen lassen könnte wie ein König, der es sich erlauben könnte, seine öffentlichen Auftritte auf ein Minimum zu reduzieren, der seine ganzen Kräfte dazu verwenden könnte, sich Statuen und sogar Kathedralen erbauen zu lassen, stellt sich allen mit einer extremen Einfachheit des Seins zur Verfügung. Er ist nicht ein Meister, der sich auch bescheiden zeigen kann, indem er andere bedient; nein, er ist Dienst.

Für alle hier, Christen, Juden, Mohammedaner, Buddhisten, ist er ein leuchtendes Beispiel.

# 7
# EINE ENTSPANNTE SPIRITUALITÄT

DIE FRAUEN HABEN SICH SCHÖN GEMACHT. Und die Männer haben es ihnen nachgemacht. Alle haben sich etwas besser als sonst für den Neujahressatsang vorbereitet. Traditionelle Festbekleidung, der Mode eines jeden Landes entsprechend: Gurudev ermutigt seine Schüler keineswegs dazu, indische Bekleidung zu tragen, ausgenommen manchmal als Accessoire oder als Schmuck. Er schätzt ganz im Gegenteil das Schauspiel „Bilder dieser Welt“, durch das alle Kulturen und ihre Folklore im Ashram repräsentiert werden. Die Tunikas der wenigen Afrikanerinnen fügen der Fröhlichkeit der pompösen Seiden ihren allerliebsten Reiz hinzu, wie bescheidenes Krepppapier. Die Haare sind geglättet, das Parfüm ist diskret. An diesem Abend betritt man die Meditationshalle, wie wenn sie ein Ballsaal wäre. Abgesehen davon, dass die Schuhe am Eingang zurückbleiben müssen. Deshalb kann man auch feststellen, dass der Auswahl der Schuhe nicht die gleiche Sorgfalt gewidmet worden ist: Flache Turnschuhe genügen auch an diesem Abend vollkommen, um die herausgeputzten Körper vom Zimmer zum großen Saal zu bringen... Sobald man durch die Tür gegangen ist, sollte man die Zeit, die man zum Bügeln der Kleidung aufgewendet hat, schnellstens vergessen: Nahezu tausend Menschen sitzen auf dem Boden, Knie an Knie. Viele sind gekommen, um die letzten Stunden des Jahres in der Nähe von Sri Sri Ravi Shankar zu verbringen. Sie werden in der Nacht wieder abreisen.

Diejenigen, die zu spät kommen, können kaum noch unterkommen. Mit geübtem Auge finden sie die kleinste Lücke zwischen den Menschen und lassen sich dort nieder, ohne sich um die Realität der Platzverhältnisse zu kümmern. Wie üblich hat es einen harten Kampf um die vorderen Ränge gegeben, die sich nahe an der Bühne befinden. Einige haben versucht, ihren Platz zu reservieren. Sie haben ihr Revier mit einer Ansammlung von Kissen markiert, mit kuscheligen Teppichen und persönlichen Gegenständen, um jeden abzuschrecken. Umsonst: Ihre Sachen sind aufs Geratewohl zerstreut worden. Der Frieden der Herzen hat sich in einen kleineren Wutanfall verwandelt... Meistens funktioniert das von Gurudev empfohlene Prinzip aber doch ziemlich gut: „So what...?" „Na und...? Was macht das schon?"

Die Unzufriedenheit verschwindet, bevor ernsthafte Reibereien entstehen. Keine Auseinandersetzung dauert hier lange genug, um zu gären. Die Anlässe erscheinen bald als das, was sie sind: lächerlich. Die Gegenwart des Meisters genügt, um Widersprüche aufzulösen und um Versöhnungen zu besiegeln, auf eine für den Ashram typische Art und Weise: Durch die freudvolle Gewohnheit, sich feierlich zu umarmen. Es gibt hier immer viele stürmische Umarmungen. Den Meister zu sehen und von ihm gesehen zu werden ist die Hauptsorge, obwohl sie jeglicher Vernunft entbehrt. Denn es gibt keinen Winkel des Saales, wo irgendjemand riskieren müsste, nicht wahrgenommen zu werden. Und vor allem gibt es keine genügend gerissenen Machenschaften, um Gurudevs Aufmerksamkeit gegen seinen Willen auf sich zu lenken. Er lässt sich nichts aufzwingen. Nicht einmal von einem Erdbeben. Der Beweis dafür lieferte ein Satsang, der im Mai 2002 in San José in den USA anlässlich seines Geburtstages, stattgefunden hatte. Die Erde hatte während einiger Sekunden gezittert. Das ganze Gebäude wurde erschüttert. Aber der Ausdruck im Gesicht des Meisters änderte sich überhaupt nicht. Er blieb bei seinem Thema... Seine Ruhe verhinderte die Panik...

Die Menschen hatten ihm spontan applaudiert. Jemand hatte gefragt: „Guruji, hast du das Erdbeben nicht gespürt?"

Seine Antwort erfolgte lachend:

*„Nein, ich habe mich am Wiegen erfreut."*

Und da stelle man sich vor, den Meister mit schönen Kleidern beeindrucken zu wollen! Er schätzt den Sinn für Feierlichkeiten, der an der Pflege des Äußeren zu erkennen ist. Aber sich einen Vorteil davon zu versprechen, oder gar zu erwarten, bewundert zu werden, stellt das beste Mittel dar, für ihn unsichtbar zu werden. Es kam vor, dass er mir ein Kompliment über ein Kleid machte, das ich nicht zum ersten Mal trug. Zuerst sagte ich ihm: „Aber du kennst dieses Kleid schon!" Dann stellte ich fest, dass es an jenem Tag gar nicht wichtig für mich gewesen war, dass ich es vollkommen vergessen hatte...

Er sagt:

*„Wenn du jemanden verzaubern willst, bewirkst du das Gegenteil. Du musst in Frieden mit dir selbst sein, mit einem Lächeln."*

Die Lieder beginnen:

*„Om Namah Shivaya... Om Namo Bhagavate... Ganesha Sharanam... Satyam Shivam Sundaram... Shivoham Shivoham... Kali Durge... Radhe Govind... Jay Jay Jay Guruji Ki Jai..."*

Jedes Mantra wird unendlich oft wiederholt, wiederholt, wiederholt. Keiner weiß, wie lange es so weitergetragen wird durch die Litanei... Es ist ein Zeichen der tiefen Einheit, die durch den Gesang im Geist aller entstanden ist, dass die tausend Stimmen gleichzeitig und mit der gleichen Note aufhören, und das ohne vorherige Ankündigung!

Ein Anhänger hat gerade die *Asana* auf dem Sofa ausgebreitet. Der Meister setzt sich niemals auf einen Sitz, der nicht mit diesem rituellen Schal bedeckt worden ist. Das Bereitlegen der *Asana* geht seiner Ankunft voraus: Es kann nun nicht mehr lange dauern...

Dort oben, im *meeting room*, beendet Gurudev gerade einige Gespräche oder private Treffen. Er trägt keine Uhr. Normalerweise fragt er die Runde nach der Zeit. *„Oh, es ist spät! Schon halb neun!"* Und er klatscht, damit alle den Raum verlassen. *„Schnell, schnell... Geht zum Satsang... Geht runter...!"*

Niemand bewegt sich, aber er ärgert sich nicht. Er geht in sein Badezimmer, kommt wieder zurück und entwirrt seine langen

Haare, indem er sie mit einem neumodischen Plastikkamm mit außergewöhnlichen Zacken quält. Er trägt einen Kaschmirschal mit Goldstickereien über seinem Dhoti. Aber ein Anhänger aus Abu-Dhabi hat ihm gerade die komplette Ausrüstung eines arabischen Scheichs geschenkt, Kleid und weißes „Keffieh" mit einer schwarzen Schnur, mit der er es am Kopf befestigen kann. Er zieht alles über seine Kleider an. Im Wüstenrhythmus schlägt er auf die Trommel, vor einem kleinen Zuschauerkreis, der sich selbst dafür beglückwünscht, ihm nicht gehorcht zu haben. Spielerisch zieht er die Spitze des Keffiehs über den unteren Teil seines Gesichts und sieht nun aus wie eine verschleierte Frau.

Er erklärt, Mohammed habe diesen Brauch ursprünglich eingeführt, um die Frauen vor der Gewalt der damaligen Zeit zu schützen, um sie vor den brutalen Versuchungen zu bewahren. Und dass das Tragen des Schleiers, das ursprünglich als Schutz konzipiert war, um den Frauen mehr Sicherheit zu bringen, später falsch interpretiert und die Funktion umgekehrt wurde...

Der Mohammedaner schenkt ihm auch einen Koran. Gurudev blättert darin und legt ihn dann respektvoll zur Seite. An einem anderen Tag hatte er einen jüdischen Gebetsschal bekommen, den eine israelische Schülerin ihm gebracht hatte. Er hatte ihn einen Teil des Abends lang getragen. Benutzt und wieder weggelegt: Der heilige Charakter war sowohl geehrt wie auch von seinem Ernst befreit worden. Was spielt Bekleidung schon für eine Rolle... Gurudev misst den Dingen keine besondere Bedeutung bei.

Der hinduistische Weise feiert also das Neujahrsfest des christlichen Kalenders als beduinischer Scheich verkleidet.

Er bewegt sich langsam durch den Gang, der von den Leuten offengehalten wird. Gurudev hält immer wieder an, um einige neu Angekommenen zu begrüßen: „*Oh...! Wann bist du gekommen? Woher kommst du*?"

Sobald er sein Sofa erreicht hat, macht er es sich für die Meditation bequem. Und sehr schnell lässt er die „Leinen los"... Weggetreten, im *Samadhi*... Unerreichbar für den Krach der „Fiesta" um ihn herum. Die geschlossenen Augen lächeln... Christusgesicht... Göttliche Präsenz.

*„Auch wenn du in einem Körper existierst, im Zustand des Samadhi bist du gar nicht da. Anders gesagt, wenn du so lebst, wie wenn du gar nicht existierst, ist das* Samadhi.*"*

Die Leute tanzen zu den schnellen *Bhajans*... Wenn alle ermüdet sind, spielen die Musiker ruhigere Lieder. Zwischen zwei Melodien wird eine Pause eingehalten, um dem Meister zu zeigen, dass man bereit ist, ihm zuzuhören. Aber an diesem Abend scheint Gurudev bis in die Ewigkeit im *Samadhi* zu verbleiben. Unaussprechliche Schönheit des heiligen Geistes. Einige weinen...

Endlich öffnen sich die großen, schwarzen Augen, glänzend wie eine Fata Morgana aus Wasser unter der Sonne. Ihre Reinheit hypnotisiert sanft. Woher kommen diese Augen gerade zurück? Was haben sie gesehen? Sie umhüllen jeden mit ihren wohltätigen Wellen. Jemand fragt:

„Guruji, wenn du uns anschaust, was siehst du dann? Siehst du unsere Aura? Siehst du unsere Zukunft? Siehst du unser Karma?"

Er antwortet:

*„Nur Kinder..."*

Er wartet, bis das Lachen aufgehört hat und fragt:

*„Worüber wollt ihr heute Abend reden?"*

Einige klassische Themen werden in die Runde geworfen, aber der Meister fährt beinahe unmittelbar fort:

*„Jede Zelle deines Körpers besitzt das Potenzial aller fünf Sinne. Du kannst ohne deine Augen sehen. Die Sicht ist ein Teil des Bewusstseins, deshalb kannst du im Traum sehen, auch ohne die Augen.*

*Du kannst ohne Haut fühlen. Deshalb können Menschen, die ein Glied verloren haben, an dem Ort ein Jucken wahrnehmen. Du kannst ohne Nase riechen, ohne Zunge schmecken. Die fünf Sinne und die Fähigkeit zu denken sind alle im Bewusstsein vorhanden. Also hat jede Zelle des Körpers die potenzielle Fähigkeit, alle Funktionen der Sinne wahrzunehmen. Wenn jemand etwas sagt, bist du ganz Ohr... Du hörst mit allen Zellen deines Körpers.*

*In Indien sagen wir „mit tausend Augen schauen" –, „ganz Auge sein" heißt es auf Englisch. Alle Zellen sind aus dem gleichen Stoff zusammengesetzt, jede* DNS *hat die Möglichkeit, alle Funktionen des*

*Körpers zu übernehmen. Das Bewusstsein wohnt jeder Zelle inne. Jede sinnliche Stimulation überträgt das Wissen, das die Natur des Bewusstseins ist. Die Sicht überträgt folgendes Wissen: blau, rot, grün. Wissen ist die Natur des Bewusstseins.*"

Jemand bemerkt:

„Manche Menschen, die einen ihrer Sinne verloren haben, stellen fest, dass ihre anderen Sinne sich weiterentwickeln."

Gurudevs Antwort:

*„Es ist nicht nötig, einen seiner Sinne zu verlieren, um die anderen zu verfeinern. Du kannst sie alle verfeinern, dank der tiefen Stille.*"

Ein Schüler namens Michael fährt weiter:

„Und wenn du überhaupt keinen der Sinne hast?"

Gurudev: *„Dann wirst du wie Michael!*"

Schallendes Gelächter.

Eine Übung für das neue Jahr: Denke dass jede deiner Zellen das Potenzial hat zu sehen und zu hören. Alle haben Augen und Ohren. Setz dich bequem hin, schließe die Augen, wisse, dass du nur Auge und Ohr bist...

*„Gott ist kein Objekt der Sicht. Du kannst Gott niemals sehen. Gott ist kein Objekt des Gehörs. Gott ist kein Objekt des Geruchs oder des Geschmacks. Gott kann weder über die Sinne noch über den Geist wahrgenommen werden.*

*Du kannst Gott leben. Du kannst Gott sein. Aber sehen kannst du Gott nicht, du kannst ihn nicht wahrnehmen wie ein Objekt. Gott ist in dir, in der Eigenschaft als du, mit all seinen Formen.*

*Stell dir nicht vor, Gott eines Tages zu sehen, als wäre er ein getrenntes Objekt. Es gibt keine Trennung zwischen Gott und dir. Wenn es dich gibt, bedeutet das, dass es Gott gibt. Was Gott ist, ist Gott, was ist, ist. Das ist das Göttliche. In deinem intimsten Selbst, in seiner Reinheit, in seiner Klarheit, unterscheidest du dich nicht von Gott.*

*Versuch nicht, Gott in deinem Inneren zu finden... Es ist nicht nötig, den anderen zu erzählen, dass du Gott in deinem Inneren gefunden hast... Wenn die anderen Gott in dir sehen, ist es in Ordnung.*"

„Wann kommt Gott?"

*„Niemals. Derjenige, der immer da ist, muss nicht kommen und gehen.*"

„Kannst du eine Definition von Gott geben? Was ist Gott? Kann man ohne Gott leben?"

*„Kannst du ohne Liebe leben? Gott ist Liebe, Raum. Liebe ist Gott. Also bist du aus Gott gemacht. Unsere ganze Welt ist ganz aus Gott gemacht. Und das ist Gott. Gott kann nicht getrennt sein, weil alles in Gott ist. Alles ist Gott. Es gibt nichts außer Gott.*

*Wenn du das Wort Gott nicht gebrauchen willst, kannst du „Energie" oder „Intelligenz" sagen. Die Grundlage der Schöpfung ist überall in der Schöpfung zu entdecken...*

*Gott ist nicht der Schöpfer. Er ist die Kreativität selbst. Es gibt keinen Gott, der im Paradies sitzt mit einem weißen Bart. Gott ist hier und jetzt. Und wie erreichst du ihn? Wenn du meditierst, dich wohl fühlst, wenn du heimisch bist mit der ganzen Welt, bist du in Kontakt mit der göttlichen Kraft. In der Stille wird es dir bewusst, was die Realität ist. Gott ist allgegenwärtig.*

*Wenn er nicht überall ist, ist er nicht allgegenwärtig. Auch wenn du in die Hölle gehst, wird dir Gott folgen. In den Upanishaden heißt es: „Kham, kham Brahma." Was ist Gott? Gott ist der Raum, in dem alles ist und alles sich auflöst. Auf Englisch heißt Gott „god". Das „g" steht für „generator", der Erzeuger; das „o" steht für „operator", der Ausführende; das „d" steht für „destructor", der Zerstörer. Gott ist das Feld, in dem alles geschieht. Die Fragen hören sich so dumm an, wenn es um Gott geht..."*

„Wie kann ich auf die Liebe Gottes zentriert bleiben?"

*„Indem du dankbar bist für alles, was du hast. Dein Körper gehört der Welt. Dein Geist gehört dem Göttlichen. Das Göttliche ist deine einzige Sicherheit. Gott ist nicht einfach da, um deine unbedeutenden Wünsche zu erfüllen.*

*Es gibt eine Geschichte darüber.*

*Als Gott den Menschen schuf, gewöhnte sich dieser daran, ihn wegen jeder Kleinigkeit zu rufen. Er verlangte Dienstleistungen und beklagte sich über alles. Der Mensch betete, damit Gott zu ihm kommen sollte. Wenn Gott kam, sagte er: „Nicht jetzt, komm später. Du bist zu früh gekommen." Wenn Gott nicht kam, protestierte er: „Ich habe dich so oft gerufen, und du kommst so spät!"*

*Gott hatte schließlich genug davon. Er bekam Lust, sich irgendwo zu verstecken, aber das war nicht so einfach. Er wusste, dass der Mensch bis zum Mond gehen würde, um ihn zu finden!*

*In diesem Moment begegnete Gott einem Weisen. Der Weise flüsterte Gott ins Ohr: „Versteck dich im Herzen des Menschen. Dorthin geht er niemals." Seit diesem Tag hat sich Gott im Herzen des Menschen versteckt.*

*Wer auch immer sich dorthin wagt, kann sich nicht mehr beschweren. Jede Beschwerde wird sich von alleine regeln.*

*Eine Person unter Tausenden begibt sich in die Tiefe des eigenen Herzens und entdeckt dort Gott. Und wenn diese Person Gott in der Tiefe ihres Herzens entdeckt, hat sie keine Klagen mehr."*

„Wenn wir Gott alles übergeben, geschieht das über unsere Gedanken oder über unsere Gefühle oder über beide? Gibt es einen besonderen Weg, um das möglichst wirksam zu tun?"

*„Kompliziere die Sache nicht... Auf jeden Fall gehört dir nichts. Ich sage: „Verschenke", weil du glaubst, zu besitzen. Du hältst die Dinge fest und beunruhigst dich, wie du mit ihnen klarkommen sollst. Deshalb sage ich: „Verschenke..." Das entlastet deinen Kopf. Es ist wie jemand, der mit dem Zug reist und sein Reisegepäck auf den Schultern trägt. Was würdest du ihm sagen? „Stell dein Gepäck ab und entspanne dich." Du bist der Zug, und der Zug transportiert das Gepäck auf jeden Fall. Sei nicht gierig herauszufinden, welches der wirksamste Weg ist. Das spielt keine Rolle. Du hast die Tendenz, perfekt sein zu wollen, und die Angst nicht perfekt zu sein, lässt dich unvollkommen werden. Mach dir nichts daraus."*

„Wie ist diese Illusion der Trennung von Gott entstanden? Liebt uns das Göttliche alle gleichermaßen? Gibt es eine Person in diesem Raum, die für das Göttliche wichtiger ist als eine andere?"

*„Durch dich selbst. Obwohl es nur eine Sonne gibt, kann sie in eine sehr große Anzahl von Häusern gelangen. Dass die Sonne durch das Fenster in dieses Haus gekommen ist, bedeutet nicht, dass sie sich nicht auch im Nachbarhaus befindet. Das ist die Logik des kleinen Geistes. Es gibt den natürlichen Wunsch in dir, etwas Besonderes zu sein. Jeder möchte jemand Besonderes und Gott am nächsten sein. Ich*

*sage dir, du bist es schon. Du bist sehr besonders, sehr einzigartig und sehr kostbar. Ohne dabei zu berücksichtigen was du tust, getan hast oder woher du kommst. Das hat keine Bedeutung.*

*Gott ist in jedem, in den Hunden, den Katzen, den Bäumen, den Blättern und den Ameisen... In der ganzen Schöpfung, in den Schweinen ebenfalls. Durch das Fenster kannst du ihn nicht sehen. Denn das Fenster ist so durchsichtig! Diese Liebe und diese Stille, es ist nicht möglich, dass du sie nicht fühlst. Man kann an der Kraft der Existenz nicht einfach vorbeigehen. Alles ist Eins.“*

„Aber warum hat Gott die Welt überhaupt erschaffen?“

In einem strengen Ton:

*„Wer hat dir gesagt, dass Gott die Welt erschaffen hat? Ist das für dich offensichtlich? Wer hat gesagt, dass Gott die Welt erschaffen hat? Gott hat die Welt nicht erschaffen. Gott ist zur Welt geworden!“*

„Was ist der Unterschied zwischen Religion und Spiritualität?“

*„Religion und Spiritualität sind zwei verschiedene Dinge. Die Spiritualität ist die Essenz, die Substanz der Religion. Der Unterschied muss in unserem Geist klar sein. Ich gebe oft das Beispiel mit der Banane. Die Spiritualität ist die Frucht, die Religion ist die Schale. Bleib nicht an der Schale hängen und wirf die wahre Substanz nicht weg. Die Menschen haben die Banane weggeworfen und klammern sich an die Schale.*

*Die Religion ist eine Ansammlung von äußerlichen Riten und Bräuchen, eine Art zu leben. Die Spiritualität ist die Suche nach der Quelle des Lebens, eine Rückkehr zur Quelle, in unserem tiefsten Inneren wissend, dass wir ein Teil des Göttlichen sind.*

*Die Symbole gehören zur Religion, und ihre Bedeutung ist die Essenz der Spiritualität.*

*Auf dem spirituellen Weg muss jeder alleine reisen. Niemand kann den Weg für dich zurücklegen. Du kannst nicht an Stelle eines anderen gehen und sagen: „Ja, ich bin jenen Weg gegangen.“ Niemand kann für dich trinken oder essen. „Entspanne dich, ich trinke den Tee für dich!“ Das ist nicht möglich.*

*Die Suche entspricht dem wirklichen Bedürfnis der Seele, jeder Seele, die wächst.“*

„Was ist der Wert der Religion?"

*„Jede Religion, jeder Prophet, der auf diese Erde gekommen ist, hat sehr viel gebracht. Es ist unermesslich, man kann es gar nicht genügend schätzen. Jede größere Tradition hat ihren Beitrag an das Wissen geleistet. Die Botschaft der Liebe und des Dienstes an anderen des Christentums ist unvergleichlich. Dasselbe gilt für die Meditation und die Theorie der Selbstbeobachtung im Buddhismus. In der vedischen Tradition ist es das Wissen über das Universum, das Selbst und das Leben, im Jainismus die Theorie des Karmas.*

*Man sollte keine Tradition über die andere stellen. Lies die heiligen Schriften jeder Tradition und nimm sie unter einem anderen Gesichtspunkt wahr. Sie führen dich alle zu den menschlichen Werten der Liebe, des Mitgefühls und der Freude. Du findest keine Religion, die sich nicht zum Anwalt der Wahrheit, des Friedens, des Dienstes an anderen und der Achtsamkeit dem Leben gegenüber machen würde. Verschiedene Lehren sind für verschiedene Völker, für verschiedene Epochen erschienen. In jeder Religion gibt es drei Aspekte:*

*Erstens, die Werte; zweitens, die Praktiken; drittens, die Symbole. Diese Aspekte sind allen Religionen gemeinsam. Die Inhalte der Lehren mögen widersprüchlich erscheinen, aber in Wirklichkeit ist es nicht so. Die Werte sind die gleichen. Dagegen unterscheiden sich die Praktiken und die Symbole – das ist es, was den Reiz ausmacht. Es gibt eine Vielfalt. Gott liebt die Abwechslung!*

*Es ist gut, dass verschiedene Zugänge existieren – aber alle Lehren gehören zu dir. Du bist das Kind dieser Schöpfung, des Göttlichen. Alles, was das Göttliche anbietet, gehört dir. Das Wissen und die Weisheit gehören weder mir, noch dir, noch jemand anderem allein. Sie gehören allen.*

*Wenn du bereit bist, das zu verstehen, wirst du überall Meister entdecken. Ein Baum, ein Vogel, jedes menschliche Wesen, das dir begegnet, alle werden dich etwas lehren.*

*Jeder Mensch, den du triffst, wird dein Meister sein. Wenn du dich selbst begrenzt, indem du sagst: „Oh, ich bin ein Christ, ich rede nur über Jesus", verpasst du viele Dinge. Genau wie wenn du sagst: „Ich bin Hindu, ich rede nur über die hinduistische Philosophie", oder:*

*„Ich bin Buddhist, ich habe nichts mit anderen Religionen zu schaffen!"*

*Sie gehören alle zu dir! Wenn wir uns mit etwas Begrenztem identifizieren, wird auch unsere Fähigkeit zu lieben begrenzt.*

*Ein Hindu findet den Hinduismus gut, weil er Hindu ist, nicht der Qualitäten des Hinduismus wegen. Ein Christ glaubt an die Bibel, weil er Christ ist. Die Mohammedaner sagen, dass der Koran das größte aller Bücher ist, weil sie Mohammedaner sind.*

*Wenn ein Hindu sagt: „Die Bibel ist wunderbar", ist das authentischer, als wenn dies ein Christ äußert. Wenn ein Japaner meint: „Amerika ist super", hat das mehr Wert, als der entsprechende Ausruf eines Amerikaners. Wir glauben, dass die Dinge gut sind, nur weil wir dazugehören. Diese Begrenzung blockiert nur. Warum wachen wir nicht auf und sehen, dass alles, was in dieser Welt seit uralten Zeiten existiert, zu uns gehört? Der ganze Reichtum der Menschheit gehört uns, sei er nun in der Gita, dem Koran, der Bibel, bei den Sikhs oder im Jainismus zu finden. Der ganze Reichtum gehört mir.*

*Eine reife Person wird den Reichtum der ganzen Welt für sich in Anspruch nehmen. Reife bedeutet, den Reichtum in keiner Weise zu begrenzen oder aufzuteilen.*

*„Alles gehört zu mir, und ich gehöre zu allen", das ist Erleuchtung.*

*Für ein selbstverwirklichtes Wesen ist jeder eine Form von Gott, eine Manifestation des Göttlichen. Wenn eine erleuchtete Person spricht, nimmt sie sich nicht das Recht zu sagen: „Ihr seid alle unwissend. Ich bin sehr erleuchtet, ich werde dir etwas offenbaren." Nein. Sie kennt die Natur.*

*Es ist das Göttliche, das uns dieses wunderbare Wissen schenkt, es drückt sich nur auf verschiedene Art und Weise aus. Es findet ein Austausch statt. Tatsächlich geschieht nichts anderes, als dass alles im Leben sich ausdrücken möchte.*

*Es gibt heutzutage genügend Menschen, die die Oberflächlichkeit der dogmatischen religiösen Praktiken erkannt haben und die versuchen, andere Methoden anzuwenden. Sie begehen jedoch einen kleinen Fehler. Sie sagen: „Wir machen eine Synthese zwischen Osten und Westen. Wir verbinden die Spiritualität des Ostens mit der des*

*Westens. Wir nähern sie einander an." Eine erleuchtete Person wird das Wort „Synthese" niemals aussprechen. Es gibt nichts zu synthetisieren! Es ist schon alles Eins. Wenn du die Dualität siehst, befindest du dich in einem Irrtum. Es ist, wie wenn du einen Stock ins Wasser des Ozeans tauchst und sagst: „Ich mache eine Synthese zwischen der linken und der rechten Seite des Wassers." Erst schaffst du einen Unterschied und dann sagst du, dass du synthetisierst. Es gibt nichts am Christentum, am Hinduismus, oder an jeder anderen Religion zu synthetisieren. Das ist vergebliche Mühe.*

*Die Suche nach der Einheit ist der wirkliche spirituelle Weg. Leider hat der so genannte spirituelle Weg die Menschen gespalten und die Gesellschaft entzweit.*

*Wenn wir im Ashram Weihnachten feiern, tun wir das in der Intimität unserer Herzen, in der tiefsten Stille unseres Seins. Es ist so wahr und authentisch, das Sein zu feiern, mit der Wahrheit und im Urgrund des Vaters zu sein. Wir entdecken, dass Christus, der ewig ist, sich wie unser Selbst in der Tiefe unseres Seins befindet.*

*Wir benutzen kein Kreuz, aber wir feiern Christus dennoch. Das Kreuz wurde zum Symbol des Christen. Der Kampf beginnt mit dem Gefühl der Anhaftung an das Kreuz und nicht wegen Christus oder dem christlichen Bewusstsein.*

*Wenn du jemandem sagst: „Du kannst auch ohne Kreuz ein Christ sein", dann denkt er, dies sei beinahe unmöglich. Du kannst ein Christ sein, der das Christentum auf seine Art und Weise feiert, ohne die gleichen Rituale wie die anderen zu befolgen.*

*Wir haben die Substanz verlassen und hängen an der Peripherie fest, an den Ritualen.*

*Aber hier nähern wir uns diesem Ort, wo die Wahrheit herrscht, indem wir das Bewusstsein wiederbeleben, das Christus durch seine Erleuchtung hervorgerufen hat.*

*Es ist ein großes Bewusstsein, das zu Christus geworden ist, und vor Christus wurde dieses gleiche Bewusstsein durch Buddha reflektiert, und vor Buddha manifestierte es sich als Krishna, und auch vor Krishna verkörperte es sich in einer anderen Form.*

*Ein großes Bewusstsein, das sich durch seine ganze Reinheit of-*

*fenbart. Wie du, mit verschiedenen Namen und Formen, durch die Zeiten hindurch... Und das geht so weiter. Heute wird es in dir selbst erweckt, als dein eigenes Begriffsvermögen, im tiefsten Inneren deines Herzens, im tiefsten Inneren deines Bewussteins.*

*Christus gehört nicht den Christen – Christus gehört der ganzen Menschheit. Krishna gehört nicht den Hindus – er gehört der ganzen Menschheit.*

*Eine Synthese ist vollkommen unnötig. Gehe in den Fußstapfen von Christus. Er sagte: „Sei in Frieden und erkenne dich selbst." Warst du jemals in Frieden? Hast du dieses Königreich Gottes jemals betrachtet, das sich so tief in deinem Herzen versteckt hat? Merke dir Folgendes:*

*Es gibt nur dieses Einzige und sonst nichts. In der Bibel heißt es, dass Christus Gottes einziger Sohn ist.*

*Selbst nachdem sie Zeugen all seiner Wunder wurden, konnten nur eine Handvoll Leute, zwölf, dreizehn Personen Jesus wirklich erkennen und ihm folgen. Das waren keine großen Intellektuellen. Es waren einfache, unschuldige Menschen.*

*Wenn Jesus sagte: „Das Königreich des Himmels ist in dir", verstanden sie es nicht.*

*Sie fragten: „Auf welcher Seite Gottes wirst du sitzen?"*

*Wenn du einmal ins Innere eindringst, gibt es weder rechts noch links! Es gibt weder vorne noch hinten!*

*Es waren nicht sehr intelligente Leute. Jesus musste Parabeln erzählen und sie wiederholen, um ihnen zu helfen, ein wenig besser zu verstehen.*

*So viel Geduld und Mitgefühl können nur aus der Liebe fließen. Jesus tat alles, was er konnte, um den Leuten zu helfen, den Verstand zu überwinden und die Seele, den Geist, die Quelle des Lebens, das Selbst zu erreichen.*

*Zerbrich das limitierte Konzept über deine Beziehungen zu irgendetwas, zu irgendjemandem oder zu Identitäten. Erkenne die Göttlichkeit in dir, erkenne, dass du viel mehr bist, als ein einfaches menschliches Wesen. Du bist ein Teil des Göttlichen und erbst ein Königreich, das da ist, in dir.*

*Der Verstand kann Jesus nicht verstehen, nur das Herz kann seine*

*Gegenwart fühlen. Jene, die Jesus kreuzigten, waren keine schlechten Menschen, sie waren nur unwissend. Sie waren in ihrem Kopf blockiert. Sie hatten alle Bücher und Manuskripte gelesen. Sie dachten, dass Jesus gotteslästerliche Reden führte, dass er eine kriminelle Handlung beging.*

*Jesus selbst sagte einmal: „All diejenigen, die vor mir gekommen sind, sind Diebe und Banditen." Was wollte er damit sagen? Dass sie deinen Geist vom gegenwärtigen Augenblick ablenken!*

*Du bist nicht fähig, die Menschen zu lieben, die vor dir stehen, du bist nicht fähig, die Erfahrungen der Liebe mit denen zu machen, die sich um dich herum befinden, sondern du träumst von jemandem in der Zukunft oder du verherrlichst jemanden aus der Vergangenheit!*

*Das Göttliche befindet sich in der Gegenwart!*

*Das Göttliche ist das Zusammentreffen der Präsenz mit der Gegenwart. Hier und jetzt. Dein Geist ist entweder von der Vergangenheit oder der Zukunft gefangen genommen worden. Ich bin hier, um ihn ins Jetzt zurückzubringen, in den gegenwärtigen Augenblick.*

*Ich bin der einzige Weg. Wenn du das Göttliche in mir auch dann nicht sehen kannst, wenn ich vor dir stehe, denkst du, du kannst es in der Zukunft oder in der Vergangenheit wahrnehmen? Denk noch nicht einmal daran. Ich bin die Tür, sieh mich an, erkenne, was ich manifestiere, es ist dasselbe, was auch du bist. Ich warte auf der Türschwelle, um dich heimzubringen. Mach einen Schritt, tritt ein. Du gehst draußen nirgendwo hin! Du gehst dahin, wo du bist!*

*Jesus führt dich zu deinem eigenen Sein, deinem eigenen Selbst, deiner eigenen Göttlichkeit, die in deinem Inneren wohnt.*

*Unglücklicherweise denken die Leute, dass ein Wagen kommen wird, dass sie Platz nehmen und mit ihrem Körper irgendwohin in die Wolken steigen werden.*

*In diesem Jahrhundert, wo die Wissenschaft einen so großen Fortschritt gemacht hat, sind die Leute noch immer in einem nicht wissenschaftlichen Geist gefangen. Das ist erstaunlich! Das zeigt, dass die Zeiten sich nicht sehr geändert haben. Nur ein ganz klein wenig, hier und da.*

*Jesus sagt: „Ich bin gekommen, um die einen gegen die anderen aufzuwiegeln. Ich bin gekommen, um das Feuer zu bringen, nicht den Frieden.“*

*Er musste das sagen, denn er hatte die tiefe Lethargie der Menschen wahrgenommen. Wenn du angenehme und friedliche Dinge verkündest, schläft die ganze Welt ein. Wenn sich etwas Sensationelles ereignet, wachen die Menschen auf und hören zu. Die Zeitungen sind voll von solchen Geschichten. So ist der menschliche Geist!“*

„Wie ist das Konzept zu verstehen, wonach Jesus für unsere Sünden gebüßt hat?“

*„Jesus hat niemals gesagt: „Ich habe für deine Sünden gebüßt.“ Das war nur ein Mittel, das von bestimmten Leuten benutzt wurde, um die Menschen zu wecken. Man sagt viele Sachen dieser Art: „Schau, die Apocalypse kommt! Die Hölle nähert sich! Komm, wach auf!“*

*Als Jesus auf diesem Planeten lebte, war das die dunkelste Epoche, die es im mittleren Orient gegeben hatte. Die Menschen wurden zu Sklaven reduziert, sie waren weder erzogen noch bewusst. Es war damals nötig, zu sagen: „Komm, wach auf! Es wird eine Katastrophe geben! Sei gut, sei voller Mitgefühl, bete, tu um Himmels Willen etwas!“*

*Die Angst holt uns aus unserer Erstarrung heraus. Sonst tut man die gleichen Dinge immer wieder, man wiederholt dasselbe, man bleibt apathisch und dem Wissen verschlossen.*

*Die Lehrer der Epoche kannten die Psychologie des menschlichen Geistes. Sie haben Taktiken angewendet, um die Menschen aufzuwecken, die einen harten Kopf hatten. Bei einer sensiblen Person muss man keine Angst einsetzen. Es funktioniert jedoch bei Menschen mit harten Köpfen. Heutzutage ist es nicht nötig, mit der Angst zu operieren, du kannst über die Liebe gehen. Du kannst auch über die Dankbarkeit, über die Anerkennung gehen. Die Weisen benutzten viele Mittel, um die Menschen zur Wahrheit zu bringen.“*

„Was denkst du über Bekehrungen?“

*„Wir müssen vom Erwachsenenalter zur Kindheit konvertieren. Diese Bekehrung haben wir nötig; vom Hass zur Liebe; vom Jemand sein zum Niemand sein. Diese vollkommene Umstellung haben wir wirklich nötig. Wir müssen mit Gott verbunden sein, mit dem Gött-*

*lichen in uns. Einfach ein Glaubenssystem zu übernehmen ist nicht genug. Es ist wirklich die Erfahrung, die authentische Erfahrung, die unser Leben ändern kann, die die Welt ändern kann.*

*Wir werden Eins mit der Schöpfung, tief in unserem Inneren. Es ist so einfach, so einfach! Es ist nicht nötig, einem Kult, einem Idol zu huldigen, wenn du es nicht willst. Aber fühl dich frei, es zu tun, wenn dein Herz es dir eingibt, egal in welcher Form. Was ist eigentlich ein Kult?*

*Ganz einfach, das Göttliche zu lieben. Es ist nur eine Art, seine Dankbarkeit auszudrücken. Es ist weder von Bedeutung, etwas oder jemanden zu vergöttern, noch ist es nötig, es sich zu verwehren. Die Gelegenheit sich dankbar zu fühlen gehört zu den kostbarsten Momenten im Leben.*

*Zwei Drittel der Menschen praktizieren eine Religion, und doch sind viele Kriege darauf zurückzuführen. Wenn es keine Religionen gäbe, gäbe es auch keine Kriege. In all diesen Kulten gibt es überhaupt keine Freude."*

„Und die Rituale?"

*„Es ist gut Rituale zu haben, aber ein Minimum davon! Die Rituale sind nicht wirklich nötig, aber es ist nicht falsch, sie zu haben."*

„Wir haben eine „Jesus hall" und eine „Buddha hall" im deutschen Ashram. Warum haben wir keine „Allah hall" oder eine „Mohammed hall"?"

*„Wir können eine* „Allah hall" *haben. Wir haben ein* „Allah kutir" *im Ashram von Bangalore. Das ist sehr gut. Wir können hier auch eine* „Allah hall" *oder eine* „Mohammed hall" *haben... Gebt den Räumen irgendeinen Namen, das hat keine Bedeutung."*

„Was ist der Sinn des Atheismus? Oft beharrt der Atheist auf eine sehr bestimmte und distanzierende Weise auf seiner Meinung..."

*„Es ist nichts Großartiges dabei, ein Atheist zu sein. Eine sehr dumme Person kann Atheist werden. Es ist keine besondere Leistung, Gott zu widerlegen, es ist sogar sehr einfach. Aber um die Existenz der höchsten Intelligenz zu beweisen, brauchst du Intelligenz. Nur ein intelligenter Mensch kann an Gott glauben – nicht nur an ihn glauben, sondern zu ihm Vertrauen haben, was tiefer ist, was aus dem*

*Innersten deines Herzens kommt. Wenn du weißt, hast du auch Vertrauen. Wenn du nicht weißt, dann kannst du nur glauben. Siehst du den Unterschied?*

*Indem du Bücher liest, indem du hörst, was die Menschen hier und dort sagen, kannst du zu einer Überzeugung gelangen. Vertrauen wird jedoch in deinem Inneren erschaffen. Vertrauen ist ein Ereignis, ein Stadium der Reife deines Wissens, deiner Weisheit. Wenn das Wissen reift, wird es zu Vertrauen.*

*Einen reinen Atheisten kann es gar nicht geben. Ein Atheist weigert sich an etwas zu glauben, das weder konkret noch handfest ist. Nun, das Leben ist nicht immer konkret und handfest. Und das Universum ebenfalls nicht.*

*Ob es sich um Geschäfte, Wissenschaft oder Kunst handelt, man muss sich oft auf Annahmen verlassen, Hypothesen aufstellen, an die Fantasie und an die Intuition appellieren.*

*Alle diese Bereiche sind von Natur aus ätherisch und nicht fassbar. Wenn ein Atheist, wenn auch mit Vorbehalten, einen unerklärlichen Bereich akzeptiert, hört er auf, ein Atheist zu sein. Kein vernünftiges Wesen kann am Mysterium des Lebens vorbeigehen. Konsequenterweise kann es sich auch nicht als Atheist bezeichnen! Die so genannten Atheisten weisen vielleicht lediglich einige Konzepte über Gott zurück.*

*Ein Atheist sagt: „Ich glaube nicht an Gott." Aber wenn er das sagt, glaubt er an das, was er sagt? Auf jeden Fall glaubt er demjenigen, der das ausspricht. Weiß er, wer er ist? Nein. Es ist nicht möglich, ein ehrlicher Atheist zu sein. Derjenige der sagt: „Ich glaube an nichts", glaubt jedoch an diese Äußerung. In Ordnung. Aber weiß er, wer er ist?*

*Wenn du Atheist bist, glaubst du doch zumindest an deine eigene Existenz. Yoga schließt die Atheisten nicht aus. In der hinduistischen Philosophie gibt es keine Gotteslästerer. Wenn du jemanden kritisierst, musst du sein ganzes Denksystem kennen. Schon die Struktur der indischen Philosophie ist so angelegt, dass sie Fanatismus ausschließt."*

„War Buddha ein Atheist?"

*„Einerseits nein, da er von der Leere ausging, die für einen Athe-*

*isten sehr schwer zu akzeptieren ist. Und andererseits ja, da er nicht von einer Gottesvorstellung ausging. Aber er sagte: „Geh in dich hinein und du wirst sehen... Komm zuerst auf den Weg und du wirst alles entdecken." Buddha hat niemals etwas über Gott gesagt.*

*Buddha ließ sich in keine philosophische Diskussion hineinziehen. Er wies auf mehrere Fragen hin, die er jedoch nicht beantwortete und über die er Stillschweigen bewahrte: „Existiert Gott?", „Wann hat das Universum begonnen?", „Hat das Universum ein Ende?", „Was geschieht mit der Seele nach der Erleuchtung?", „Wohin geht sie?" Diese Fragen waren unangebracht, er verlor darüber kein einziges Wort."*

„Ein Atheist glaubt nur an das, was er sieht, aber Buddha sagte, dass nichts von dem, was wir sehen, real ist."

*„Wenn nur alle Atheisten von heute Buddhas sein könnten... Einer der glaubt, ist einer, der seine Unwissenheit anerkennt. Er weiß, dass es vieles gibt, was er nicht weiß. Er sieht die Möglichkeit der Dinge. Hab Vertrauen, glaube, denn es gibt vieles, was wir über diese Existenz nicht wissen können. Es gibt eine Macht, eine Intelligenz hinter dieser Schöpfung und diese Intelligenz ist offensichtlich. Das Anerkennen dieser höchsten Macht genügt, um Tiefe zu erfahren. Derjenige, der seinen Geist offenhält wie ein Topf, ist hohl, leicht, offen. Derjenige der glaubt, ist lebendig. In diesem Fall hält dich die Unwissenheit lebendig. Der Atheist, der glaubt, alles zu wissen, ist wie ein Fels, leblos."*

„Wenn ein Atheist zu dir kommt, was lehrst du ihn?"

*„Atheismus bedeutet, dass du weder an die Werte noch an die Abstraktion glaubst. Wenn ein Atheist zum Guru kommt, was geschieht dann? Du beginnst, deine eigene Form zu erfahren und du entdeckst, dass du in Wirklichkeit formlos bist, hohl und leer.*

*Und diese abstrakte Formlosigkeit in dir wird immer konkreter! Der Guru bewirkt, dass die Abstraktion realer wird und dass das, von dem du geglaubt hattest, es sei stofflich, deutlich als ein Trugbild erscheint. Die Sensibilität und die Subtilität beginnen zu erwachen. Das Wahrnehmen der Liebe – nicht als eine Emotion, sondern als Grundsubstanz der Existenz – wird offenkundig. Der formlose Geist schimmert durch jede Form in der Schöpfung hindurch, und das Mysterium des Lebens treibt das Zerbrechen des Atheismus voran. Dann beginnt die Reise. Es gibt vier Etappen.*

Erster Schritt:

*Die Form in der Formlosigkeit zu sehen. Gott in allen Formen zu sehen. Oft fällt es leichter, Gott im Formlosen als in der Form zu erkennen. Man fühlt eine Distanz, eine Dualität, eine Angst vor Zurückweisung und andere Begrenzungen. Im Leben finden alle unsere Interaktionen in der Form statt, so dass der erwachte Teil des Lebens vom Göttlichen getrennt bleibt. All diejenigen, die akzeptieren, dass Gott keine Form hat, bedienen sich religiöser Symbole. Vielleicht lieben sie die Symbole schließlich stärker als Gott selbst. Wenn Gott einen Christen bittet, sein Kreuz loszulassen, kann es sein, dass er es nicht tut! Am Anfang ist es nur möglich, das Formlose über die Form zu lieben.*

Zweiter Schritt:

*Nähe: Dich der Form, die du ausgesucht hast, vollkommen nahe zu fühlen. Zu versuchen, zum Formlosen zu gelangen. Dies führt zu einem Gefühl der Intimität mit der ganzen Schöpfung. In diesem Stadium überwindet man die Angst vor Zurückweisung. Aber es ist zeitlich und räumlich limitiert.*

Dritter Schritt:

*Die Anwesenheit des Göttlichen zu spüren, wodurch du die Begrenzungen der Zeit und des Raums transzendieren kannst.*

Vierter Schritt:

*Du hast dich gut mit dem Göttlichen eingerichtet, du realisierst, dass du Eins mit ihm bist. Es entsteht eine totale Verschmelzung mit dem Geliebten und die Dualität verschwindet. Dieses ist jenes und jenes ist dieses."*

„Durchläuft ein Gläubiger diese vier Schritte ebenfalls?"

*„Mit Sicherheit, sowohl der Atheist als auch der Gläubige durchlaufen sie. Man dachte, es sei eine Gotteslästerung, zu sagen: „Ich bin Gott." Wenn du sagst: „Ich bin nicht Gott", leugnest du Gottes Omnipräsenz. Du bestehst aus Liebe. Wenn du sagst: „Ich bin nicht Gott", zweifelst du daran, dass Gott Liebe ist. Wenn du Liebe bist, aber sagst: „Ich bin nicht Gott", bist du gerade daran, festzustellen, dass*

*Gott nicht Liebe ist. Das aber ist Gotteslästerung. „Ich bin" ist dein Bewusstsein. Wenn du sagst: „Ich bin nicht Gott", verneinst du damit, dass Gott bewusst, wachsam und wach ist. Du existierst. Wenn du sagst: „Ich bin nicht Gott", schließt du Gott aus einem Teil der Existenz aus. Das ist Gotteslästerung. Genauso negierst du die Schriften, die besagen: „Gott hat den Menschen nach seinem eigenen Antlitz geschaffen." Wenn du sagst: „Ich bin nicht Gott", negierst du Gott."*

„Kannst du ein wenig über Erleuchtung sprechen?"

*„Erleuchtung bedeutet, vom Zustand jemand zu sein zu dem Zustand, niemand zu sein zu wechseln. Das ist der erste Schritt. Wir glauben, jemand zu sein: Ich verabscheue dieses, bete jenes an... Am Anfang löst du dich von starken Gefühlen der Abneigung und der Anziehung. Du wirst wie ein Kind. Der zweite Schritt in Richtung Erleuchtung besteht darin, von dem Zustand niemand zu sein zu dem Zustand jedermann zu sein überzutreten. Von dem Zustand jemand zu sein zu dem Zustand jedermann zu sein zu gelangen, das ist Erleuchtung.*

*Du kannst eigentlich nicht von einer „erleuchteten Person" sprechen, du kannst nur „Erleuchtung" sagen. Wenn die Persönlichkeit der Person verschwindet, sich auflöst, dann ist das Erleuchtung."*

„Bitte beschreibe die Erleuchtung."

*„Die Erleuchtung ist wie ein Witz. Es ist, wie wenn ein Fisch den Ozean sucht. Es war einmal... eine Versammlung von Fischen, die darüber diskutierten, welcher von ihnen den Ozean schon gesehen hatte. Keiner war sich bewusst, dass er ihn kannte. Da meinte ein Fisch: „Ich glaube, mein Urgroßvater hat den Ozean gesehen!" Ein zweiter Fisch sagte: „Ja, ja, ich habe auch davon gehört." Ein dritter sagte. „Ja, ganz sicher, sein Urgroßvater hat den Ozean wirklich gesehen." Und so bauten sie einen riesigen Tempel und errichteten eine Statue zu Ehren des Urgroßvaters dieses ganz besonderen Fisches. Sie schrieben folgende Worte: „Er sah den Ozean. Er war mit dem Ozean verbunden."*

*Die Erleuchtung ist das wirkliche Herz unseres Seins. Erleuchtung bedeutet, uns in das Herz unseres Seins zu begeben und von dort aus unser Leben zu leben. Wir sind alle unschuldig in diese Welt gekommen, aber wir haben unsere Unschuld verloren. Wir sind mit der*

*Stille geboren, und als wir gewachsen sind, haben wir die Stille verloren und uns mit Worten gefüllt. Wir haben zuerst in unseren Herzen gelebt, und mit der Zeit sind wir in unsere Köpfe umgesiedelt. Die Umkehr dieser Reise ist die Erleuchtung: Die Reise vom Kopf zurück zum Herzen, von den Worten zurück zur Stille; die Wiedererlangung unserer Unschuld trotz unserer Intelligenz. Auch wenn das sehr einfach erscheint, ist es ein großer Erfolg.“*

„Ist die Erleuchtung wirklich für den Mann auf der Straße möglich?“

*„Ja, mit Sicherheit ja! Wirklich, die Erleuchtung ist einfacher für einen gewöhnlichen Menschen als für einen, der glaubt, etwas Besonderes zu sein. Sieh, wenn jemand sich als etwas Besonderes sieht, wird sein Ego kompliziert. Er denkt: „Ich bin ein großer Professor“, oder: „Ich bin ein großer Schriftsteller.“ Da ist das Ego.*

*Erleuchtung bedeutet, das Ego fallen zu lassen. Deine wahre Natur ist Erleuchtung. Sie befindet sich schon als Samen in dir. Wenn du alle Spannungen loslässt und natürlich wirst, ist sie in deinen Händen. Du musst nur die alten Schemen aufgeben, die sich in deinem Geist befinden. Dann kannst du sehen, dass etwas Schönes in dir wächst und erblüht.*

*Wenn du denkst, die Erleuchtung sei für dich nicht zugänglich, bedeutet das, dass all die guten Qualitäten der Erleuchtung sich nicht in dir manifestieren können. Wenn du davon ausgehst, dass der höchste Seinszustand für dich nicht möglich ist, wirst du jede Möglichkeit ihn zu erreichen, zu verhindern wissen. Das geschieht nach und nach auch mit der nächsten und mit jeder weiteren Möglichkeit, bis du dein ganzes Selbstwertgefühl verlierst. Dann glaubst du, überhaupt nichts zu können.*

*Dieses Potenzial zur Erleuchtung in dir kann nicht freigelegt oder geweckt werden, wenn du das nicht wünschst. Man kann niemanden zwingen, meditieren zu lernen, es ist unerlässlich, dass er es selbst möchte.“*

„Wenn zwei erleuchtete Personen sich treffen, was sagen sie zueinander?“

*„Oh, ganz einfache Dinge... Welches ist deine Lieblingsmarke Kaugummi?!*

*Erleuchtete Personen scheinen manchmal ganz unterschiedliche Dinge auszudrücken, aber sie meinen dasselbe. Unwissende Personen scheinen dasselbe auszudrücken, meinen aber ganz verschiedene Dinge.*"

„Kann ein Christ oder ein Westler erleuchtet sein?"

*„Wenn einer glaubt, Christ, Hindu, Moslem oder irgendjemand zu sein, kann er die Erleuchtung nicht erlangen. Solange man eine solche Haltung einnimmt, ist man von der Erleuchtung weit entfernt.*

*Ein Mensch kann erleuchtet sein, ein Christ, ein Hindu, ein Moslem jedoch nicht. Siehst du den Unterschied? Wenn du weißt, dass du lediglich ein menschliches Wesen bist, wenn du weißt, dass du nichts als Sein bist, dann bist du bereits erleuchtet.*"

„Woran erkennst du, dass du die Erleuchtung erlangt hast?"

„Das ist so, wie wenn du fragst: „Habe ich Kopfweh?" Du weißt, dass du Kopfweh hast. Was die Erleuchtung betrifft, ist es genau dasselbe. Du wirst es wissen, du wirst es mich nicht fragen. Die Menschen haben die Neigung zu denken, dass man nur die Wahrheit in Abrede stellt: Je mehr man eine Sache beweisen will, je weniger scheint sie wahr zu sein. Ein Mann fragte mich eines Tages: „Bist du selbstverwirklicht?" Ich antwortete: „Nein." Er aber beharrte: „Du machst Witze... Komm! Sag mit die Wahrheit..."

*Hätte ich „ja" gesagt, wäre ich ununterbrochenen Fragen und Argwohn ausgesetzt gewesen... So ist es viel besser, so habe ich wenigstens meinen Frieden!*"

„Wenn Gott allgegenwärtig ist, warum gibt es Hass und Leid auf dieser Welt?"

*„Wie es auch im Kino keine Rolle spielt, ob das Ende gut oder schlecht ist, ob es sich um eine Komödie oder um eine Tragödie handelt, so gibt es im Absoluten keine Gegensätze. Alle Gegensätze sind ein Teil der relativen Existenz. Das ist nicht das ganze Bild. Das Gute und das Schlechte, das Wahre und das Falsche, alles ist relativ. Nichts ist weder ganz gut noch ganz schlecht. Alles ist ganz einfach da.*"

„Aber woher kommt all das Böse, das ich auch in mir wahrnehmen kann, nicht nur in den anderen?"

*„Hier ist das Böse*! (Guruji hat einen Knoten mit einem Teil seiner Kleidung gemacht.) *Hier ist das Gute*! (Er löst den Knoten auf.)

*Das Böse ist nichts anderes als ein Knoten. Es ist keine Substanz. Es ist nicht unsere Natur. Es ist nur Stress und Spannung. Wenn eine gute Person dauernd unter Stress gesetzt wird, wenn man sie am Schlaf hindert und sie willentlich auf verschiedene Art und Weise stresst, wird diese Person gewalttätig, wenn sie nicht schon vollkommen erleuchtet ist.*

*Die schlechten Dinge, oder die, die Schlechtes bewirken, entstehen nur aus Mangel an Liebe, Mangel an Wissen, Mangel an Glück. Sie sind wie die Finsternis... Was ist Finsternis? Ist sie eine Substanz? Nein. Sie entsteht durch die Abwesenheit von Licht. Ist Stress eine Substanz? Nein. Es gibt keinen einzigen schlechten Menschen auf diesem Planeten. Deshalb sagte Jesus: „Liebe deinen Nächsten wie dich selbst." Liebe alle wie dich selbst. Selbst als er gekreuzigt wurde, sagte er: „Vergib ihnen. Sie wissen nicht, was sie tun." Er hat sie nicht verflucht, indem er sagte: „Es sind schlechte Menschen." Sie waren Ignoranten, es fehlte ihnen an Wissen."*

„Du hast uns gesagt, wir sollten uns selbst als den wichtigsten Menschen in Gottes Augen sehen. Wir sollten die Fülle erkennen und dafür dankbar sein. Ich begann, an meine Kindheit zu denken, an meine Mutter, die mich verließ, als ich erst fünf Jahre alt war. Ich konnte keine Dankbarkeit fühlen. Ich dachte: Wenn ich in den Augen Gottes wichtig bin, hätte ich dann nicht in besseren familiären Bedingungen aufwachsen müssen? Ich erinnerte mich auch an einen Freund, dessen Beine gelähmt sind. Er sagte, er wolle sich Gott nicht hingeben, denn Gott hätte sich nicht wirklich um ihn gekümmert... Wie können wir, er und ich, Dankbarkeit empfinden oder Gottes Liebe wahrnehmen, so, wie du es sagst?"

*„Wenn du nur das siehst, was du nicht hast, wirst du nie dankbar sein können. Das ist für alle so. Du sagst, dass du keine Familie hattest. Ein anderer wird sagen, er hätte eine bessere Gesundheit oder mehr Vermögen oder eine befriedigendere Stellung haben müssen. Eine andere Person kommt nicht damit klar, nicht im Weißen Haus geboren zu sein. Oder aber sie sagt: „Wenn ich im Buckingham Palast geboren wäre, wäre ich jetzt Teil der königlichen Familie."*

*Weißt du, wie die Wächter sich fühlen, die vor dem Buckingham*

*Palast stramm stehen, wenn sie die Königin, den Prinzen und die Prinzessin kommen und gehen sehen? Sie selbst müssen nur da stehen und ihnen dienen! Lenke deine Aufmerksamkeit nicht auf den Mangel. Betrachte jene, die sich mit dem Rollstuhl auf und ab bewegen, jene, die blind, taub oder stumm sind! Sei wenigstens glücklich über das, was du hast. Es hätte auch sein können, dass du in Äthiopien unter der brennenden Sonne leben müsstest. Die Menschen in Äthiopien sind sich gewahr, dass du es viel besser hast als sie. Es gibt kein Ende bei diesen Dingen. Wenn du dankbar sein möchtest, kannst du es immer sein. Es ist so, wie wenn du etwas als halb voll oder als halb leer betrachtest. Es kommt auf die Sichtweise an.“*

„Guruji, warum gibt es so viele Prüfungen in meinem Leben? Sobald ich die eine mehr schlecht als recht bestanden habe, kommt sofort eine andere. Warum werden wir andauernd mit den Herausforderungen konfrontiert, die am schwierigsten für uns zu bewältigen sind? Ununterbrochen!“

*„Sieh, das Problem ist, dass du auf deinem Weg Fallstricken begegnest, die dich zum Stolpern bringen, große Schwierigkeiten, eine nach der anderen. Und die Frage lautet: Warum immer du? Täusche ich mich? Weißt du was? Immer wenn du Schwierigkeiten hast, versuchst du die Situation zu verewigen oder sie zu verallgemeinern. Wenn in einer Gruppe von vierundzwanzig Personen zehn sich erkältet haben, weißt du, was du sagst? „Oh, alle sind krank geworden!“ Ist es nicht so? Auf diese Weise verallgemeinern wir.*

*Jedesmal, wenn eine Komplikation auftaucht, verallgemeinern und dramatisieren wir sie. Was auch immer du für ein Problem hast, du bist sofort bereit, zu sagen: „Oh, ich bin immer so!“ Wenn du manchmal wütend wirst, stellst du fest: „Oh, ich bin immer wütend. Ich habe immer Schwierigkeiten.“ In Wirklichkeit ist es nicht der Fall. Wenn die Leute sich vier Male dir gegenüber nicht kooperativ verhalten haben, meinst du beim fünften Mal: „Niemand kooperiert mit mir!“*

*Was heißt das nun? Ist es tatsächlich so, dass niemand mit dir kooperiert? Ist die ganze Welt jetzt plötzlich schlecht geworden? Das ist nicht wahr. Aber der Geist verhält sich immer so.*

*Er verallgemeinert und verewigt, obwohl es nicht der Wahrheit entspricht. Betrachte dein Leben. Sieh, wie viele wundervolle Momente du erlebt hast. Du hast den Gipfel der Freude kennengelernt, aber natürlich musstest du auch Schwierigkeiten bewältigen.*

*Genau das hat dein Leben interessanter gemacht, denn du konntest über all diese unvorhergesehenen Ereignisse triumphieren und du hast auch jetzt noch die Fähigkeit, sie zu bewältigen. Aus diesem Grunde wurdest du mit diesen Herausforderungen konfrontiert. Erinnere dich immer an eine Sache: Die Natur stellt dich niemals vor ein Problem, das du nicht lösen könntest. Wenn das Problem sich dir stellt, bedeutet das, dass du die Fähigkeit hast, es zu lösen. Da du die Antwort bereits kennst, taucht die Frage vor dir auf. Es ist wichtig, das Problem nicht zu „verewigen". Das Problem an und für sich ist ja schon eine große Sache – heiße es nicht auch noch dauernd willkommen. Zieh es nicht auch noch an. Sag nie: „Ich bin schlecht. Ich bin nutzlos." Wenn du immer weiter sagst: „Ich habe immer dieses Problem... Ich bin immer krank...", wird das zu einem Sankalpa, zu einem Wunsch in dir.*

*Du säst diese Samen in deinem Geist. Die Leute sagen: „Das kann mir niemals gelingen." Und schon ist der Samen gesät. „Ich kann das nicht tun. Ich weiß es." Und wieder hast du einen anderen Samen gesät.*

*Ein anderes Beispiel: Du betrachtest dich als glücklos, vom Pech verfolgt. „Ich bin ein Pechvogel. Nie hatte ich Glück in meinem Leben." Wenn du zehn Mal sagst, dass du kein Glück im Leben hattest, dann hast du viele schlechte Kräuter in dir, die alles überwuchern. Wir sollten niemals sagen: „Ich hatte nie Glück". Oh, du hattest so viel Glück!*

*Wir müssen all diese schlechten Kräuter ausreißen, die sich in unserem Geist befinden. Durch Vertrauen. Was meinst du dazu? Hmmm? Was bedeutet loslassen? All diese Dinge gehen zu lassen. Wenn du die Urteile über dich selbst fallen lässt, dann bedeutet dies loslassen. Kannst du das verstehen?*

*Wenn du alle Werturteile über dich selbst fallen lässt, hast du sie losgelassen. Dadurch wirst du viel Selbstvertrauen gewinnen. Das Vertrauen wird wachsen. Alle Selbstzweifel werden verschwinden... Hmmm? Dieses Wissen ist sehr kostbar. Du solltest es dir unaufhörlich in Erinnerung rufen.*

*Wenn du in deinem Geist nicht vom Murren zur Dankbarkeit übergehst, wenn du nicht zu glauben beginnst, dass du Glück hast, dann werden die Samen des Unglücks nicht weichen.*

*„Ich habe kein Glück mit dem Geld, ich habe kein Glück in meinen Beziehungen, ich habe kein Glück mit meiner Arbeit..." – entferne das alles vollständig aus deinem Kopf."*

„Wie kann ich die Samen wieder ausgraben, die schon da sind?"

*„Lass sie fallen. Lass sie los. Sage: „Ich übergebe sie dem Göttlichen, dem Meister. Mein Leben ist schon jetzt so voller Glück. Ich habe einen Weg gefunden." Das ist der Anfang.*

*„Ich habe so viel Glück." Fang damit an. „Ich habe so viel Glück." Säe so den Samen eines Menschen, der Glück hat. „Ich habe Glück."*

„Guruji, musst du bei deiner Arbeit die Leiden der anderen ertragen?"

*„Wenn du etwas liebst, ist nichts schwer zu ertragen. Wenn du deine Arbeit liebst, spielt das alles keine Rolle. Das, was dir am meisten Freude bereitet, ist auch das, was am schwersten ist. Das Leid wird von unserem eigenen Geist erschaffen. Der Schmerz ist unvermeidbar, beim Leid hast du jedoch die Wahl. Dieses Lächeln, das sich auch durch die Ereignisse nicht beseitigen lässt, ist ein echtes Lächeln. Das Leid entsteht, wenn du dauernd an die Ereignisse denkst und sie wiederkäust. In den Vorstädten haben die Menschen die Kraft, den Mut und die Überzeugung, sich durch ihre Probleme hindurchzuarbeiten. Mitgefühl zu haben ist natürlich. Mitleid verschlechtert jedoch das Leben.*

*In der Welt gibt es das Leid und auch einen Grund für dieses Leid. Du kannst nicht grundlos unglücklich sein. Glücklich kannst du jedoch mit und ohne Grund sein. Buddha sagt: „Die erste Wahrheit ist folgende: Das Leid existiert, die Welt selbst ist Leid." Wenn diese Wahrheit in deinem Geist und in deiner Erfahrung Form annimmt, dann, und nur dann bist du fähig, das zu sehen, was sich jenseits von dieser Welt befindet, dieses Etwas, dieser Geist, der Freude bedeutet. Es gibt nur zwei Arten, im Leben zu lernen. Die erste ist, die Welt um dich herum zu beobachten und durch das Leid der anderen, durch die belanglosen Beschäftigungen der anderen zu lernen, dass dies verlore-*

*ne Zeit ist. Die zweite besteht darin, deine eigene Erfahrung zu machen und zu entdecken, dass sie schmerzt. Eine dritte Möglichkeit gibt es nicht. Je sensibler du bist, je weniger musst du dieses ganze Leid selbst erfahren. Du kannst diejenigen beobachten, die es durchleben und weise werden.*

*Wenn das nicht möglich ist, spielt es keine Rolle, du machst dann die Erfahrung einfach selbst! Du wirst ganz und weiser daraus hervorkommen. Das ist sicher! Das Leben ist unsterblich. Die Frage ist nur, ob man die Lektion früher oder später lernt. Das Leid existiert, du kannst es nicht leugnen, und es gibt einen Grund dafür. Das ist die zweite Wahrheit. Die dritte Wahrheit ist folgende: „Es ist möglich, das Leid zu beenden." Wenn das Leid deine Natur wäre, könntest du es nicht verhindern, aber das ist nicht der Fall. Es ist möglich, aus dem Leid herauszukommen. Die vierte Wahrheit ist diese: „Es gibt ein Mittel, einen Weg, einen Pfad, um aus dem Leid herauszugehen." Der von Buddha genannte Pfad war ein Pfad mit acht Zweigen. Er besteht aus angemessenen Praktiken, Meditation, Heiterkeit, Ruhe, Vision, Samadhi und Stille.*

*Buddha kam während einer sehr interessanten Epoche der indischen Geschichte auf die Welt. Im Gegensatz zu Jesus ist Buddha während einer blühenden Epoche geboren. In dieser Epoche hatte Indien den Gipfel des philosophischen Gedankenguts erreicht. Die Menschen waren sehr gut ausgebildet und wirtschaftlich erfolgreich. In dieser intellektuellen Gesellschaft gingen die Menschen davon aus, alles zu wissen. Sie glaubten, alles zu wissen, gingen aber nicht durch die Erfahrung hindurch.*

*Das war in Indien so. Die höchste Philosophie stand bereits in Reichweite zur Verfügung: Yoga, Vedanta, die Darshans, Meditation. Die Menschen glaubten, alles über diese Dinge zu wissen, blieben jedoch in ihren Köpfen gefangen.*

*Buddha beschrieb diesen Weg folgendermaßen:*

*„Kommt, um zu sehen, kommt, um die Erfahrung zu machen!"*

*Er konnte nicht die Oberhand gewinnen und mit diesen Menschen diskutieren, die meinten, alles zu wissen. Eine Diskussion ist eine Diskussion, du kannst sie endlos verlängern, sie hat keine Grenzen.*

*Also sagte Buddha: „Schaut! Ich schlage euch vier ganz einfache Übungen vor: Beobachtet den Körper; beobachtet das Gefühl; beobachtet die Bewegung des Geistes; beobachtet eure eigene Natur. Das ist Beobachtung! Kommt, ich habe euch eine ganz einfache Technik zu bieten, kommt, setzt euch! Legt alle Konzepte zur Seite; ihr könnt eure eigenen Konzepte haben, alles was ihr wollt, aber kommt jetzt und seht: Setzt euch und beobachtet."*

*Intelligente Menschen mögen diese Art von Ansprache immer, sie lieben es, etwas Praktisches zu tun. Und so kamen viele zu Buddha. Es ist das Zeichen einer fortgeschrittenen Gesellschaft, dass die Menschen offen für Neuerungen sind und bereit, zuzuhören. Dass ihr Geist nicht verschlossen ist. Also sprach und lehrte Buddha. Zehntausend Menschen setzten sich in die Stille, um zu beobachten und um zu meditieren. Sie wurden befreit, indem sie die Erleuchtung erlangten. Zehntausend Menschen, niemals wäre so etwas in der Geschichte vorher möglich gewesen."*

„Kann jedermann in diesem Leben dazu kommen, alle seine Möglichkeiten, alle seine Leiden in Glück zu transformieren?"

*„Ja, das ist möglich, das ist sehr gut möglich."*

„In einer Woche?"

*„Es ist sogar in einem Augenblick möglich! Du wirst nie vor ein Problem gestellt, das du nicht lösen könntest. Jedes Problem, dem du begegnest, erlaubt dir, deine Fähigkeiten auszuschöpfen, zu entdecken, wie viel mehr du aus dir herausholen kannst; in welchem Ausmaß du mehr Talente, Geschicklichkeit, Freude entwickeln kannst. Das ist es, was dabei herauskommt. Die Probleme bewirken, dass unser Geist, unsere Intelligenz anfangen, zu funktionieren. Wann brauchen wir unsere Intelligenz wirklich? Wenn ein Problem auftaucht. Ohne Probleme wären wir wie die Kühe. Die Kühe haben kein einziges Problem. Sie käuen das Gras wieder, trinken Wasser und schlafen. Auf die gleiche Art und Weise würdest auch du nur noch essen, trinken und immer apathischer werden, wenn keine Herausforderung bestünde und dein Leben zu ruhig würde.*

*Das Göttliche hat dir ein Gehirn zur Verfügung gestellt, damit du wach bist. Jedes Problem ist dazu da, dein Gehirn zum Funktionieren zu bringen. Stattdessen tun wir das Gegenteil. Wir benutzen unser Gehirn nicht und verlieren uns in Komplikationen, oder aber wir benutzen es, um Probleme zu schaffen, anstatt um sie zu lösen! Anstatt eine Lösung zu suchen, machen wir einen Elefanten daraus oder stellen uns das Schlimmste vor. Gib Gott nicht ein Gehirn zurück, das du nicht genutzt hast.*

*Von Zeit zu Zeit, tauchen gehäuft Unannehmlichkeiten auf. Weißt du warum? Damit dir die angenehmen Zeiten bewusst werden. Nimm einmal an, du hättest in deinem Leben noch niemals unangenehme Momente erlebt. Dann hättest du auch keine angenehmen Momente gehabt. Du hättest gar nicht gewusst, wie sie sich anfühlen. Dein Leben wäre zu einer einzigen, schweren Eintönigkeit geworden. Du wärest wie ein Stein geworden. Um dich wach zu halten, gibt dir die Natur von Zeit zu Zeit einen kleinen Stich. Das fügt deinem Leben Pfeffer bei. Akzeptiere es.*

*Gott tut dasselbe mit dir. Hin und wieder sticht er dich. Dann fängst du an zu weinen. Aber sieh, geh zurück in die Vergangenheit und sage mir ganz ehrlich: Bist du nicht jedes Mal glimpflich davongekommen, wenn du Schwierigkeiten hattest? Immer, wenn du Probleme hattest, hat man dir eine helfende Hand gereicht. Man hat dich aufgerichtet. Damit will ich nicht sagen, dass du jetzt in den Ozean springen solltest, um festzustellen, ob jemand dich herausfischen würde. Nein, was ich meine ist, dass du keine Angst im Leben zu haben brauchst. Es gibt immer einen Rettungsdienst.*

*Alles, was geschieht, hat die Bestimmung, unser Leben weniger monoton und dafür köstlicher zu machen. Deshalb wird Gott (die Schöpfung, die Ewigkeit) auch als verrückt, als „übergeschnappt" angesehen.*

*Du siehst, es gibt überhaupt kein Ziel im Leben. Warum sonst sollten die Menschen weiterhin zur Welt kommen, all diese Erfahrungen durchlaufen, um dann eines Tages zu sterben? Ist das das Leben? Bist du nur geboren, um deine Rechnungen zu bezahlen? Wenn du nur geboren wirst, um deine Strom- und Telefonrechnungen zu bezahlen, ist das Leben es nicht wert, gelebt zu werden.*

*Wenn du dein Elend teilst, vermindert es sich dadurch nicht. Wenn du jedoch deine Freude nicht teilst, wird sie sich verringern.*

*Teile deine Sorgen nur mit dem Göttlichen, nicht mit deinen Freunden, sonst werden sie nur grösser. Teile deine Freude mit der ganzen Welt.*"

„Guruji, viele Leute beten, aber für mich bleibt das ziemlich rätselhaft. Was ist ein Gebet?"

*„Das Gebet ist keine Praktik, sondern ein Ereignis. Wenn du dich im tiefsten Inneren deines Herzens machtlos fühlst, ist das ein Gebet. Wenn du erfolgreich bist und dir dessen bewusst wirst, taucht im Gegensatz dazu das Gefühl auf, derjenige zu sein, „der handelt".*

*Damit will ich nicht sagen, dass wir alle unglücklich sein müssen, um zu beten. Aber wenn das Gefühl von Machtlosigkeit an die Oberfläche kommt, kann das Gebet wirklich authentisch sein. Dieses authentische Gebet bringt eine Kraft in uns hervor, die in der Lage ist, das Leben zu verändern.*

*Wenn dir etwas gelingt, bist du darüber sehr glücklich, sehr stolz. Aber es gibt keinen Grund, stolz auf deinen Erfolg zu sein. Wenn dir etwas aus eigener Kraft gelungen ist, bedeutet dies, dass die Fähigkeit dazu vorhanden war. Was ist das für ein Erfolg, etwas zu vollbringen, wofür du die Fähigkeit besitzt? Ein solcher Erfolg bedeutet in der Tat nichts.*

*Alles, was in unserem Leben erstrebenwert ist, geht aus den Gebeten hervor. Das Gebet kann nur geschehen, wenn du weißt, dass etwas deine Möglichkeiten übersteigt, dass du damit nicht erfolgreich sein kannst.*

*Wer kann beten? Nur diejenigen, die sich machtlos fühlen. Wenn du denkst, dass du etwas tun kannst, dass du etwas erreichen kannst, ist beten unnötig. Wenn dir deine Unfähigkeit bewusst wird, die Sinnlosigkeit deiner Bemühungen, wenn es dir bewusst wird, dass du unbedeutend bist, dass deine Existenz in dieser Welt unbedeutend ist, dann kannst du beten. Es ist nur eine Sache der Einschätzung. Wenn du weiterhin davon ausgehst, eine sehr wichtige, sehr einflussreiche Person zu sein, der bedeutende Sachen gelingen, kann sich das Gebet in dir nicht ereignen.*

*Seit Milliarden von Jahren sind viele Menschen auf diese Erde gekommen und wieder gegangen, ohne Spuren zu hinterlassen. Inmitten der Milliarden und Milliarden von Galaxien, inmitten der Millionen und Millionen von Sternen, in diesem ganzen Universum hast du keine Bedeutung. Du bist nichts, nicht einmal ein Partikel auf dieser Leiter. Wie kann man nur so blind sein, diese Realität nicht zu erkennen? Schau dir selbst in die Augen auf dieser Stufenleiter in der Ganzheit des Universums. Ein intelligenter Mensch kann das begreifen. Er wird ganz deutlich wahrnehmen, dass er niemand, dass er nichts ist.*

*Jeder Mensch wird mit dieser Realität konfrontiert. In manchen Momenten fühlst du dich groß, weil dir gerade etwas gelungen ist. Du sagst: „Ja, das habe ich getan.“ In anderen Momenten scheitern alle deine Bemühungen, und du erzielst nicht das erwünschte Resultat. Nun hast du die Wahl zwischen zwei Optionen: Entweder du hängst trüben Gedanken nach, fühlst dich aufgewühlt, deprimiert, unglücklich, oder aber du nutzt die Umstände, um zu beten. Werde dir deiner Bedeutungslosigkeit bewusst und transformiere die Situation durch ein Gebet.*

*Es ist Gold wert, in einem Moment der Machtlosigkeit zu beten. Du kannst denken, dass du wichtige Dinge in deinem Leben tust. Was tust du? Du kannst glauben, dass du dein Leben vorausplanen kannst. Was planst du? Das erinnert mich an die Geschichte der Eidechse. Kennst du sie? Nein!*

*Eine Eidechse besuchte eine andere, um ihr vorzuschlagen, gemeinsam mit ihr einen Spaziergang zu machen. Aber die andere Eidechse meinte: „Oh, wie könnte ich mich von hier wegbewegen? Ich stütze das Dach. Wenn ich mich bewege, stürzt das Dach ein!“ Wir sind auch nicht besser. Die Eidechse scheint sehr dumm zu sein. So sind wir auch. Wir glauben, dass wir alles aufrechterhalten, dass wir den Zusammenhalt der Dinge gewährleisten.*

*Was ist dir in deinem Leben gelungen? Wo stehst du heute? Vielleicht bist du Arzt, Ingenieur, Professor oder was auch immer. Was hast du dazu beigetragen, um das zu werden, was du heute bist? Ganz ehrlich, führe eine ernsthafte Ermittlung über die Ereignisse in deinem Leben durch. Du bist Ingenieur, Arzt, Professor oder irgendetwas anderes geworden, als mehrere Komponenten zusammenkamen, um das aus dir zu machen, was du jetzt bist.*

*Untersuche nun, ob du jedes Mal Erfolg hattest, als du dir Mühe gabst. Oft hast du dich mit 100% deiner Bemühungen eingesetzt und bist dennoch gescheitert, nicht war? Und wie oft hast du die Situation einfach hinter dich gebracht, ohne einen Misserfolg einstecken zu müssen, obwohl du dir gar keine Mühe gegeben hattest?*

*Das Ego muss eine Begrenzung haben. Der Durst nach Gegenwärtigkeit heißt Gebet. Es wird zur Oration. Ob dein Gebet an jemanden gerichtet ist oder nicht spielt keine Rolle. Dieser einfache „Zustand von Oration" genügt.*

*Der erste Schritt besteht darin, die Gegenwärtigkeit zu „fühlen". Der zweite besteht darin zu realisieren, dass du Gegenwärtigkeit „bist". Du bist Eins geworden mit dieser Gegenwärtigkeit, du bist nicht davon getrennt. „Du bist die Gegenwärtigkeit."*

*Du singst den Bhajan „Om Bhagawan...". Was bedeutet „Bhagawan?" Es bedeutet Präsenz, Herr. Was bedeutet Herr? Der Herr „ist" die Präsenz.*

*Der wirkliche Sinn unseres Lebens ist das Gebet. Dein Sein wird zum Gebet. Dein Weg wird zum Gebet. Deine Arbeit wird zum Gebet. Dein Blick, alles, was du mit Dankbarkeit im Herzen betrachtest, wird zum Gebet. Schau einen Baum an und empfinde Dankbarkeit. Versuche, Dankbarkeit zu empfinden! Beobachte den Ozean, verbinde dich mit ihm und bewundere die unermessliche Weite, die Tiefe und die großartigen und beeindruckenden Wellen, die sich erheben. Du fühlst eine ganz tiefe Emotion in deinem Herzen. Das ist das Gebet. Du betest: „Oh, ich bin wirklich überwältigt, auf dieser Welt, an diesem Ort zu sein."*

*Die Stille ist die schönste Art von Gebet. Das Gebet kann durch Worte nicht aufkommen. Das Gebet ist überall und alles ist Gebet. Dein Atem ist Gebet. Und wenn du einfach nur dasitzt, aufmerksam und bei vollem Bewusstsein, wird dein ganzes Leben zum Gebet. Dein Körper, der da sitzt, ist Gebet.*

*Wenn du Leute siehst, die mit blutunterlaufenen Augen mit den Zähnen knirschen, beginne zu beten und fühle dich innerlich glücklich. Wenn du jemanden brüllen und schreien hörst, und siehst, dass er sich selbst mit der Faust schlägt, wäre es gut, wenn ein Gebet in dir aufsteigt: „Oh, ist das schön. Was für eine schöne Handlung, was für eine große Handlung. Es ist wunderbar." Hat jemand Fragen?"*

„Ist das Gebet eine Bitte?"

*„Wenn du um etwas bitten möchtest, ist das Gebet eine Bitte. Wenn du etwas erhalten hast, wird das Gebet zum Dank.*

*Gebet bedeutet auch nicht, von Gott zu verlangen: „Gott, heile mich von diesem oder jenem, Gott, heile mein Bein, heile meine Augen, heile meinen Magen, meinen Bauch!"*

*Du brichst zuerst alle Naturgesetze und danach gehst du zu Gott, um dich von ihm heilen zu lassen. Als wäre Gott dein Diener, verlangst und befiehlst du. Und dann sagst du noch:*

*„Wenn du das für mich tust, werde ich dafür jenes tun oder eine bestimmte Rolle spielen." Du versuchst, die höchste Existenz, die höchste Intelligenz zu erpressen. Das ist unmöglich! Alles ist ein Spiel deines Geistes. Überprüfe das.*

*Beten heißt nicht fordern. Beten heißt nicht, etwas verlangen. Nein. Gebet ist Dankbarkeit. Gebet bedeutet, in der Ganzheit zu sein, dir der Liebe bewusst zu sein, die Gott in jedem Moment auf dich regnen lässt, diese riesigen Wellen von Liebe, die die Ewigkeit auf dich wehen lässt. Wenn du intelligent bist, kannst du nicht einfach weiterschlafen."*

„Was kommt zuerst, Gott oder die Liebe?"

*„Lass mich Gott kennenlernen und dann werde ich beten?" Und zu wem soll ich beten? Ohne zu wissen, zu wem ich bete, wie kann ich da beten? Nein, nein, nein, so geht das nicht. Zuerst betest du. Zu wem du auch betest, Gott ist da. Du bist nicht gezwungen, in die Kirchen, die Tempel, die Moscheen zu gehen. Wo auch immer du betest, Gott ist da. Die Atheisten sagen Folgendes: „Lass mich Gott kennenlernen, und dann werde ich beten."*

*Das ist wie wenn du sagen würdest: „Zuerst werde ich schwimmen lernen und danach gehe ich ins Wasser." Nein. Das Gebet kommt zuerst. Du betest. Das Gebet drückt die Dankbarkeit aus für alles, was dir gewährt wurde. Indem du Augen, Ohren und eine Nase hast, hat man dir die ganze Welt geschenkt. Empfinde Dankbarkeit dafür. Fühle Dankbarkeit für alles, was du jetzt hast. Das ist Gebet."*

„Warum muss ich beten?"

*„Das ist überhaupt keine Frage. „Warum sollte man beten?" Nein. Wenn man gebetet hat, dann weiß man, wie belanglos diese Frage ist. Das ist, wie wenn du fragst: „Warum sollte man leben? Warum sollte man Frieden anstreben? Warum sollte ich glücklich sein? Warum sollte ich Liebe geben und geliebt werden wollen?"*

*Das Gebet ist die Blüte deines Lebens. Die Natur eines entwickelten Menschen ist das Gebet. Das Gebet ist ein Zeichen von Evolution. Wenn du nicht dankbar bist, kannst du ebenso gut ein Tier sein. Sogar die Tiere sind dankbar. Du befindest dich auf dem Irrweg, wenn du nicht von Dankbarkeit erfüllt bist. Wenn du die Gegenwart der Unendlichkeit um dich herum nicht erkennen kannst, bist du nicht in deiner wahren Natur zu Hause.*

*Die Natur hat Schmerz in deinem Leben auf vielfältige Art und Weise vorgesehen und dadurch wird eine der Bedeutungen des Gebets hervorgehoben.*

*Wenn wir Entschuldigungen suchen und uns diskret wegstehlen wollen – wir sind sehr begabt darin – verpassen wir jede Gelegenheit zu beten und wir versuchen, in unserem kleinen Schneckenhaus zu bleiben.*

*Zu wissen an wen wir unsere Gebete richten wollen ist ganz und gar nicht ausschlaggebend. Es spielt keine große Rolle, zu wem du betest. Ob es sich um Rama, Krishna, Jesus, Mohammed oder Allah handelt ist nebensächlich. Das Gebet hängt von demjenigen ab, der betet. Das Gebet hängt von dir ab, nur von dir allein. Wenn du da bist, genügt das. Du bist mehr als ausreichend, damit ein Gebet sich ereignen kann. Frömmigkeit ist ein sehr intimes Gefühl. Es ist sehr persönlich. Beim Beten kann man nicht simulieren. Du kannst ein Gebet nicht nachahmen. Das Gebet ergibt sich spontan. Du kannst dich nicht damit begnügen, etwas zu erflehen und es dann weiter aufzusagen und zu singen. Das ist kein Gebet. Das Gebet ist sehr ursprünglich. Wenn es nicht ursprünglich ist, ist es kein Gebet.*

*Das Gebet ist sehr persönlich und intim. Es ist keine Wiederholung von irgendetwas. Es ist nicht nötig, dass du tausend Mal oder hundert Mal: „Ram, Ram, Ram, Ram, Jesus, Jesus, Jesus, Jesus" wiederholst. Nein.*

*Wenn du aus der Tiefe deines Herzens rufst, dann ist das ein Gebet. Jeder fromme Mensch, jeder Heilige hat seine eigenen Worte gesungen. Es gab viele fromme Gesänge vor Mira, vor Kabir, aber nicht alle haben die gleichen, alten Gesänge gesungen. Sie haben sich selbst auf sehr persönliche Weise mit Gott verbunden. Es gibt keine Regeln. Regeln lassen das Gebet verkümmern.*

*Es gibt in der Liebe keine Regeln. Wenn du jemanden liebst, hast du keinerlei Pflicht, dich hierher oder dorthin zu setzen, auf diese oder auf jene Art zu lieben. Niemand geht zur Schule oder aufs Gymnasium oder liest Bücher, um lieben zu lernen. Um zu lieben, musst du nicht Student werden. Die Liebe, die Hingabe sind deine Natur. Niemand anderes kann für dich beten. Dein Gebet ist dein eigenes Gebet. Aber du kannst dabei Hilfe erhalten.“*

„Und können in diesem Fall – wenn nötig – Worte helfen?“

*„Das Gebet ist durch Worte nicht möglich. Ganz sicher nicht. Worte können diese Quelle, aus der das Gebet auftaucht, niemals erreichen. Du kannst Worte verwenden, um ein Gefühl auszudrücken. Das Gebet beginnt mit der Tiefe des Gefühls. Kümmere dich also nicht um Worte oder Ausdrücke. Das Gebet kommt nicht von außen zu dir, um dann irgendwohin zu gehen, weit weg von dir.*

*Das Gebet ist das erwachende Bewusstwerden, das aus der Gegenwärtigkeit hervorkommt. Es ermöglicht dir, die Gegenwärtigkeit in der Tiefe deiner Gefühle wahrzunehmen.“*

„Welches ist der beste Moment, um zu beten?“

*„Du kannst jederzeit beten. Es gibt keine feste Zeit, während der du aufstehen musst, um zu beten. Es ist nicht notwendig, auf eine besondere Art und Weise zu beten.*

*Ich kenne einen Herrn, der aufstand, wenn alle anderen schliefen. Er fing um drei Uhr morgens an, Texte herunterzuleiern und zu rezitieren, und seine Stimme wurde immer lauter. Er störte das ganze Haus. Seine Frau und seine Kinder waren völlig durcheinander. Du sollst niemals auf diese Weise beten, weder ganz früh am Morgen noch sehr spät in der Nacht. Du kannst in jedem Augenblick beten. Beten ist nichts Mechanisches. Das Gebet sollte in deinem Inneren auftauchen. Das ist ein spontanes Ereignis, das geschieht, wenn dein*

*Leben reift. Je mehr Reife du in deinem Leben hast, je mehr Frömmigkeit besteht.*

*Beten ist auch nichts Ernstes. Du musst nicht traurig sein, um zu beten. Beten ist Freude. Beten ist Vergnügen und Spiel. Wenn du die Freude, die Ekstase des Gebets einmal gekostet hast, kannst du sie nie mehr vergessen. So wird ein frommer Mensch jede Gelegenheit ergreifen, um zu beten, um zu tanzen, um Gott erscheinen zu lassen. Das ist Evolution, oder nicht?"*

„Was tun, wenn das Gebet mechanisch wird?"

*„Sobald du es merkst, hörst du auf. Aber denk nicht dauernd darüber nach. Setz dich, und das Gebet kann geschehen. Wie bei der Meditation. Dieses Gefühl, zu Hause zu sein, ist ein zartes, weiches Gefühl...*

*Das Gebet ist eine große Kraft, aber man muss sie richtig einsetzen. In der Stille gibt es eine Kraft jenseits der Emotion. Wenn du dein Leben auf deine Emotionen baust, wirst du zerstört. Wenn die Medizinstudenten ihren Emotionen nachgeben würden, gäbe es keinen einzigen Arzt. Dein Leben ist mehr auf Verpflichtungen gegründet, die du gegenüber dir selbst eingegangen bist, als auf Emotionen. Die meisten Menschen sind Sklaven ihrer Emotionen. Ich fühle mich so oder so... Das spielt keine Rolle, ich möchte etwas Gutes tun, ich möchte den Menschen gute Dinge bringen."*

„Der Enthusiasmus und das Vertrauen haben mich verlassen. Wie soll ich dieses aufkommende Gefühl von Nutzlosigkeit in den Griff bekommen?"

*„Du kannst den Enthusiasmus und das Vertrauen nicht zwingen, zurückzukommen. Je mehr du dich bemühst, das Vertrauen wiederaufleben zulassen, je verheerender wird deine Lage. Wenn du dir überflüssig vorkommst, nutze diese Zeit, um zu beten, um in tiefer Meditation zu sein.*

*Das geschieht, wenn man sich sehr weich, bescheiden, zart und tiefsinnig fühlt, wie eingehüllt in einem Zustand von diffuser Liebe. Fühle das. Nutze den Moment, um zu beten. Sage dir: „Ich bin nichts, für nichts zu gebrauchen. Pass auf mich auf. Ich stehe zu Deiner Verfügung. Ich bin ein Teil von Dir."*

*Benutze diese Gelegenheit, um zu beten, und du wirst sehen, dass du das Vertrauen und den Enthusiasmus sehr bald wiederfinden wirst, dass sie stärker sein werden, als die verrückteste Vorstellung es dich hätte erhoffen lassen können. Denn du bist zu einem Teil des Göttlichen geworden. Das Göttliche ist ganz Vertrauen, ganz Enthusiasmus.*

*Wirkliches Gebet geschieht dann, wenn du glücklich bist, wenn du tanzt und wenn du singst. Das ist wahre Meditation. Die Meditation ist eine Quelle der Freude und der Ekstase. Die Menschen glorifizieren das Leid. Das Göttliche zieht dein Glück bei Weitem vor. Echtes Lachen ist wahres Gebet. Es gibt zwei Dinge, die dich behindern: Die Angst das nicht zu haben, was du haben möchtest und die Angst, das zu verlieren, was du hast. Das ist dumm. Absurd. Alles wird dir gegeben werden.*"

Für diesen Silvesterabend organisiert man die „Mondiovision de la chanson" im Ashram! Sri Sri Ravi Shankar bittet die Teilnehmer auf die Bühne zu kommen und ein Lied oder einen typischen Tanz aus ihrem Land vorzuführen.

Es ist Brauch, dem Meister das vorzuführen, was im Repertoire des jeweiligen Landes das Fröhlichste oder das Heiligste ist. Da er die melancholischen oder nostalgischen Weisen nicht unbedingt bevorzugt, lenkt er die Aufmerksamkeit zuerst auf die Rhythmen der lateinamerikanischen oder italienischen Musik. Damit er sie zu hören bekommt, beginnt er gleich selbst damit: „O sole mio..." oder: „E é bonita...!" Dann mimt der Saal die *Passionata*... Gurudev, dankbarer Zuschauer, lacht und macht sich die Mühe, die Worte zu behalten, um sie dann auf seine Weise zu singen. Das verspricht einige malerische Szenen... Es kann auch passieren, dass er sich dabei amüsiert, einen *Bhajan* als Jazz zu improvisieren...

Alle Länder gehen mit ihrem *Hit* auf die Bühne. Viele Titel – man bemerkt das hier – gehören bereits zum internationalen, kulturellen Liedgut. Diese *Tour* der Lieder bietet die Gelegenheit, weitere

Lieder zu lernen. Diejenigen, die es schon gewohnt sind, sich auf der Bühne zu präsentieren, können bereits in allen Sprachen singen, chinesisch mit eingeschlossen. Von den Franzosen möchte Sri Sri Ravi Shankar gerne ein christliches Loblied hören: „Écoute, écoute les pas du Seigneur vers toi..." („Höre, höre die Schritte des Herrn, der zu dir kommt...")

Da nicht alle sich dafür begeistern können, haben die Franzosen heute Abend „Y'a d'la joie!" („Hier ist Freude!") von Charles Trenet gewählt. Ich persönlich versuche davonzukommen, indem ich zu den Israelis rutsche... Man singt immer häufiger hebräische Lieder in den Satsangs... Selbst wenn sie nicht so fröhlich sind, Gurudev ist ihnen gegenüber ganz und gar nicht gleichgültig... Am Schluss singt er mit: „*Shalom... Shalom...*", wie wenn er mit einem langen Auslassungspunkt sagen wollte: „Friede... Friede!"

Nach dem ausgedehnten Schauspiel nähern wir uns Mitternacht, mit dem angenehmen Gefühl, das Fest hinter den verschlossenen Türen des Ashrams gestaltet zu haben. Das Gefühl, privilegiert zu sein, kommt jetzt zurück. Das Privileg zu haben, in dieser starken, besinnlichen, vom Meister geschaffenen Atmosphäre, hinter verschlossenen Türen von einem Jahr ins andere zu gleiten.

Er sagt:

*„Es ist ein Glück, dass du in dieser Epoche lebst. Du lebst nicht für dich, sondern für die Welt. Was auch immer die Welt will oder verlangt, du bist da. Dieses Jahr ist also reich, weil du auf der Erde bist... Normalerweise wünschen sich die Menschen etwas für das neue Jahr. Dieses Jahr wollen wir uns nichts wünschen. Lass dich von dem neuen Jahr feiern. Wenn es dir angenehmere Dinge bringen möchte, soll es das tun. Normalerweise wirst du von den Feierlichkeiten völlig gefangen genommen. Wenn du der Zeit jedoch erlaubst, dich zu feiern, dann wirst du zum Zeugen inmitten der Feier. Du fährst fort, zu lächeln, wie noch niemals zuvor. Ein armer Mensch feiert das neue Jahr einmal jährlich. Ein reicher Mensch feiert es jeden Tag. Aber der reichste Mensch feiert jeden Augenblick. Wie reich bist du? Feierst du einmal im Jahr? Einmal im Monat? Jeden Tag? Wenn du jeden Moment feierst, bist du der Herr der Schöpfung. Lass das vergangene*

*Jahr an dir vorüberziehen. Da sind deine ganz konkreten Arbeiten. Was hast du getan? Was ist dir gelungen? Warst du nützlich? Setz dich am Neujahrstag während einer Stunde hin und denke an jede Woche, an eine Minute pro Woche und betrachte das Vorrücken des Jahres in weniger als einer Stunde. Übergib das ganze Jahr mit einer Blume dem Göttlichen.*

*Die Botschaft für das neue Jahr ist folgende: „Sei – ganz einfach!" Das bedeutet nicht, du sollst faul sein... Nein! Sei sehr beschäftigt... und sei – einfach."*

Während das Fest überall draußen, in den Städten und in den Häusern seinen Höhepunkt erreicht hat, ist die Erregung hier schon zurückgegangen: Der Übergang ins neue Jahr geschieht in aller Stille und in Bewegungslosigkeit. Die Stimme des Meisters führt die Versammlung, die die Augen geschlossen hat, durch die mythische Grenze der Zeit.

Es fehlen nur noch wenige Minuten...

*„In dieser neuen Zeit ergeben sich neue Möglichkeiten... Heiße diese neuen Möglichkeiten willkommen... Noch viereinhalb Minuten... Vier Minuten... Nur noch zwei Minuten... Noch eine Minute... Dreißig Sekunden... Singt „Om"!..."*

Die gewaltige Schwingung der tausend Stimmen scheint die ganze Erde zu segnen... Und begrüßt die dreihundertfünfundsechzig nächsten „*Heute*", die da kommen sollen...

*„Erinnere dich heute Abend und morgen an alle Menschen, denen du für etwas dankbar bist. Denk an das, was sie dir gegeben haben..."*

Und Gurudev ergänzt:

*„Bevor du einschläfst, decke dich mit einer Decke aus Gnade zu... Wach morgen mit einem Lächeln auf..."*

Draußen findet ein Feuerwerk im Schnee statt. Jeder hat sich eingemummt, um daran teilnehmen zu können. Gurudev geht hinaus, um es vom ersten Stock aus zu beobachten.

Ich habe ihn mit ein paar anderen zusammen begleitet. Ellbogen an Ellbogen auf den Fenstersims gestützt, schauen wir zu den versammelten Schülern hinunter, die ihre Köpfe entweder zu ihm oder zu der Rauchfahne der Sterne richten, die durch die schwarze Nacht knallen.

In der Umgebung des Waldes donnert das Pulver mit einer durch den Resonanzkörper der Bäume verstärkten Kraft, so stark, dass fast eine Mini-Lawine zwischen den Stämmen ausgelöst wird. Das Ganze ist wunderschön. Ungetrübtes Glück.

Gurudev lehnt seine Schulter an meine, wie er es in seiner reinen Unschuld oft tut. Ich sehe ihn an. Sein Gesicht ist ernst, nicht zufrieden. Er beunruhigt sich: „*Oh... Wir werden die Vögel wecken*!" Um die Feuerwerker dazu zu bringen, mit dem Feuerwerk aufzuhören, entfernt er sich in Richtung seiner Wohnung und wiederholt: „*Wir stören die Vögel*!" Niemand außer ihm hat sich Sorgen gemacht. Sogar während einer festlichen Atmosphäre, wo jeder sich zu vergnügen scheint, bewahrt der Meister seine Achtsamkeit und seine Sensibilität gegenüber allem, was ihn umgibt. Feiern und spüren gleichzeitig: Unaufhörlich lehrt er uns etwas.

Am ersten Januar sagt Sri Sri Ravi Shankar:

*„Die allgemeine Theorie der Evolution stellt die menschliche Entwicklung als linear dar. Die Idee dahinter ist folgende: Am Anfang war der Mensch ein barbarisches und nicht zivilisiertes Wesen, das im Laufe der Zeit Schritt für Schritt zivilisierter und besser ausgestattet wurde. Das ist eine konstruierte Schlussfolgerung. Wenn du zu den ersten Zivilisationen der Menschheit zurückgehst, wirst du entdecken, dass es damals sehr intelligente Menschen gab. Die Natur hat keiner Generation, in keinem Moment, die Zivilisation, die Kultur und die Verfeinerung vorenthalten. Es versteht sich von selbst, dass das Leben in gewissen Epochen zivilisierter und kultivierter war als in anderen.*

*Früher wurde die Zeit eher wie ein Rad oder wie ein Kreis wahrgenommen und nicht als linearer Verlauf. Ein Kreis bedeutet, dass du immer wieder zum selben Punkt zurückkommst; vom dunklen Zeitalter gelangst du zum goldenen Zeitalter. Mit der Zeit verliert sich das Wissen einer Zivilisation. Im Nachhinein wird es dann aber wieder gefunden.*

*Was wir heute „New Age" nennen, das „Neue Zeitalter", ist nichts Neues; es ist sehr alt.*

*Der Übergang von der alten Zeit zur aktuellen neuen Zeit ist der Übergang vom Prestige zur Selbstachtung. Betrachte das letzte Jahr-*

*hundert oder sogar die letzten Jahrzehnte. Die Werte waren andere. Die Menschen wollten sich zeigen oder waren sehr besorgt darüber, was die anderen von ihnen dachten. Mit dem Beginn des neuen Zeitalters sehen wir, dass die Werte sich ändern. In den früheren Zeiten glaubten die Menschen an einen Gott, der sich irgendwo im Himmel aufhielt. Mit dem „New Age" wird die Idee vorherrschend, dass Gott in dir ist, und dass du das Göttliche bist. Die Menschen des „New Age" sprechen von Engeln und von Bewusstsein. Sie legen Wert auf die Werte, auf die Liebe, auf die Meditation.*

*Wenn jemand vor ein paar Jahrzehnten über die Liebe gesprochen hätte, wären die Leute der Ansicht gewesen, dass das zum Lachen oder nicht wissenschaftlich sei. Die vorhergehende Periode war kopflastiger. Das neue Zeitalter orientiert sich mehr am Herzen, aber die Leute suchen immer noch etwas Substanzielles. Ein großer Teil des so genannten Wissens des „New Age" hat keine Struktur. Es ist sozusagen ein wenig verrückt.*

*Im Laufe der vorangegangenen Periode waren Dinge wie Pestizide oder Antibiotika sehr wichtig. Mit dem „New Age" legt man großen Wert auf die Rückkehr zur natürlichen und biologischen Landwirtschaft. Der Natur nahezukommen und natürliche, aus Kräutern hergestellte Arzneien zu verwenden, gehört zum altüberlieferten Wissen.*

*Vor ein paar Jahrzehnten wurde Yoga als sehr seltsam und als ganz und gar nicht adäquat eingestuft. Sich auf den Boden zu setzen und in die Hocke zu gehen war nicht üblich. Heutzutage ist Yoga sehr modisch geworden. Wo auch immer du hingehst, siehst du Menschen, die Yoga praktizieren, um gesund zu bleiben, und die Wissenschaftler haben seine wohltuende Wirkung bestätigt.*

*Was wir einst primitiv fanden, ist jetzt sinnvoll. Das, was früher als sehr zivilisierte und fortschrittliche Technologie galt, hat sich als destruktiv herausgestellt.*

*Aus diesem Grund sage ich, dass die Zeit nicht linear ist, sie ist ein Rad, ein Kreis, und dieser Kreis dreht sich um sich selbst.*

*Die Leute betrachten die alten Zeiten als barbarisch. Sieh dir heute einmal die Spielsachen an, die die Kinder benutzen. Sind sie verfeinert? Sind sie zivilisierter? Schau dir die Filme an, das Fernsehen, zeigen sie Anzeichen von Verfeinerung?*

*Es kommt eine neue Zeit, weil die Zeit an ihrem dunkelsten Punkt angekommen ist. Wir können nicht tiefer fallen! Diese Epoche hat den Tiefpunkt des Barbarismus erreicht, sie kann nicht tiefer fallen. Wenn du am tiefsten Punkt der Straße angelangt bist, kannst du nur noch aufwärts gehen.*

*Deshalb werden den Menschen die Werte wieder mehr bewusst. Die Eltern fühlen sich betroffen, was ihre Kinder und deren Wertsysteme angeht. Sie fragen sich, wie sie die menschlichen Werte in ihnen zum Wachsen bringen können. Genau das taten die alten Rishis, Weisen und Heiligen vor Tausenden und Abertausenden von Jahren. Du kannst Hinweise darüber im Ayurveda finden, im Yoga und in vielen literarischen Werken, die sich mit den gleichen Prinzipien auseinandersetzen, jedoch auf eine tiefere und methodischere Art als das im Gedankengut des von uns so genannten „New Age" der Fall ist.*

*Ich denke, wir haben Glück, in unserer Epoche leben zu können, denn wir verlassen den Barbarismus und bewegen uns zu einer Ära, die sich vermehrt auf Vertrauen, Liebe, Mitgefühl, Dienst am Nächsten und Achtsamkeit ausrichtet.*

*Wir sind nicht nur aufmerksamer den anderen gegenüber, sondern haben auch begonnen, für den Planeten Sorge zu tragen, was bis vor kurzem nie der Fall war.*

*Die Umwelt wurde zum wichtigsten Gesprächsthema der letzten Jahre. Vor ein paar Jahrzehnten kümmerte sich kein Mensch um die Umwelt. Man hatte dieses Wort, das heute beim großen Publikum so beliebt ist, meist noch nicht einmal gehört.*

*Das wichtigste Diskussionsthema war das Geschäft. Die Liebe war nebensächlich. Heutzutage hat die Liebe den wichtigsten Platz eingenommen. Wir können über die Liebe sprechen, ohne scheu zu sein oder uns schämen zu müssen. Die Emotionen dürfen ausgedrückt werden, was vor einem Jahrhundert noch nicht denkbar gewesen wäre. Das trifft besonders auf die Männer zu. In der Vergangenheit durfte ein Mann seine Emotionen nicht zum Ausdruck bringen. Dieses Recht wurde ihm nicht zugebilligt. Heute wird das Äußern von Emotionen akzeptiert und sogar erwünscht.*

*Die beste Haltung besteht darin, das Alte und das Neue zu kombi-*

*nieren und beides an das moderne Leben und an die aktuellen Situationen anzupassen.*

*Als die Menschen zum Beispiel die Flugzeuge erfanden, dauerte es mehrere Jahrzehnte, bis sie ein gutes Modell entwickelt hatten. Es gab viele Hindernisse zu überwinden, bevor ein Flugzeug abheben konnte, denn es gab keine Karte und keinen Plan, die man aus der Vergangenheit hätte übernehmen können.*

*Was das Wissen der alten Zeiten uns heute bietet ist ein Entwurf, auf den wir unsere eigene Suche stützen können. Der Weg des inneren Erwachens ist eine individuelle Suche. Jeder Einzelne muss den Weg durchlaufen, und das alte Wissen kann uns den Weg weisen. Dieses Wissen wird dann wie die Laternen sein, die von Zeit zu Zeit den Weg erleuchten.“*

Man muss nur die Traurigkeit sehen, die plötzlich die Blicke umschattet, um zu wissen, dass die Stunde des Abschieds sich nähert. Der Meister ignoriert diese Sentimentalität schonungslos.

*„Beschäftigt euch!“ sagt er. „Ihr habt so viel zu tun!“*

Jemand fragt ihn:

„Ich fühle mich sehr glücklich und stabil hier während dem Kurs. Wie kann ich dieses Gleichgewicht aufrechterhalten, wenn ich wieder zu Hause bin?“

*„Nur die Pflanzen müssen gegossen und genährt werden. Die Bäume sind stärker, sie müssen nicht getränkt werden.“*

„Guruji, mir geht es genauso, wenn ich im Ashram bin, wenn ich die Leute von hier treffe, fühle ich mich sehr gut. Aber bei der Arbeit ändern sich die Gefühle. In meinem Büro kann ich nicht gleich sein. Warum ist das so?“

*„Ich denke, ich sollte dich bei der Arbeit besuchen kommen! (*Lachen.*) Du hast das Wissen erhalten. Sieh zu, dass du es draußen anwenden kannst.“*

„Guruji, wenn ich im Ashram lebe, möchte ich nicht nach Hause zurückkehren. Meine Familie erlaubt mir deshalb nicht, in den Ashram zu kommen. Was soll ich tun?“

*„Mach einen Ashram aus deinem Haus. Was findest du in einem Ashram? Friede, Liebe, Freude, Wissen... Schaffe bei dir zu Hause eine ähnliche Atmosphäre. Wenn du Gäste hast, diskutiert ihr gewöhnlich über weltliche Dinge wie Geld, Kleider, Schmuck und so weiter. Redet stattdessen über das Wissen. Schaffe eine Atmosphäre, die es deinen Gästen ermöglicht, fröhlich wieder heimzugehen."*

„Aber Guruji... Zu Hause haben wir deinen *Darshan* nicht!"

*„Ich bin überall. Wirf einen Blick in den Spiegel, wenn du fröhlich bist, dann wirst du mich finden."*

Bevor der Meister sich auf den Weg zum Flughafen in Frankfurt begibt, leitet er eine letzte Meditation. Aber sobald es Zeit wird, in sein Auto zu steigen, findet er es bereits umkreist vor. Statt mit Strenge vorzugehen, greift Gurudev lieber zu einer List. Er geht zu Fuß, als wolle er einen Spaziergang machen. Sofort klebt eine ganze Traube von Menschen an ihm, froh, noch einmal mit ihm zusammen sein zu können. Die Strasse schlängelt sich hinunter, immer weiter... Die Leute fragen sich langsam, wie lange es dauern wird, wieder hochzugehen...

Gurudev trägt Sandalen. Er eilt fast im Laufschritt hinunter, ohne auch nur den geringsten Blick hinter sich zu werfen und ohne sich um seine Schüler zu kümmern, die mitten auf der Straße gehen. Er, der doch immer darauf bedacht ist, alle zu schützen... Aber merkwürdigerweise fährt kein Auto vorbei...

Wo geht er denn jetzt hin? Weit hinten nähert sich ein Auto und verlangt die Durchfahrt, bis es auf der Höhe des Meisters stehenbleibt. Dieser steigt ein und verabschiedet sich, indem er allen mit der Hand zuwinkt. Dann verschwindet er hinter der Kurve.

Im Flugzeug, in der bequemen Klasse, ist Sri Sri Ravi Shankar endlich alleine. Er ruht sich aus und meditiert. Niemand hier weiß wirklich, wer er ist...

Während man sich in Indien schon darauf vorbereitet, ihn zu empfangen... Und ihn wieder vor Liebe zu erdrücken.

# 8
# DAS INDIEN DES GURU

Die freiwilligen Helfer haben kaum geschlafen. Sie hatten nur gerade eine Woche Zeit, um den Divya Satsang zu organisieren, zu dem sich Sri Sri Ravi Shankar sofort begeben wird, nachdem er sein Flugzeug verlassen hat. Aber der Kraftakt ist gelungen. Das unendlich weite, für die öffentliche Veranstaltung vorgesehene Gelände ist bereit, so wie es sich gehört, den verehrten Guru zu empfangen.

In der Stadt haben Spruchbänder über den Hauptverkehrsstraßen und lange Reihen von Plakaten an den Mauern – inmitten von bunt zusammengewürfelten Anzeigen – das Ereignis angekündigt. Manchmal ist das schöne Gesicht des heiligen Hindu neben einem aufreizenden Filmfoto zu sehen... Was spielt das schon für eine Rolle.

An den Kreuzungen überragen riesige Ganzkörperbilder des Meisters, die ihm so ähnlich sehen, wie es der Karton erlaubt, den Rummel der Autos und der Rickshaws (3-Rad-Motorräder mit Dach).

Inmitten des Getümmels, im Staub, im Lärm, in den starken Gerüchen und den Farben lächelt die dichtgedrängte Menge der Armen, was auch immer geschieht, in ihrer unwirklichen Hölle.

Maßlosigkeit ist in Indien die Norm. Der Empfang zu Ehren desjenigen, den hier alle „Guruji“ nennen, ist riesengroß. Eine gigantische Bühne wurde gebaut, um zahlreiche Musiker, Tänzer und bedeutende Persönlichkeiten zu empfangen. Da gibt es einen Thron in Form eines Lotus, der oben an einer Treppe hingestellt wurde, viele Meter über dem Boden. Außerdem eine Herde Elefanten in pompöser Aufmachung, die lebendiges und kraftvolles Wissen bringt, unter dem Schutz Ganeshas, dem Lieblingsgott des Meisters...

Keine Verschwendung von teuren Dingen: Die Schicklichkeit hat die Kunst, mit ganz bescheidenen Mitteln zu feiern, zum Höhepunkt gebracht. Diese fliegenden grünen Vögel, die aussehen wie der Triumphbogen, bestehen nur aus geflochtenem Bambus. Die prächtige Bühne wurde lediglich mit Papier und Blumen verkleidet. Bahnen, Wandbespannung und Teppiche sind aus Rosen, aus Nelken oder aus Jasmin... Indien geizt nicht mit diesem Luxus, den die Natur in Hülle und Fülle zur Verfügung stellt...

Das kahle Gelände ist so zu einem 24-karätigen Liebesschmuckkästchen, *made in India*, geworden.

Dreihundert Tausend Menschen betreten den Bereich im Freien und nehmen auf einem einfachen Blatt Zeitungspapier auf dem Boden Platz, mit einer Ruhe, die einiges aussagt über den Respekt, den sie dem Guru entgegenbringen.

Es sind weder ein medizinischer Dienst noch Sicherheitskräfte vorgesehen, die freiwilligen Helfer ausgenommen, obwohl diese Menschenansammlung religiöse Gemeinschaften zusammenbringt, die einander in der Region nicht ausstehen können. Vor allem viele Mohammedaner und viele Hindus. Aber es wird keine Zwischenfälle geben. Die Polizei zieht sie nicht einmal in Betracht. Guruji ist schließlich da.

Berühmte Menschen legen Zeugnis ab über die Siege, die sie über sich selbst errungen haben, dank ihrer Begegnung mit Sri Sri Ravi Shankar. Sie gehen einer nach dem anderen zum Mikrophon, um ihre Geschichte in aller Einfachheit zu erzählen.

Es ist Rhea Dutt, die sich um die Einführungskonferenz kümmert, nachdem sie ihre Autogramme verteilt hat. Sie ist einer der berühmtesten Filmstars des indischen Kinos und in ihren Drehpausen auch Kursleiterin der Kunst des Lebens.

Auch einige christliche Nonnen, die in der ersten Reihe auf dem Podium sitzen, unterstützen die Arbeit, die „Guruji auf unserem Planeten vollbringt". Eine von ihnen ist ebenfalls Lehrerin in der Organisation.

Indien hört erst seit kurzem auf seine Meister. Seitdem das Elend nicht mehr so ausgeprägt ist. „Wie sollst du beten, wenn der Hunger dich quält?", pflegte Ramakrishna zu sagen.

Und seit die Weisen beschlossen haben, ihre abgelegenen Rückzugsorte zu verlassen, zu denen nur einige seltene spirituelle Sucher Zugang gehabt haben. Sie wollen sich nun selbst um die ungebildeten Einwohner kümmern.

Nach einem Umweg über materielle Erfahrungen erkennen viele Privilegierte den Reichtum ihrer vergessenen Tradition, der durch nichts zu ersetzen ist. Sie finden es nun erstrebenswert, etwas anderes aus sich und ihrem Land zu machen, als den Westen nachzuahmen. Vor allem auch, weil die Korruption der politischen Welt und das Versagen des Systems der Bevölkerung wenig Hoffnung auf eine Verbesserung ihrer Situation lassen...

Der größte Teil der Bemühungen, die Massen zu erziehen, liegt heute in den Händen der spirituellen Meister. Wer sonst sollte die Kinder vom Arbeitsmarkt abziehen? Wer sonst sollte die Frauen vor der Prostitutionsmaschinerie schützen? Wer sonst sollte die medizinische Versorgung dorthin bringen, wo kein Arzt hingeht, um die Dörfer und ihre Bewohner zu sanieren? Wer sonst sollte das Wasser aufbereiten, die Entsorgung der Abfälle organisieren, Solarenergie bringen? Und wer sonst sollte vor allem den resignierten, unter der Last des „Zuviel ist zuviel" erdrückten Menschen wieder Vertrauen einflössen?

Die humanitäre Organisation von Sri Sri Ravi Shankar fügt den dringend erforderlichen freiwilligen Hilfsaktionen eine wichtige Ergänzung hinzu: Sie lehrt die menschlichen Werte und die Harmonie in der Vielfalt. Das ist unerlässlich, wenn das Elend nicht nur durch Bevormundung ersetzt werden soll.

Zehntausende von Dörfern zählen heute zu denen, die auf diese Weise wieder zum Leben erwacht sind. Und auch das ist noch zu wenig! Die Aufgabe ist gigantisch, aber die hunderte von geschulten freiwilligen Helfern sorgen für die Verbreitung und die Weiterentwicklung.

Indien modernisiert sich übrigens sehr schnell. Die neuen Technologien verbreiten sich beinahe überall, auch dort, wo die schlimmste Armut anzutreffen ist. Dennoch bleibt trotz allem etwas zutiefst Homogenes erhalten, das mit dem tiefsitzenden, unbesiegbaren und unerklärlichen Vertrauen der Menschen zu tun hat, die in diesem Land geboren sind.

*„Wenn Indien ein anderes Land gewesen wäre, mit dieser Armut und dieser Gewalt, die wir haben, wäre es kurz und klein geschlagen worden. Diese Kraft, die uns alle zusammenhält, findet man nur in Indien... Das haben wir der wunderbaren Fülle der Spiritualität des Baratha Desam[1] zu verdanken“, sagt Sri Sri Ravi Shankar.*

Der Meister widmet seine meiste Zeit Indien. Er liebt diese Armen besonders, deren strahlendes Lächeln und deren offener Blick durch kein noch so großes Unglück getrübt werden kann; dieses mittellose Volk, das noch immer zuerst bereit ist, mehr zu geben als zu nehmen. Ausgestattet mit den kostbarsten göttlichen Qualitäten in der heutigen Welt, den vielversprechendsten, wenn sie nur auf die bestmögliche Art ausgedrückt werden könnten. Das Elend ist eine Realität.

*„Das Unglück jedoch und die Traurigkeit, existieren nur in der Vorstellung“, sagt Gurudev. „Die Angst kommt aus der Dualität, aus einer starken Prägung heraus. Ich... mich... mein... Die Dualität ist die Ursache des Kummers.“*

1 Die Gesamtheit der vielfältigen Regionen und der administrativen Unterabteilungen Indiens.

Er erzählt, dass in einer Studie über das Glück, die vor Kurzem in verschiedenen Ländern durchgeführt wurde, Indien den fünften Rang belegt, Amerika den dreiundvierzigsten und Deutschland den vierundvierzigsten... Es ist auch bemerkenswert, dass es in Indien keine psychiatrischen Kliniken gibt...

Das Auto von Sri Sri Ravi Shankar hält gerade dort unten an, vor dem Teppich, der für ihn ausgerollt worden ist. Er steigt aus, mit Blumengirlanden um den Hals, die Arme beladen mit Blumensträußen, und nimmt den langen Weg zur Bühne in Angriff. Kamera und Photoapparate eilen ihm voraus...

Die Menge springt hoch, um ihn näher zu sehen und versucht, die Sicherheitsschnur zu entfernen, die den Schutz der Barrieren verstärkt. Man streckt ihm die Hände hin, man ruft ihn... Ein riesiger Freudentaumel entsteht überall...

Er bittet die Menschen durch ein Zeichen, sich zu setzen, ruhig zu bleiben... Auf einem riesigen Bildschirm werden die Bilder übertragen: Man kann Gurudev sehen, wie er auf dem Mittelgang vorankommt... Man feiert ihn wie einen heimgekehrten Gott. Ohne Hysterie.

Guruji hat die Blumen abgelegt, als er leichten Schrittes die Bühne hochsteigt, aber neue Girlanden und Kronen kommen von überall her. Man setzt ihm eine Art symbolische Bischofsmütze auf den Kopf, was in den Augen der Westler doch sehr ergreifend ist... Er behält sie einen Moment lang an.

Am Ende eines von Kindern vorgeführten Tanzstücks sagt der Meister:

*„Klang ausdehnen... ist Musik.*
*Bewegung ausdehnen... ist Tanz.*
*Den Geist ausdehnen... ist Meditation.*
*Und das Leben ausdehnen... ist Feier.“*

Er macht die jungen Tänzer darauf aufmerksam, dass einige von ihnen ihre Fußreifen zerbrochen haben, und bittet sie auf die Scherben zu achten, die auf der Bühne verteilt sind. Er verlässt seinen Sitz und kommt hinunter, um selbst die kleinen Glasstücke einzusammeln.

Er geht mit großen Schritten die Bühne auf und ab und redet gleichzeitig mit der Menge... Es ist so viel Anmut und Besorgnis in seinen Handlungen zu erkennen... Einige der freiwilligen Helfer rennen hoch, um ihm zu helfen, aber er hat das Nötigste schon getan. Während der Reisen, die ich zu meiner großen Freude später mit ihm machen durfte, sah ich ihn immer wieder auf diese Weise eingreifen, etwa um einen Unfall oder ein Drama zu verhindern, die nur er voraussehen konnte.

Eines Tages in Kerala war er umgeben von Anhängern und steckte mittendrin in der Menge derjenigen, die drückten, um seinen *Darshan* zu erhalten. Er war vollkommen hinter der kompakten Mauer aus Menschen verschwunden. Plötzlich gab es ein Loch in der Mauer. Ich sah sein Gesicht, das mich auf die Flamme einer kleinen Petroleumlampe zu meinen Füssen aufmerksam machte, die beinahe mein Kleid versengt hätte. Kein einziger Mensch in meiner Nähe hatte mich davor gewarnt.

Wie oft würde ich es erleben, dass er mir die Konsequenzen meiner Unbesonnenheit ersparte? Und wie viele Gelegenheiten würde es noch geben, die mir klarmachen würden, dass er immer auf jeden von uns aufpasst?

Charismatisch und familiär wandert Sri Sri Ravi Shankar auf der Bühne hin und her, das Mikrophon in der Hand.

Er äußert sich so oft wie möglich in der Sprache der Region, vor allem auf Hindi, das am meisten verbreitet ist, oder auf *Kannada.* Viele Inder verstehen kein Englisch. Und der Meister beherrscht nicht alle Sprachen, die in Indien gesprochen werden, versteht sie aber doch gut genug, um Übersetzungsfehler aufzudecken...

Jenen, die befürchten, dass die englische Sprache überhandnimmt und dass die nationalen Sprachen verloren gehen, antwortet er:

*„Während zweihundert Jahren haben die Briten unser Land regiert, aber sie konnten keine einzige dieser Sprachen zerstören.*

*Habt Vertrauen, dass keine dieser Sprachen zerstört wird. Unserer hinduistischen Kultur liegt eine so besondere Essenz zugrunde, dass sie nicht vernichtet werden kann. Eine asphaltierte Strasse kann beschädigt werden, aber kein Feldweg. Er ist seit Tausenden von Jahren da."*

In den indischen *Satsangs* kommentiert Sri Sri Ravi Shankar immer wieder Gewohnheiten, die auf die englische Kolonisation zurückzuführen sind. Wie zum Beispiel das Tragen von Krawatten der jungen Schüler. Er erklärt den Ursprung davon und zeigt auf, wie absurd und störend das den Kindern vorkommen muss... Er ermutigt die Leute, darauf zu verzichten. Er erklärt ebenfalls den Sinn der indischen Bräuche. Man fragt ihn:

„Manche Religionen verbrennen den Körper nach dem Tod, andere begraben ihn. Was ist nun angebracht?"

*„Du musst den Ursprung der Bräuche betrachten. Der Islam und das Judentum sind in der Wüste entstanden. In der Wüste gibt es trockenen Sand und selten Bäume. Es ist praktisch unmöglich, dort einen Körper zu verbrennen. Unter diesen Umständen ist es besser, ihn zu begraben. Der Sand gewährleistet, dass der Körper sich zersetzt. Vor fünf oder zehntausend Jahren war Indien sehr viel grüner, als es heute ist. Es gab unglaublich viel Holz. In diesem Fall war es die beste Methode, den Körper zu verbrennen, ihn einzuäschern. Wir hatten nicht so viel Erde zur Verfügung: Der ganze Boden wäre ein einziger Friedhof geworden. Die Kremation beschädigt die Umwelt nicht. Die Natur geht in die Natur zurück. Heutzutage ist die elektrische Kremation das Beste. Es ist ein Verfahren, das die Umwelt schont. Wir entwickeln uns heute in Richtung einer einzigen Kultur."*

„Warum gibt es diesen Klassenunterschied zwischen den höchsten und den tiefsten Kasten?"

*„In unserem Kurs gibt es nur eine Schicht, die der Liebe. Keinen Kastenunterschied. Dort wo es Armut gibt, wo kein spirituelles Bewusstsein vorhanden ist, solltest du einen Satsang machen, Prasad*[1] *verteilen, Seva machen. Die Politik teilt die Menschen auf, das Vedan-*

1 Gesegnetes Essen

*ta stellt den Kontakt her, verbindet jeden mit dem Wissen. Wo Hass ist, gibt es keinen Frieden und auch keinen Fortschritt. Verlasse dich auf das Vedanta. Das Vedanta lehrt uns, dass alles nur Eins ist! So viele Heilige haben sich für die Abschaffung der Kastenunterschiede eingesetzt... Kennst du das Buch mit dem Titel „Heritage* (Erbe) of Dalits?"

„Du sagst, Gott sei Vergnügen. Warum also der Ausdruck „Gottesfurcht"?"

*„Nicht in diesem Land. Hier ist Gott immer in Leela, was auf Sanskrit bedeutet, gleichzeitig im Leben und im Spiel zu sein, wie in der „Krishnaleela". Gesang, Tanz und Theater sind Teil unserer Spiritualität, aber wir scheinen den Sinn für das Vergnügen verloren zu haben. Die Gottesfurcht ist ein christliches Konzept. Bei uns gibt es nur Verehrung, keine Furcht."*

„Warum sind Heilige fast immer Männer?"

*„Weil die Heiligkeit den Männern am meisten abverlangt. Aber denke nicht, nur Männer seien Heilige... Die Männer sind nur berühmter geworden. Außerdem leben viele Mütter und Ehefrauen ein Leben wie Heilige in ihren Häusern und Dörfern..."*

Die große pompöse Feier des Wissens in den öffentlichen *Satsangs* in Indien gefällt Sri Sri Ravi Shankar. Sie offenbart den Stellenwert, den die Menschen der Spiritualität in ihrem Leben geben. Die Dimension des Empfangs, der ihm zuteil wird, ändert nicht das Geringste an seinem Verhalten. In diesem fast päpstlichen Rahmen kann sich Gurudev ganz nach Belieben entwickeln, natürlich und voller Freude.

Plötzlich dreht er sich zu seinem Sitz, der sich hoch oben zwischen Himmel und Erde befindet. Als hätte er dessen außergewöhnliche Dekoration gerade erst entdeckt, sagt er:

*„Oh, wie ist dieser Sessel groß!... Aber das hat keine Bedeutung... Und was für eine schöne Dekoration! So viele Blumen!... Hübsch!... Ob es Blumen gibt oder nicht, so wie es ist, ist es gut. Eure lächelnden Gesichter sind wie Blumen, die ich sehr schätze."*

Er nimmt die Schachteln mit den Süßigkeiten und bittet einen Anhänger, sie den Leuten anzubieten, die sich um die Sicherheit kümmern.

*„Sie haben schon eine Zeit lang Hunger“*, sagt er.

In Indien zeigt er sich patriarchalischer, pädagogischer. Manchmal „schimpft“ er ein wenig und ist auch strenger, was die Richtung anbetrifft, die eingeschlagen werden soll. Er äußert auch mehr Kritik als er es sich im Ausland erlauben würde. Man erwartet in diesem Land, dass ein Guru seine Autorität und seine Liebe zeigt, auch seine Kraft und sogar seine Wut. Eine Nation, die aus einer Milliarde Menschen besteht, und auf der seit Jahrhunderten Naturkatastrophen, ökonomische Handicaps und Kriegsdrohungen lasten, braucht spirituelle Führer, die voller Mitgefühl sind, die aber auch starke Nerven haben.

„Du sagst: Indien ist ein schlafender Löwe. Wann wird er aufwachen?“

*„Er wartet auf euch!* (Lachen.) *Wir müssen unser Volk aufwecken. Wir sind uns unseres eigenen Reichtums und unserer eigenen Qualitäten nicht bewusst. Die meisten von uns wissen nicht einmal, dass die Upanishaden zu unserer Verfügung stehen. Die Westler hingegen haben ihren Wert erkannt und schätzen sie. Müssen wir auf die Wertschätzung des Westens warten, um uns darüber bewusst zu werden und aufzuwachen? So kommt es, dass die Druckrechte des Yoga Vasistha einer Agentur in New York gehören...“*

„Könnte Indien mit all seinen Wissensschätzen die Nummer eins der Welt werden?“

*„Ganz sicher! Die indische Kultur sagt, dass die ganze Welt uns gehört. „Vasudhaiva Kutumbakam“ bedeutet, dass die Erde eine Familie ist. Nummer eins der Welt? Ja, ihr könnt es, wir können es sein! Das ganze Potenzial ist vorhanden... Wir haben brillante Geister, tiefe Weisheit... Wir haben alle Ressourcen, bleiben jedoch in den ganz kleinen Dingen gefangen!“*

„Indien ist spirituell gesehen reich, aber ökonomisch gesehen arm. Was ist zu tun? Welches ist die Lösung, was den ökonomischen und kulturellen Terrorismus angeht?“

*„Global zu denken, lokal einzukaufen. Nehmt die guten Dinge von jeder Kultur an, vergesst darüber aber nicht eure eigene Kultur – das Essen, die Kleidung, den Tanz, und so weiter...“*

„Können wir uns gegen die Globalisierung wehren?"

*„Geht geschickt damit um."*

„Kannst du uns spirituelle Grundsätze geben, um die Industrie zu beleben?"

*„Entdeckt eure Schwachpunkte und verbessert sie. In Indien gibt es folgende Schwachpunkte: Das Fehlen von Einheit, die mangelhaften Marketingstrategien, die schlechte Qualität bei Verhandlungen, das Fehlen von Selbstvertrauen, eine Sklavenmentalität, die eigene Geringschätzung.*

*Während einer Konferenz in den Vereinigten Staaten traf ich eine zarte Frau, die in einer kleinen handwerklichen Taschentuchindustrie arbeitete. Sie sollte in siebzehn Punkten erklären, warum das Taschentuch, das sie angefertigt hatte, das beste auf der ganzen Welt war. Es handelte sich nur um ein Taschentuch... Aber die Art, wie sie es präsentierte, machte einen Riesenunterschied! Sie war voller Vertrauen und sehr stolz darauf, erklären zu dürfen, warum ihr Taschentuch die siebzehn Qualitäten aufwies, um das schönste der Welt zu sein – wegen der Farbe, der Größe, den Nähten, den Ecken...*

*Wenn man so stolz ist, wie könnte man da nicht erfolgreich sein? In unserem Land haben die sogenannten Journalisten, Kommunisten und Intellektuellen das Vertrauen, das wir in unser eigenes Erbe hatten, systematisch untergraben. Es wurde systematisch herabgesetzt!"*

„Wie soll man mit einer unfreundlichen Bemerkung umgehen?"

*„Nimm sie nicht zur Kenntnis. Was geschieht sonst? Du verlierst deinen Schlaf. Tu nichts, was dein Wohlbefinden stört. Wenn du fähig bist, dich selbst zu respektieren, wird es dir keine Sorgen bereiten. Ein Elefant fürchtet sich nicht vor dem Bellen eines Hundes. Wenn du durcheinander bist, wer war dann erfolgreich?"*

„Wie kann man politische Korruption ausrotten?"

*„Wer außer uns wählt die Politiker? Bevor wir jemanden wählen, müssen wir untersuchen, was es für ein Kandidat ist, was er geleistet hat..."*

„Sollen wir abstimmen?"

*„Du musst abstimmen. Wenn es in Indien eine Abstimmung gibt und ich das Glück habe, mich dort zu befinden, lasse ich es mir nicht*

*nehmen, meinen Wahlzettel abzugeben. Es ist deine Pflicht. Du musst deine Sichtweise erweitern. Aber zerbrich dir nicht den Kopf über die Politiker... Es sind auch nur Leute die übereinander reden. Warum dieser Sache Aufmerksamkeit schenken? Lass es nicht zu, dass die Politik dich vom Weg abhält. Wenn du hingegen Angst vor der Politik hast, kannst du im spirituellen Bereich keinen Erfolg haben. Du musst die Barriere der Politik überwinden. Das ist ein Test für deine Kraft, für dein Engagement und für die Art, wie du zentrierst bist. Du kannst die Politik nicht vermeiden, aber du kannst dafür sorgen, dass sie dich nicht auffrisst. Das ist deine Aufgabe. Es gab schon Politik zwischen den zwölf Aposteln und bei Buddha. Und Krishna steckte bis zum Hals in der Politik. Und du sagst, dass du nichts mit der Politik zu tun haben willst? Je mehr du sie zurückweist, umso mehr wird sie dein Bewusstsein überschwemmen.*

*Wenn du in irgendeiner Versammlung oder Satsanggruppe Politik erkennst, ist das ein Segen, der dich dazu auffordert, im Gleichgewicht und bei dir selbst zu bleiben.*

*Du kannst dies tun, ohne die Gruppe zu tadeln und ohne sie zu meiden oder dich zu drücken. Das kann deine Handlungskompetenz steigern, ebenso wie deine Fähigkeit, loszulassen.*

*Sich auf die Politik einzulassen, bringt eine Reihe von Vorteilen. Die Politik unterstreicht die Verschiedenartigkeit der Menschen. Sie konfrontiert dich mit verschiedenen Ansichten, Vorgehensweisen und Tendenzen. Sie erhöht deine Fähigkeit zu kommunizieren und zu handeln. Sie zentriert dich und bewirkt Loslösung. Sie schüttelt dich und sorgt dafür, dass du dem Wissen gewachsen bist. Sie fördert deine Toleranz und deine Bereitschaft, die Dinge so zu akzeptieren, wie sie kommen. Sie macht dir bewusst, dass das Leben nur ein Spiel ist. Überschreite die Schwelle der Politik und komm zum Göttlichen. Die Starken tun das mit einem Lächeln, und die Schwachen werden sich beschweren. Warum ist es nur Mahatma Gandhi gelungen, die Unabhängigkeit zu erreichen, wohingegen so viele Menschen, die genau so intelligent waren wie er, gescheitert sind? Das verdankt er ausschließlich den Satsangs, die er jeden Morgen und jeden Abend geleitet hat. Er ließ Bhajans singen: Das war eine wichtige Kraft für unsere Unabhängigkeit. Also, Freunde, leitet so viele Satsangs wie möglich...“*

„Wie kann Indien von Gewaltlosigkeit reden und gleichzeitig im Besitz von nuklearen Waffen sein?"

*„Wer kann von Gewaltlosigkeit sprechen, wenn nicht derjenige, der sich stark fühlt? Nur der „Starke" ist in der Lage über die Gewaltlosigkeit zu reden. Der Schwache wird dazu nichts sagen. Wenn du alles hast, um dich und dein Land zu verteidigen, dann kannst du dich über die Gewaltlosigkeit äußern. Wir haben die nuklearen Waffen und fühlen uns stark: Also können wir über Gewaltlosigkeit sprechen..."*

„Wann wird es Frieden geben?"

*„Jetzt. Frieden ist in der Gegenwart. Er ist immer mit uns. Irgendwo auf der Welt, gerade jetzt, heute Morgen, nicht wahr?*

*Wenn du friedvoll bist, kannst du den Nicht-Frieden um dich herum in Frieden verwandeln. Gewalt provoziert Lärm, Gewaltlosigkeit wächst aus der Stille. Gewalttätige Menschen machen einen Riesenlärm, sie schreien ihre Gewalt hinaus. Im Gegensatz dazu verhalten sich gewaltlose Menschen diskret. Nun ist die Zeit jedoch gekommen, wo die Anhänger der Gewaltlosigkeit sich Gehör verschaffen müssen, damit die Gewalt zurückgehen kann. Die Botschaft der Gewaltlosigkeit muss laut und klar werden, um schon im allerjüngsten Alter gehört zu werden."*

„Wenn du den Terrorismus und die Ungerechtigkeit überall siehst, rätst du den Leuten, ruhig und friedlich zu bleiben?"

*„Ruhig sein bedeutet nicht, passiv zu bleiben! Wenn du ruhig bleibst, bist du in der Lage, intelligente Entscheidungen zu treffen und im richtigen Moment einzugreifen. Sei ruhig und dynamisch."*

„Wann hört die Gewalt auf?"

*„Die Gewalt hört auf, wo die Liebe beginnt."*

„Gibt es Gründe, die einen Krieg rechtfertigen?"

*„Die schlimmste Handlung der Vernunft ist der Krieg. Jeder Krieg hat einen Grund, und dieser Grund rechtfertigt den Krieg. So denken jene, die sich für einen Krieg engagieren. Aber der Grund hat seine Grenzen, und wenn er sich ändert, gibt es keine Rechtfertigung mehr. Der Mensch lebt über den Verstand. Er begründet jede seiner Handlungen und rechtfertigt sie. Da die Gründe sich ändern, zerschlagen sich auch die Rechtfertigungen.*

*All die Gründe, die bei den Kriegen geltend gemacht werden, scheinen für gewisse engstirnige Geister und für eine gewisse Zeit legitim zu sein. Wenn du dies berücksichtigst, werden Kriege auf diesem Planeten unvermeidlich sein.*

*Die Menschen sind die einzigen Wesen, die Kriege führen. Keine andere Gattung der Schöpfung engagiert sich für Krieg oder Massenzerstörung, da es dafür keinen Grund gibt. Die Tiere holen sich ihre Beute und lassen den Dingen ihren Lauf. Aber die menschliche Gattung führt seit Menschengedenken Kriege.*

*Der Mensch lebt aus dem Verstand. Der Mensch begründet jede seiner Handlungen und rechtfertigt sie. Da die Gründe sich ändern, brechen auch die Rechtfertigungen zusammen. Der Mensch muss den Verstand transzendieren. Nur so kann er die Göttlichkeit verwirklichen. Dann wird er sich nicht mehr für Kriege einsetzen. Erst wenn die Menschen vernünftig werden, den Hass überwinden und sich zu einem höheren Bewusstsein erheben, kann der Krieg beendet werden.“*

„Warum gibt es Kriege?“

*„Kriege haben während der ganzen Menschheitsgeschichte immer an irgendeinem Ort auf dem Planeten geherrscht. Wie beim Wechselstrom alternieren Krieg und Frieden in der Welt. Es ist erstaunlich zu sehen, wie Länder, die im zweiten Weltkrieg vollkommen verwüstet wurden, sich sehr schnell zu riesigen Wirtschaftszentren entwickelt haben. Heute versorgt das früher besiegte Deutschland Russland mit Nahrungsmitteln und Hilfsgütern, nachdem nun dieses Land völlig zerstört worden ist. Das gleiche ist auch in Japan geschehen, das einen gewaltigen Schritt vorwärts gemacht hat.*

*Wir denken, dass nur der Friede dem Menschen von Vorteil sein kann, aber das ist nicht wahr. Auch der Krieg hat seinen Nutzen. Der Krieg ist nützlich. Er ist nicht wünschenswert, aber er steht nicht im Gegensatz zu den Naturgesetzen. Solange nicht jeder Mensch ein höheres Bewusstseinsniveau erlangt hat (die Veränderung kann nur unter dieser Bedingung herbeigeführt werden), wird es auf diesem Planeten weiterhin Kriege geben. Es kann gar nicht anders sein. Krieg ist nur eine Tendenz des Menschen, die zum Höhepunkt gebracht wird. Beobachte dich selbst: Entweder die Menschen um dich herum ärgern dich ununterbrochen, oder du erträgst dich selbst nicht mehr. Ist es nicht so? Auch in dir tobt der Krieg... Solange die Gewalt nicht aus dem Geist der Leute entfernt worden ist, wird der Krieg unvermeidlich sein. Wenn der Krieg jedoch unvermeidlich geworden ist, nützt es nichts, zu sagen: „Nein, ich bin für den Frieden, ich bleibe ruhig." Man muss sich voll einsetzen und im Auge behalten, dass es sich um die beiden Facetten der Existenz handelt. Sobald ein Druck von außen zu spüren ist, versammelst du dich mit anderen.*

*Stell dir vor, du streitest dich gerade. Es ist sehr einfach, dich zu versöhnen, indem du einen Druck von außen provozierst, eine Gefahr oder eine Bedrohung, die von Dritten herrührt. Ihr werdet euch sofort versöhnen. Das ist in der Geschichte ganz klar zu erkennen. Das Christentum hat sich in seinen Anfängen als Reaktion auf eine Bedrohung von außen entwickelt. Angesichts der Gefahr und des Drucks hat sich eine Handvoll Menschen zusammengetan, hingegeben und bestärkt durch die Intensität ihres Eifers.*

*In welchem Land, in welcher Gemeinde auch immer, selbst in der kleinsten, der uneinheitlichsten – sobald sich eine Gefahr von außen ergibt, vereinen sich alle. Das gleiche gilt im Zusammenhang mit dem Krieg. Er verstärkt die Kooperation und die Harmonie. Wie im Frieden.*

*Eine Sache mag auf den ersten Blick fantastisch erscheinen, aber wenn man ein wenig an der Oberfläche kratzt, entdeckt man eine Schwachstelle, einen weit weniger angenehmen Samen. Umgekehrt kann sich etwas scheinbar Unerfreuliches als etwas sehr Schönes herausstellen.*

*Nach Buddha hatte Indien den Mut zu kämpfen verloren. Nach dem Mahabharatakrieg ereignete sich ein gigantischer Weltkrieg. Die Leute hatten davon so genug, dass sie nichts mehr über Kriege hören wollten. Buddha kam, und der Frieden stellte sich ein. Die Armee und jegliche Vorstellung von Landesverteidigung wurden fallengelassen. Buddha war ein König, ein Kaiser, und er war zu einem, „der verzichtet", geworden: Er hatte allem entsagt. Dieser Zustand von Frieden und Entsagung, für den Buddha ein Vorbild war, herrschte im Land vor.*

*Eine kleine Gruppe von arabischen Eindringlingen hatte also leichtes Spiel, dieses riesige Territorium zu erobern, das die Heimat von sieben oder acht Millionen Seelen war.*

*Und sie haben es sehr lange dominiert, nicht nur ein oder zwei Jahre lang. Weil jedermann friedliebend, im Frieden war!*

*„Gut, was wollt ihr? Nur zu! Wollt ihr die Reichtümer haben? In Ordnung, nehmt sie! Wollt ihr regieren? Gar kein Problem, setzt euch hin! Da ist der Thron... Ihr könnt alles tun, was ihr wollt!" Die Menschen haben die Arme hängen lassen, sie hatten kein Rückgrat mehr! Das Land hat alle seine Kräfte verloren, seine ganze Macht, seine ganze Schönheit, alles! Und es ist immer mehr in der Armut versunken!*

*Es gibt keinen Vergleich zwischen der Beschreibung, wie Indien in früheren Zeiten war, und dem, was heute davon übriggeblieben ist. Im Namen des Friedens, im Namen der Liebenswürdigkeit, im Namen der Werte hat sich alles verschlechtert. Kannst du das sehen?*

*Es ist selbstverständlich, dass Unterscheidungsfähigkeit und Weisheit sehr wesentlich sind. Die Weisheit besteht darin, zu verstehen, dass das, was jetzt unvermeidlich ist, dem Gesetz unterliegt, dem göttlichen Gesetz. Halte deinen Geist wirklich hohl und leer. Auch Jesus hatte gesagt: „Ich bin gekommen, um das Feuer zu bringen. Ich bin nicht gekommen, um Frieden zu bringen, sondern das Schwert." Wenn das Schwert sich durchsetzt, ist der Frieden das Wichtigste. Wenn Frieden herrscht, wird der Krieg wieder wichtig.*

*Einige von euch sagen sich nun: „Was? Guruji macht sich zum Anwalt für den Krieg?" Nein, nein! Versuch zu verstehen, was ich sagen will. Verhärte dich nicht gegen das, was geschieht. Das unendliche Sein ist unendliche Liebe, und wenn es zulässt, dass gewisse Dinge geschehen, bedeutet das, dass sie ihre Existenzberechtigung haben. Auch du handelst deiner Natur entsprechend. Das heißt mit Sicherheit nicht, dass ich ein Befürworter des Krieges bin!"*

In Indien spuken heutzutage der Konflikt mit Pakistan und die Probleme im Zusammenhang mit dem Islamismus in den Geistern herum. Angesichts der Fortschrittsfeindlichkeit einer am Verbrechen orientierten Ideologie, begnügt sich Sri Sri Ravi Shankar meistens damit, die Absichten der Fanatiker Wort für Wort öffentlich aufzuzählen.

Er sagt zum Beispiel:

*„Sie denken, man kommt ins Paradies, wenn man einen Juden tötet...“*

Und er bricht in Gelächter aus...

*„Die Juden haben Probleme mit den Arabern... Die Christen haben Probleme mit den Arabern... Die Buddhisten haben Probleme mit den Arabern... Da muss es doch irgendwo ein Problem geben... Auf die gleiche Weise, wie ein Individuum blockiert sein kann, kann auch eine Nation blockiert sein...“*

Die Menschenmengen vor ihm sind aufgewühlt durch feindselige Gefühle Pakistan und der bedrohlichen aktuellen Situation gegenüber. Sie scheinen Zeichen des Einverständnisses von Seiten des Gurus zu erwarten, was die indischen Angelegenheiten betrifft. Sich auf eine Seite zu stellen oder Stellung zu beziehen ist nicht gerade die Art, wie Sri Sri Ravi Shankar einzugreifen pflegt. Moralpredigten hält er ebenfalls nicht...

*„Es ist schade“*, sagt er. *„Die Pakistaner sind in ihre eigene Falle gestürzt...“ Ihre Vorfahren waren es gewohnt, „Om Namah Shivaya“ zu singen. Aber nun haben sie sich selbst entwurzelt. Sie haben nur das Wissen verloren, woher sie stammen. Ihre Geschichte geht nicht nur fünfhundert Jahre zurück. Das ist nicht ihre ganze Geschichte... Deshalb gibt es so viele Probleme. Aber denk nicht, alle Pakistaner seien schlecht. Es sind wunderbare Menschen, ein sehr schönes Volk. Nur folgen sie einer Ideologie, die auf die schiefe Bahn geraten ist. Es gibt nur eine Welt, nur eine Göttlichkeit und viele Wege. Aber wir sind alle „Om“[1], alle menschliche Wesen... Es besteht kein Unterschied... Respektiere alle Traditionen.“*

„Wie definierst du religiösen Fanatismus?“

*„Es ist der Fundamentalismus, der nicht alles einbezieht, der trennt, teilt, richtet. Solche Grundgedanken basieren auf Unkenntnis.*

1 „Om“ ist der Urlaut. Auch in „Amen“, „Amin“, „Shalom“.

*In jeder Religion gibt es Raum für Fortschritt, um sich an die Zeiten anzupassen, die sich verändern. Die Religionen, die das nicht tun, stagnieren oder entwickeln sich zurück. Diese Weigerung, sich an die modernen Zeiten anzupassen – beim Islam zum Beispiel – hat vor Kurzem tragische Ereignisse ausgelöst.*

*All das soll uns jedoch nicht daran hindern, das Beste in jeder Religion zu erkennen, sei es im Islam, im Judaismus, im Buddhismus, im Hinduismus, im Christentum oder im Jainismus...*

*Die Struktur der indischen Philosophie ist schon so angelegt, dass sie auf keinen Fall dazu führen kann, fanatisch zu werden.*"

„Welches sind die Faktoren, die zum Terrorismus führen? Was ist der Grund dafür?"

„*Die Frustration und der Drang, ein Ziel zu erreichen... Konfuse Emotionen... Mangel an Scharfblick und impulsives Handeln... Der Glaube an ein nicht überprüfbares Konzept über das Paradies und die Belohnung, die einem dort zuteil wird... Ein kindliches Konzept über Gott, der bestimmte Menschen vorzieht und anderen gegenüber zornig ist, ein Konzept, das die Allwissenheit und die Allmacht des Göttlichen von Grund auf unterhöhlt...*

*Der Terrorismus ist ein Akt blinder Zerstörungswut, der sowohl einem selbst als auch anderen Leid zufügt. Wenn der Terrorist eine solche Handlung begeht, verunglimpft er die menschlichen Werte, um seine Ziele zu erreichen. Der Terrorismus bewirkt, dass eine Psychose in der Welt aufkommt, dass die Armut und das Leid sich verstärken, und er hat den sinnlosen Tod vieler Menschen zur Folge, ohne jemandem einen Vorteil zu bringen. Anstatt Lösungen zu unterbreiten, sucht der Terrorist die Antwort in der Zerstörung.*

*Wenn du kritisiert, ohne eine Lösung vorzuschlagen, entspringt diese Kritik demselben Samen wie der Terrorismus.*"

„Was ist der Unterschied zwischen dem Kampf für die Freiheit und dem Terrorismus?"

„*Wenn du in einem freien Staat lebst und die Zerstörung preist, dann bist du ein Terrorist. Wenn du Freiheit erlangen möchtest, dann bist du ein Freiheitskämpfer.*"

„Welches ist das Mittel gegen den Terrorismus?"

*„Den Menschen eine breitere Sicht des Lebens beizubringen, das Leben über Rassen, Religion und Nationalität zu stellen... Den Leuten die menschlichen Werte zu lehren: Güte, Mitgefühl, Kooperation und eine hohe Moral... Ihnen die Methoden zu zeigen, die den Stress und die Anspannung beseitigen... Die Überzeugung zu fördern, dass man edle Ziele mit Hilfe von friedlichen und gewaltfreien Mitteln erreichen kann... Eine Anhebung der Spiritualität zu bewirken, die den destruktiven Tendenzen entgegenwirken kann..."*

„Wie kann man die Folgeerscheinungen des Terrorismus überwinden?"

*„Durch den Glauben und das Gebet. Angesichts einer Katastrophe ist die Wut unvermeidlich. Um sicher zu sein, nicht zu reagieren, muss man seine Weisheit unter Beweis stellen und dem emotionalen Zornesausbruch nicht nachgeben. Ein Fehler kann nicht durch einen anderen Fehler korrigiert werden. Unterstütze die Bemühungen, allen eine multikulturelle und multikonfessionelle Bildung zukommen zu lassen. Die spirituelle Anhebung muss den entlegensten Winkel des Globus erreichen. Denn die Welt kann kein sicherer Platz sein, solange die Unwissenheit – wenn auch vermindert – weiter besteht."*

Auf diesem unheilvollen Gebiet, das normalerweise die Führer abschreckt, die Lösungen bringen sollten, zeigt Sri Sri Ravi Shankar auf eine beeindruckende Art und Weise seine Fähigkeiten als einflussreicher Weiser. Er war es, dem es durch Verhandlungen mit den moslemischen Autoritäten gelungen ist, die blutigen Tumulte zu beruhigen, die Indien im letzten Frühjahr geschüttelt haben...

Man betrachtet ihn als offiziellen Mediator des Staates, was natürlich nicht wirklich der Fall ist. Er wird jedoch oft gebeten, Konflikte zu klären... Die Mohammedaner führen einen respektvollen Dialog mit dem hinduistischen Weisen. Sie hören auf ihn. Die Unterhändler fühlen sich bei ihm auf der ganzen Linie in Sicherheit. Es gibt keinen Gegensatz, keine Rivalität, keinen Bekehrungseifer, keine Verurteilung zwischen ihnen...

Dieser gerechte Gesprächspartner besitzt außerdem eines der seltensten Talente: Es gelingt ihm, Feinde von gestern zu Freunden von morgen werden zu lassen. Er sorgt dafür, dass diejenigen, die sich nicht ähnlich sind, sich zusammensetzen und sich danach sehr viel besser fühlen. Er nennt dies „die Harmonie in der Vielfalt" wiederherstellen. Er hat uns das zum Beispiel im Kosovo, in Bosnien und in Kroatien demonstriert, in Afghanistan, im Kaschmir, in Südafrika und überall dort, wo der Hass die Gemeinschaften vergiftet. Seit 2001 hat er seine „Waffe" gegen die Diskriminierung auch an Pakistan geliefert.

Der Beweis – wenn er noch nötig sein sollte – dass es keine Umstände gibt, die ein Gespräch verhindern könnten...

Sri Sri Ravi Shankar, der alle Mechanismen des Geistes und die Rädchen im Getriebe der Gewalt kennt wie ein Musiker seine Tonleiter, verschafft sich Gehör bei den Befürwortern des Krieges, denen die Wissenschaft „kalt" beweist, dass sie Ziele verfolgen mit Mitteln, die ihnen jede Siegeschance verwehren.

Eines Tages stolperte eine bewaffnete Bande von fünfunddreißig Männern in einen Ashram in Rishikesh, wo der Guru sich aufhielt. In dieser Region versuchen Banden Westler als Geiseln zu nehmen, weil deren Geld für sie rentabler ist, als das der lokalen Bevölkerung. Aus diesem Grund hatte Gurudev die Europäer und Amerikaner gerade gebeten, ihn nicht zu begleiten.

Der Meister sprach zu ihnen von den Eigenschaften, die einen Terroristen ausmachen: Abwesenheit von Angst, eine Art Mut, Hingabe an eine Sache, Enthusiasmus, Eifer, Opferbereitschaft...

*„Auch Liebe ist vorhanden: Selbst wenn der Terrorist nur sein Ideal liebt, so liebt er doch etwas. Niemand gibt sein Leben für Geographie oder Mathematik hin."*

Im Grossen und Ganzen sind es die Qualitäten eines Offiziers im Militär. Leider wurden diese Tugenden jedoch verdreht, sie *„schaffen Hass und Leid für die anderen"*.

Sri Sri Ravi Shankar sagt:

*„Man sollte daraus lernen, was man niemals tun sollte: Ideen und Konzepte über das Leben stellen, eine enge Perspektive des Lebens haben und seine Vielfalt nicht ehren..."*

Fünfundzwanzig dieser Geiselnehmer waren sofort bereit, an

einem Kurs der Kunst des Lebens teilzunehmen. Einer der moslemischen Lehrer erteilte ihn. Ein kleines Problem ergab sich: Die Kämpfer waren nicht bereit, sich von ihren Waffen zu trennen! Der Lehrer erklärte ihnen ganz einfach, dass man beim Yoga und bei den Atemübungen kein Leder tragen sollte, weil dies den Kreislauf der Energie behindern würde...

Alle schnallten daraufhin ihre breiten Ledergürtel ab und legten ihre gesamte Ausrüstung in eine Ecke des Zimmers.

Als die „Banditen" sie vier Tage später wieder in Empfang nahmen, waren sie nicht mehr dieselben. Eine Revolution, die sie nicht erwartet hatten, hatte sich in ihnen ereignet. Nicht durch ein Wunder, sondern weil die Lehre von Sri Sri Ravi Shankar, die die wirkliche Natur des Menschen durchscheinen lässt, ihre Stichhaltigkeit fünfundzwanzigmal unter Beweis gestellt hatte... Als die bewaffnete Bande, die ihre Waffen niedergelegt hatte, ihren Zivilisationskurs – im wahrsten Sinne des Wortes – durchführte, bereitete das dänische Fernsehen gerade einen zweiten Film über Sri Sri Ravi Shankar vor. Es hatte bereits einen ersten Teil über den „großen Weisen unserer Zeit" produziert und ausgestrahlt.

Sie nutzten die Gelegenheit, um die Kursteilnehmer zu interviewen, die sehr viel zu sagen wussten. Einer von ihnen schimpfte mit dem Meister, weil dieser nicht schon vorher in sein Leben eingegriffen hatte! Ein anderer sagte: „Ich realisiere jetzt, dass wir schlimmer als Tiere waren..." Solche Ereignisse sind ganz und gar nicht mehr außergewöhnlich. Es ist Sri Sri Ravi Shankar sogar gelungen, kriegerische Gruppen einander gegenüberzustellen, eingeschworene Feinde, die in die Massaker von Bihar verwickelt waren, in der Nähe des Geburtsortes von Buddha. Eine Frau, die einer dieser Gruppen angehörte, hatte sechzig Morde begangen, und zwei Männer mehr als zweihundertfünfzig. Das Programm, das die Konflikte zu einer friedlichen Lösung bringen sollte, war wie üblich erfolgreich.

Es hatte auch noch weitere unerwartete Konsequenzen: Als die Kämpfer in ihr Territorium zurückgekehrt waren, schickten sie eine Truppe von zweihundert weiteren Kämpfern, um ihnen die Erfahrung, die sie selbst so stark beeinflusst hatte, auch zu ermöglichen.

Man begann ernsthaft ins Auge zu fassen, in die Dörfer zu gehen und dort zu arbeiten.

Ich erinnere mich an einen ähnlichen, preisgekrönten englischen Dokumentarfilm, der im französischen Fernsehen unter der Rubrik „Sonderberichterstattung“ ausgestrahlt worden war.

Eine kriminelle Bande ohne Glauben und Moral, lebenslänglich inhaftiert, bereit, für eine einfache Wette und grundlos zu töten, führte unglaubliche Reden.

Die Inhaftierten hatten eingewilligt, an einem Experiment teilzunehmen, das den Gefängniskursen von Sri Sri Ravi Shankar sehr nahekam. Sowohl die Ziele als auch die Methode waren sich sehr ähnlich. Sie hatten das Prinzip zwar akzeptiert, machten sich aber darüber lustig und hatten den sicheren Vorsatz, alles zu sabotieren. Der Kurs wurde von einer bemerkenswerten Frau geleitet, der die brutalen Kerle das Schlimmste versprochen hatten.

Aber stattdessen entdeckten sie in sich selbst eine unbekannte Wahrheit, die sie völlig durcheinanderbrachte. Ihre Verwandlung war erstaunlich: Die Barbaren der Vorwoche waren so berührt, diese Menschlichkeit in sich zu entdecken, dass einige darüber weinten und Worte sagten, die bisher für sie unaussprechlich gewesen waren...

Was sie über ihre Kameraden sagten, die sie vorher mit Leichtigkeit und ohne mit der Wimper zu zucken hätten umbringen können, war wunderbar. Die Sendung wurde von „France 2“ ausgestrahlt. Niemand hat jemals wieder davon gesprochen. Abgelegt ohne Fortsetzung. Seit mehr als zehn Jahren hat Sri Sri Ravi Shankar ein Programm zur Verfügung gestellt, das speziell für die Gefangenen konzipiert wurde. Es lehrt die Gefangenen, ihren Stress und ihre Triebe zu bewältigen. Dadurch wird den Verbrechen vorgebeugt und die soziale Rehabilitation gefördert. Da es keine Rückfälle gab, war die amerikanische Regierung überzeugt und bereit, das Gefängnisprogramm zu subventionieren.

Tausende und Abertausende von Gefangenen haben davon profitiert, mit Resultaten, die die amerikanischen Behörden jedes Jahr dazu bringen, den Vertrag zu erneuern. Auch in den anderen Ländern, wo das Projekt durchgeführt wurde, wurden die Versprechen eingelöst.

Auch ein gewisser Mohammed Afroze hat an diesem Grundkurs für Kriminelle im März 2002 teilgenommen. Er war der Verursacher eines tödlichen Attentats in London und ein Anhänger Osama Bin Ladens. Heute ist er in Bombay inhaftiert. Die Fortsetzung ähnelt einem Märchen.

Diese Schlüsselfigur der Al Qaida wurde so transformiert, dass er nun Lehrer für die Kunst des Lebens werden möchte, um seine Mitgefangenen zu unterrichten. Er sagte, dass er den Eindruck hätte, bisher gelebt zu haben, ohne etwas zu verstehen. Er hat den Wunsch, das Wissen eines Tages in der ganzen Welt verbreiten zu können.

Im Moment nimmt Mohammed Afroze jeden Morgen an der Yogastunde und an der Meditation teil, ohne deshalb den Koran oder seine rituellen Gebete aufzugeben zu müssen; zusammen mit sechzig anderen Gefangenen, die sich wie er, im Gefängnis einer gründlichen Weiterbildung unterziehen wollen... Sie müssen früh aufstehen, lange vor den anderen, um alles unter einen Hut bringen zu können. Und am Abend folgt dann eine weitere Yogastunde.

Zwei große indische Zeitungen – die *Times of India* und die *Times News Network* – haben die Ermittlungen geführt. Sie erzählen die Geschichte in allen Einzelheiten: „Die Kunst des Lebens hat Afroze gezähmt. Während er seine Strafe absitzt, sucht er den Frieden“ und: „Wirklich unglaublich! Ein Terrorist der Al Qaida verzichtet auf seine Freiheit auf Kaution, um an einem Fortgeschrittenenkurs im Gefängnis teilnehmen zu können!“

Der Journalist beschreibt die Atmosphäre des Yogakurses hinter Gittern und die Verblüffung des Direktors der Anstalt, der die Änderung im Verhalten von Mohammed Afroze und die Qualität der Beziehungen der Gefangenen untereinander nicht fassen kann.

Die *Times* schildert die Erklärungen des Terroristen: „Der Kurs hat mir unendlichen Frieden gebracht. Ich habe keine Wut mehr, bin niemandem mehr böse. Wenn ich aus dem Gefängnis komme, möchte ich meiner Familie und den Mitgliedern meiner Gemeinde diesen Kurs lehren.“

Sein Enthusiasmus geht jedoch nicht so weit, dass er sagen würde, seine Ex-Kollegen von der Al Qaida hätten nichts gegen seine Projekte einzuwenden... Aber wer weiß auf welche Seite das Pendel schwingen wird...

Wohin wird das Beispiel von Mohammed Afroze im Gefängnis von Byculla in Bombay führen? Oder das Beispiel jenes Pakistaners aus Karachi, der der Benutzung von Atomwaffen vor kurzem mit Applaus zugestimmt hätte:

„Verehrter Guruji", schreibt er, „hoffentlich gesteht dir Gott einen immer größeren Erfolg zu, und hoffentlich verbreitet sich deine Botschaft bis in den entlegensten Winkel dieser kranken Erde."

Man weiß, was man von der Gewalt zu erwarten hat. Von einer skeptischen Einstellung ebenso:

*„Nimm dein Kissen und geh schlafen, es gibt nichts Besseres gegen die Verwirrung..."*, sagt der Meister, indem er eine chinesische Redensart paraphrasiert. Die Unbekannte ist in der Mobilisierung und der Dynamik des Herzens zu finden:

*„Jene die sich eine friedliche Welt wünschen, sind nicht gerade starke Befürworter des Handelns..."*, bemerkt Sri Sri Ravi Shankar.

# 9
# DER DIENER ALLER DIENER

SRI SRI RAVI SHANKAR hat sich in eine längere Zeit der Stille begeben, im Himalaya, nahe an der Quelle des Ganges.

Vor Tagesanbruch badet er im Ganges, dessen reines Wasser trotz der Kälte merkwürdig mild zu sein scheint. An diesem Ort ist der Fluss nur eine bewegungslose Wasserfläche.

Der Meditierende, der weit vom Ufer entfernt auf einem Felsen sitzt, ist im Morgengrauen kaum zu erkennen. Die feuchten Tücher kleben an seinem Körper, Gurudev ist im *Samadhi*... Hier fragt ihn niemand etwas, niemand folgt ihm, niemand berührt ihn.

Wenn man den Fluss etwas weiter unten überqueren will, muss man sich an einer Seilbrücke festhalten. Sie schwankt über dem Fluss, der manchmal nicht wiederzuerkennen ist. Er wird dann zum Wildbach. Ein radikaler Kontrast, der an die Menschenmenge erinnert, die Gurudev gerade verlassen hat, nach seiner vor Kurzem stattgefundenen Rundreise durch Indien. Zwanzig, dreißig, fünfzigtausend Menschen zogen jeden Abend an ihm vorbei, um seinen *Darshan* zu erhalten. Das konnte bis zum nächsten Morgen dauern...

Tausende und Abertausende von Köpfen, die seinen Segen empfangen wollen, Hände, die seine Füße berühren, Körper, die sich in ihrer ganzen Länge vor ihm auf den Boden werfen, Arme, die nicht zögern, ihn zu umschlingen...

Gurudev konnte noch so lange jeden wieder aufrichten und ihm nahelegen, sich trotz der Tradition nicht niederzuwerfen. Oder ihm sagen, dass es auch genügen würde, sich ein wenig zu verneigen. Der Drang zur Verehrung und der Wunsch mit ihm zu verschmelzen, behielten die Oberhand...

Das bedeutete „es gibt keinen Unterschied zwischen dir und mir" im wahrsten Sinne des Wortes...

Der Meister war danach vollkommen erschöpft.

Jetzt ist es Zeit für das Sankalpa, was Intention bedeutet. Zeit, sich wieder bewusst zu werden, dass seit der Erschaffung der Erde zwei Millionen Jahre vergangen sind. Seit die Erde – in Relation auf das Universum – in der aktuellen Zeit und im aktuellen Raum erschienen ist.

*Zeit für Gebete, „die allen Bewohnern des Planeten für die Gesundheit, das Glück, den Wohlstand, das Wissen und die Erleuchtung zugute kommen sollen. Die das schlechte Karma auf ein Minimum reduzieren sollen, sei es bewusst oder unbewusst angesammelt worden. Die die Wirkung aller verletzenden oder unwissenden Handlungen aufheben sollen. Die die Klarheit des Intellekts, die Ruhe des Geistes insbesondere bei allen frommen Menschen fördern sollen."*

Es ist der Verdienst des Heiligen, der das Licht der Glückseligkeit ausstrahlt. Es scheint, als ob jede seiner Zellen die Leuchtkraft eines Diamanten hätte. Er ist die Inkarnation des höchsten Bewusstseins.

Die Anhänger bilden das Zuschauerparkett, als er aus seinem Schweigen kommt. Das erste Wort, das ausgesprochen wird, bekommt durch die speziellen Umstände immer einen besonderen Klang. Mit einer unendlichen Zärtlichkeit segnet Sri Sri Ravi Shankar die Menschheit:

*„Jay Guru Dev... Om Namah Shivaya!"*

Wie wenn das Privileg anwesend zu sein nicht genügen würde, wollen einige ihm die Füße küssen. „Berührt ihn nicht! Berührt ihn nicht!", schreien die anderen beunruhigt. Eine Kette bildet sich zu seinem Schutz um ihn herum, um das Sakrileg zu verhindern.

Etwas später, erscheint der Meister wieder, adrett, mit verjüngter Miene.

Er sagt:

*„Die Liebe altert nie. Sie ist wie der Ganges: Der Fluss ändert sich nicht, aber das Wasser ist immer frisch und erneuert. Der Fluss altert nie. Auf die gleiche Weise ist auch die Liebe immer frisch.“*

Dynamisch und spielerisch bricht Gurudev wieder auf, um kreuz und quer durch die schreckliche Welt zu reisen. Er wird in drei Wochen ungefähr fünfzig Städte besuchen. In Ahmedabad treffen ihn zweitausend Menschen pro Tag zu einer vertraulichen Unterredung... Von Kalkutta fliegt er nach Japan und kommt wieder zurück... Dann folgt eine weitere Spritztour nach Johannesburg, Los Angeles, Sidney, Hong Kong oder Mauritius... Alles ist denkbar... Er besucht den Planeten wie wenn es sich um einen Wochenendausflug handeln würde...

Es folgt ein Fernsehinterview nach zweiunddreißig Stunden Flug... Aber Gurudev ist in Ordnung. Nichts beeinträchtigt sein Gleichgewicht.

Gurudev ist unterwegs nach Bangalore, und schon hat sich die Atmosphäre im Ashram verändert. Die Energie ist immer tiefer, wenn er abwesend ist. Eine Handvoll junger Meister mit schwarzen Haaren und weißen *Kurtas*, die ihm gleichen wie jüngere Brüder, verzehren sich nach ihm. Er reist zu oft und zu weit fort für ihren Geschmack. Sie rufen ihn an: „Komm schnell zurück. Es ist dort zu kalt für dich. Wenn du kommst, schließen wir dich ein und lassen dich nicht mehr fort!“

Der Meister schätzt dieses Zeichen wirklicher Intimität, wo der Humor liebevoll zum Ausdruck kommt.

Alles harmonisiert sich im Ashram, wenn die Leute erfahren, dass Gurudev bald kommen wird. Der vorausgegangene *Satsang* war eine grauenhafte Kakophonie gewesen. Derjenige des heutigen Abends hat seinen Schwung schon wiedergefunden. Der Meister kommt an. Es ist zwei Uhr Morgens, wir sind nur eine Handvoll Leute, die noch auf ihn warten. Wird sich das lohnen? Niemand weiß etwas. Bei Gurudev ist kein Plan endgültig. Es kann ihm plötzlich einfallen, jemanden in der Stadt besuchen zu gehen. Bhanu zum Beispiel. Und womöglich dort zu bleiben...?

Es regnet. Ein weiterer Grund, um ihn nicht zu verpassen, falls er kommt. Einige schlafen auf dem Boden ein. Die anderen unterhalten sich. Immer über das Wissen. Wenn man über persönliche Erfahrungen redet, wird man dazu verleitet, über alles und nichts zu sprechen. Über den Meister zu sprechen, begeistert. Es frischt das sorglose Glücksgefühl wieder auf. Die Leute haben vollstes Vertrauen zu ihm. Was auch immer man braucht, man weiß, dass auf die bestmögliche Art und Weise dafür gesorgt sein wird. So sicher wie eins und eins Eins ist.

In der Flughafenhalle, unter den ständig dort hängenden Bildern von Sri Sri Ravi Shankar und Sai Baba – einem anderen berühmten Guru aus Karnataka – täuscht der Ausdruck in den Gesichtern keineswegs: Es liegt auf der Hand, dass Gurujis Flugzeug gelandet ist. Die Behörden, die Zöllner und das Personal treffen Vorbereitungen, um ihn willkommen zu heißen. Eine Menschenansammlung, Blumenkränze folgen ihnen... Und schon erscheint die weiße Gestalt, vor der die Polizisten sich tief verneigen.

Gurudev steigt in das kleine Auto, das gekommen ist, um ihn abzuholen. Dieses oder ein anderes, es spielt keine Rolle, sie haben alle vier Räder... Er hat keine Limousine.

Die Gittertür des Ashrams öffnet sich endlich vor den Scheinwerfern eines Autos. Links vom Fahrer sitzt tatsächlich der Meister. Draußen ist ein regelrechter Umzug zu sehen. Er lächelt jedem zu. „*Oh, du bist da*!", sagt er zu mir und tut so, als würde er es gerade entdecken. Und auf Französisch: „Comment ca va?" („Wie geht es?")

Ich lasse seine Hand auf meiner Wange: „Es geht mir sehr gut. Jeden Tag verliebe ich mich...und immer in die gleiche Person!" Er lacht. Trotz der späten Stunde verschwindet Gurudev nicht sofort. Er erlaubt es denen, die so lange auf ihn gewartet haben, sich zu ihm zu setzen. Er kümmert sich um alle, fragt nach Neuigkeiten, verteilt Früchte...

Da ist auch eine Engländerin, die am Lehrerkurs teilnehmen wird. Der Meister fragt sie: „*Hast du hier gesungen*?“ Sie antwortet sogleich: „Ja... Ein wenig.“

Mit einer Stimme, die seine Überraschung zeigt, sagt er: „*Ein wenig? Morgen wirst du singen.*“ Wohlverstanden: Die junge Frau ist Rocksängerin in der Gruppe „Sister India“, die nominiert ist für den „BBC award“. Ohne weitere Informationen zu erhalten weiß Gurudev, dass sie in der Zukunft überall in Indien singen wird. Es liegt auf der Hand, dass sie es seither tatsächlich tut. Ihre Musik passt hervorragend zu den Einführungen der spirituellen Konferenzen in den Gymnasien.

Man erzählt, dass vor Tausenden von Jahren, als die Dämonen Verwüstung und Zerstörung auf der Erde ausgesät hatten, die heilige Mutter mit inbrünstigen Gebeten darauf antwortete und dass sie kam, um die Dämonen umzubringen. So wurde der leidenden Welt ein neues Leben geschenkt... Heute feiern die Hindus den Sieg der Heiligen Mutter während der neun Nächte von Navarathri. Am vierten Tag – nachdem sie Mahishasur an der Stelle des heutigen Mysore getötet hatte –, kam die heilige Mutter an den Ort, wo die Götter und die Weisen sich versammelt hatten, um ihr ihre Dankbarkeit auszusprechen. Die Legende besagt, dass sie all diejenigen segnete, die sich auf diesem nunmehr heiligen Stück Erde versammelt hatten. Jahrhunderte später, als Sri Sri Ravi Shankar bekannt gab, dass er den Standort für seinen zukünftigen Ashram gefunden hätte – nicht besser als eine Steinwüste ohne Grün und ohne besondere Note – fragten sich die Anhänger, was ihm wohl durch den Kopf ging!

Man weiß heute, dass die Felsen, auf die der Meister den Sumeru Mantap bauen ließ, der Ort dieser mythischen Versammlung war. Der Meister selbst war der Architekt und der Innenausstatter dieses Kolosseums.

Auch Buddha soll sich auf einem Hügel aufgehalten haben, der diese ganze Region überragt, dort, wo Sri Sri Ravi Shankar gerade nach seinen eigenen Plänen einen Tempel erbauen ließ. Das mächtige Meditationsamphitheater, das Vishalakshi Mantap, wurde Amma, Gurudevs Mutter, gewidmet.

Die guten Auswirkungen der Anwesenheit des Meisters, die Tage und die Nächte, die man hier verbracht hat, lassen jedenfalls ziemlich genau erahnen, was man sich unter dem „Paradies auf Erden" vorzustellen hat: Das Panorama mitten im Licht, die Vegetation, der indigofarbene See in der Nähe des Palmenhains, die Blumen und die Früchte, die Farben und die Düfte, das Lächeln und die Melodien, die komfortablen runden Pavillons, die *Kutirs*, die Köstlichkeiten der ayurvedischen Küche, das Zartgefühl im täglichen Umgang miteinander.

Jemand fehlt jedoch seit dem 9. November 1999. Das ist Amma. Jedes Jahr feiert der Meister die Erinnerung an sie mit etwas mehr Nachdruck. Eines Abends sagte er:

*„Ich habe eine wunderbare Frau in meinem Leben." Nach einem Moment der Stille fügt er hinzu: „Es ist meine Mutter... Ihr Photo ist da vor mir... Mit meiner Mutter hatte ich den ersten, sanftesten, kostbarsten Kontakt mit diesem Planeten... Ich habe ihr nie gesagt, dass ich sie liebe, sie hat es mir auch nicht gesagt. Aber wir haben einander geliebt... Und tun es immer noch."*

Das Bild von Amma thront neben ihm unter den Girlanden aus Jasmin. Eine Flamme beleuchtet es, die jeden Tag neu entfacht wird. Gurudev zeigt den Leuten ein anderes Photo von sich in den Armen seiner Mutter:

*„Sie hat mich mehr geliebt als sich selbst. Wir wollen ihr diesen Satsang widmen..."*

Amma behielt das Benehmen einer Mama ihrem Sohn gegenüber bis zum Schluss bei. Sie schimpfte ihn aus, wie wenn er zehn Jahre alt wäre. Sie achtete auf seine Bedürfnisse, dass er richtig aß, sich genügend ausruhte, sich nicht erkältete... Das brachte ihn sehr zum Lachen.

Im Grunde genommen war sie die einzige, der es immer bewusst war, dass – so göttlich er auch immer ist – er auch einen physischen Körper hat.

*„Mütter haben ein besonderes Privileg"*, sagte mir Pitaji, als ich ihn über dieses Thema befragte. *„Je grösser der Sohn wird, desto stolzer wird seine Mutter. Sie war sehr stolz, seine Mutter zu sein. Sie war der persönliche Zeuge von allem, was sich in seinem Leben ereignete."*

Sie verteidigte seinen *Kutir* gegen grundlose Invasionen. Unnachgiebig war sie, wenn Gurudev sich ausruhte. So sehr, dass eines Tages der junge Anhänger, der die Aufgabe hatte, niemanden hereinzulassen, auch Amma den Eintritt verwehrte, als sie zurückkam, nachdem sie draußen aufgehalten worden war. Es rührte sie, dass der Junge es gewagt hatte, sie zum Wohle des Meisters wegzuschicken. Er wurde zum guten Beispiel für alle anderen.

Aber seit Amma nicht mehr da ist, kann niemand mehr die Ruhe um den *Kutir* herum gewährleisten. Gurudev zog schon in Betracht, sich einschließen zu lassen. Das Vorhängeschloss würde die vor der Tür „geparkten" Leute glauben lassen, er sei weggefahren! Nach andauernden Kämpfen mussten schließlich drei Sperren nacheinander eingerichtet werden... Das hat den Meister nicht entfernt, aber den Respekt gewährleistet, der angesichts des übervollen Terminkalenders unerlässlich ist.

Sri Sri Ravi Shankar arbeitet heute unter Druck. Wie soll man den Kreislauf der Gewalt durchbrechen? Wie die menschlichen Werte wiederaufleben lassen? Wie soll man die Leute zur Selbstverantwortung und zur Verantwortung für die Gesellschaft bringen? Wie ihnen wieder Freude am Leben und am Handeln vermitteln? Wie soll man ihnen beibringen, nur von sich selbst abhängig zu sein? Und wie soll man sie dazu bringen, die Vielfalt nicht nur zu tolerieren, sondern sie sogar zu lieben?

Sri Sri Ravi Shankar muss keine Versammlungen machen, keine neuen Studiengruppen gründen und keine Bücher veröffentlichen, um Lösungen zu finden. Er kennt sie. Er weiß ganz genau, was funktionieren wird und was nicht. Was man tun und was man lassen soll. Für einen Weisen ist das das Mindestmaß.

Also hat er Programme geschaffen, die auf die speziellen Schwierigkeiten zugeschnitten sind, mit denen die heutige Gesellschaft konfrontiert wird, und die den Erfolg ihrer Bemühungen verhindern...

Die Werkzeuge sind da, nun fehlen nur noch die Arme. Der Meister verlässt sich nicht auf den politischen Wunsch, die Ärmel hochzukrempeln. Er findet das zwar erstrebenswert, erwartet es jedoch nicht. Auf jeden Fall ist die Aufgabe unlösbar ohne die uneigennützige Hilfe der ehrenamtlichen Helfer, die einen Lawineneffekt erzeugen. Es ist sehr wichtig, bei möglichst vielen das heilige Feuer für den Dienst an anderen zu entfachen.

Mehr denn je führt Sri Sri Ravi Shankar sein humanitäres Werk so, dass die Dinge im Eiltempo erledigt werden können. Das Elend wird nur grösser, wenn Zeit verloren geht. Und gewonnene Zeit zählt. Der Guru ist nicht unsterblich, zumindest nicht in seiner jetzigen Form. Er übt Druck aus auf seine Schüler, damit sie sich weiterentwickeln, was Loslösung und wirkliche Hingabe betrifft.

*„Der Gipfel der Hingabe ist, sich vor sich selbst zu verneigen. Ich und du lösen sich auf und man sieht, was ist."*

Die Anhänger, die ihm am nächsten sind, können am besten ohne ihn auskommen. Der Meister braucht keine untröstlichen Waschlappen. Es ist unerlässlich, dass robuste, autonome und aktive Geister ihm den Rücken freihalten und dazu beitragen, das Wissen in jeder Generation zu verbreiten.

Damit beschäftigt er sich ausschließlich. Auf die eine oder andere Weise arbeitet er hart daran. Wie es auch sein buddhistischer Freund tut, unter Einbezug seiner ganzen Persönlichkeit, seiner Geschichte und seiner Mittel. Er ist gekommen, um ihn im Ashram zu besuchen: Seine Heiligkeit, der Dalai-Lama.

Die Bewegung des spirituellen Führers aus Tibet gleicht in keiner Weise der des hinduistischen Gurus. Es ist die Bewegung eines staatlichen Würdenträgers. Ihr Protokoll und ihre Rituale sind sehr strikt, selbst bei lockeren Begleitumständen.

Am Vorabend sind die Mönche aus seinem unmittelbaren Umfeld im Voraus in den Ashram gekommen, um seine Ankunft anzukündigen. Sie haben ihre *Bhajans* gesungen, die auf eine asketische Art schön sind.

Am Morgen ist eine Prozession von ungefähr fünfzehn perlgrauen, identischen Wagen im Ashram eingetroffen. Einer von ihnen hat die wichtige Persönlichkeit gebracht. Aus Sicherheitsgründen hat man jedoch nicht herausfinden können, welcher. Es folgt die zeremonielle Einleitung mit Hornklängen des buddhistischen Papstes, der selbst dafür sorgt, dass alles in traditionsbewusster Strenge durchgeführt wird.

Gleich darauf umarmen sich die beiden Weisen ohne sich zu zieren, lachen vor Freude über das Wiedersehen und halten sich an den Händen, als sie durch die Wege des Ashrams spazieren. Der Dalai-Lama hat Schwierigkeiten beim Gehen. Der Guru stützt ihn.

Sie so zusammen zu sehen, in ihrer Gegenwart zu bleiben und zu meditieren ist ein seltenes Geschenk für denjenigen, der es zu schätzen weiß. Aber die Bedeutung der Begegnung liegt anderswo. Die Momente ausgenommen, die von den beiden Heiligen für sich selbst beansprucht werden, zeigen sich Sri Sri Ravi Shankar und der Dalai-Lama gerne zusammen und ehren die Gleichheit, um bei den Gemeinden, die aus Buddhisten und aus Hinduisten bestehen, die die Atmosphäre durch ihre lächerlichen Meinungsverschiedenheiten vergiften, ein starkes Zeichen zu setzen.

Am Abend wird ein riesiger öffentlicher Satsang in Bangalore stattfinden. Beide spirituellen Führer werden „mit einer Stimme" während der Veranstaltung sprechen. Man wird nur einen Unterschied bei der Kleidung sehen können. Der Dalai-Lama wird es folgendermaßen zusammenfassen: „Nur der Bart unterscheidet uns...!" Und die Stadt wird widerhallen von seinem riesigen Kinderlachen.

---

In den Gärten des Ashrams zeigen uns die weißen und rostroten Farbflecken der Uniformen, die mitten im Grün zu sehen sind oder auf den Schaukeln hängen, dass bei den Kindern der kleinen

Schule gerade Pause ist. Denn man hat keinen dieser Befreiungsschreie gehört, die charakteristisch sind für Schüler, die gerade aus dem Schulzimmer entlassen worden sind. Die Schüler des Ashrams müssen nach den Schulstunden kein Übermaß an Nervosität loswerden. Sie spielen zwar mit der ganzen Lebhaftigkeit ihres Alters, sie schreien, streiten sich auch manchmal, und doch gibt es weder Übererregung noch Schlägereien. Hier stellt die Gewalt keine Bedrohung dar. Sie bringt ganz einfach keinen Erfolg. Grobheit und Aggressivität lösen hier eher Belustigung aus, als dass man sich darüber ärgert. Mit Gewalt kann man sich hier höchstens in Verruf bringen. Sie setzt sich kaum durch.

*„Der Humor ist der einzige Schalthebel, der Respektlosigkeit in Respekt verwandeln kann“, sagt der Meister.*

Wenn sie über alles und vor allem über sich selbst lachen können, nicht jedoch auf Kosten anderer, erblüht die Persönlichkeit der Kinder: Gewaltlosigkeit wird gefördert.

*„In jeder Kindergruppe wird sich immer ein Kind finden, das ein anderes verletzen oder beschimpfen möchte. Du kannst nicht erwarten, dass eine Schulklasse sich unaufhörlich so benimmt, als wären alles kleine Engel. Aber wenn sie demjenigen, der sie beschimpft hat mit einem Lächeln gegenübertreten, überwinden sie die vorprogrammierten Reaktionen. Heutzutage scheint Aggressivität zu einer Lebensform geworden zu sein“, meint Sri Sri Ravi Shankar. „Der Stolz verbindet sich mit der Aggression anstatt mit dem Mitgefühl. Das muss geändert werden.“*

Da die Aggressivität so hochgespielt wird, werden die Jungen dazu gebracht, angesichts von Verbrechen Überlegenheit statt Scham zu empfinden.

*„Als ich in der Schule war, hätte sich jeder geschämt, der auch nur von Waffen gesprochen hätte. Alle Kinder hätten geschrien: „Oh! Er hat Waffe gesagt!“ Heutzutage ist diese Abneigung gegen Waffen verschwunden. Ähnlich verhielt es sich, wenn jemand in der Klasse schrie oder seine Ruhe verlor; jedermann sah ihn an. Ein solcher Ausbruch war so ungewöhnlich, dass die Person ganz verlegen wurde. Das geschah ganz automatisch. Diese Werte sind verschwunden. Es ist oft*

*so, dass die Schüler einer Klasse, die stark und laut reden, die meiste Aufmerksamkeit erhalten.*

*Die Gesellschaft hat die Samen der Gewalt bei den Kindern gesät. Wohin sie auch schauen, die Spielsachen und die Spieler sind gewalttätig. So verlieren sie den Sinn für den Wert des Lebens. Diese Gewalt prägt sich in ihrem System ein. Die Kinder bemerken die feineren Eigenschaften nicht, die sie in sich tragen. Das Fernsehen hat sie abgehärtet: Dort machen sich alle fertig, schlagen sich, reißen einander in Stücke...*

*Nichts spricht für die Einheit oder für die Gemeinschaft. Nur die Gewalt bleibt im Bewusstsein oder im Unterbewusstsein des Kindes hängen. Natürlich kann auch ein offensichtlicher Schock oder ein Schaden entstehen, aber zu viele Einflüsse dieser Art schaffen eher eine kaum wahrnehmbare, unbewusste Spannung.*

*Wenn die Kinder das Alter von zehn oder fünfzehn Jahren erreichen, kannst du diese Spannung in ihrem Gesicht wahrnehmen. Freude und Glückseligkeit strahlen nicht mehr aus ihren Augen, sie scheinen voll mit inneren Krämpfen zu sein.*

*Wir müssen etwas tun. Es ist ganz wesentlich, dass wir eine Atmosphäre schaffen, die sich günstig auf ihr Wachstum auswirkt. Der Unterricht in Gewaltlosigkeit wird sträflich vernachlässigt.*

*Das Klassenzimmer könnte sich als idealer Ort erweisen, um die Werte einzuführen. Das ist sehr wichtig. Die Kinder verbringen dort so viel Zeit.*

*Die Lehrer sollten den Kindern inspirierende Geschichten über Gewaltlosigkeit erzählen und sie lehren, dass Mitgefühl ein Zeichen von Würde ist. Das alles könnte wirklich eine Änderung bewirken.“*

Es ist offensichtlich, dass die heutige Jugend keine annehmbare Erziehung genossen hat. Für Sri Sri Ravi Shankar resultiert das gewalttätige Benehmen der Jugendlichen – das immer früher zu beobachten ist – daraus, dass sie kein Werkzeug zur Verfügung haben, das ihnen hilft, ihre negativen Emotionen zu kanalisieren. Sie wissen in keinster Weise, wie sie sich von ihrer mentalen Anspannung befreien können. Nirgendwo hat man ihnen beigebracht, sich angemessen auszudrücken, weder zu Hause noch in der Schule. Der

Meister schreibt einen Teil dieser Aggressivität einem schwachen Selbstwertgefühl zu und der Unfähigkeit, zu kritisieren und Kritik von anderen annehmen zu können. Aber vor allem:

*„Das Fehlen eines Zugehörigkeitsgefühls und die Unfähigkeit, andere zu verstehen sind der Schlüssel für den Wunsch der Kinder, anderen Leid zuzufügen."*

Körperliche Bewegung und die Kontrolle der Emotionen durch den Atem sind klassische und sichere Methoden, um die Aggressivität der Jugendlichen zu dämpfen.

Sri Sri Ravi Shankar betont auch die schlechten Gewohnheiten beim Essen, an die man nicht genügend denkt. Er beharrt auf der unerlässlichen Reduzierung von salzigen und süßen „Snacks" und von kohlesäurehaltigen Getränken, die die Nervosität verstärken. Er unterstreicht, wie wichtig es für die Kinder ist, sich zu vergnügen, und dass ein gutes Vorbild der Erwachsenen unerlässlich ist.

*„Wir müssen den Jungen durch unser Beispiel zeigen, wie sie einen aufgeschlossenen Geist haben und wie sie gut und kooperativ sein können. Sie beobachten alles, was wir tun, und lassen sich davon inspirieren. Wenn die menschlichen Werte kein grundsätzlicher Teil der Erziehung sind, können die Menschenrechte nicht aufblühen."*

Sri Sri Ravi Shankar betont, dass die Kinder mit diesen Werten auf die Welt kommen.

*„Sie haben Mitgefühl, den Willen zur Kooperation, Wohlwollen, das Lächeln, das Lachen, die Leichtigkeit, den Wunsch zu helfen, Zugehörigkeitsgefühl, den Wunsch, aufeinander achtzugeben... Das Leben zu schätzen ist ihnen angeboren... Alle diese Eigenschaften sind vorhanden, sie müssen nur genährt und dazu gebracht werden, sich auszudrücken."*

Die Kinder kommen in einem Yogazustand zur Welt. Der Meister weist darauf hin, wie sehr ihre Haltungen angeborenen Yogahaltungen entsprechen, in der Wiege und sogar schon im Uterus. So auch die Fingerpositionen, die man Mudras nennt: Der Daumen im Inneren der geschlossenen Finger, oder aufgerichtet, um saugen zu können, oder mit dem Zeigefinger vereint... Alle diese Bewegungen haben einen tiefen, klar umrissenen Sinn. Dasselbe gilt für den Körper:

*„Betrachte die Körperhaltung eines Kindes, zum Beispiel die Art, wie es seine Glieder auf dem Boden hält, wenn es spielt: Es ist der beste Yogalehrer, den es gibt. Alle Kinder sind in diesem natürlichen, freudvollen Bewusstseinszustand geboren. Einfachheit und Natürlichkeit sind die Eigenschaften sowohl einer erleuchteten Person als auch die eines Kindes. Mit der Zeit verliert das Kind seine Unschuld.“*

„Wodurch wurden wir von der Kindheit bis zum Erwachsenenalter so verändert?“

*„Das frage ich mich auch. Halte mich auf dem Laufenden, wenn du die Antwort weißt! Die Kinder haben nicht gelernt, die Grundwerte des Lebens zu schätzen, während sie aufgewachsen sind. Das Erste, was man sich in seinem Leben wünscht, ist Liebe... und das Letzte ist ebenfalls Liebe. Zu Beginn befanden wir uns in einem Zustand der Liebe, wie ein kleines Kind. Nachdem wir das Prinzip des Egos mit Hilfe des Wissens durchbrochen haben, sind wir wieder in einem Zustand der Liebe. Nur gibt es zwischen den beiden große Verwirrung und viele Probleme...“*

„Wenn sich die Kinder in einem Zustand der Erleuchtung befinden, warum neigen sie dann dazu, egoistisch, wütend, usw... zu sein?“

*„Sie ahmen ganz einfach Papa und Mama nach. Sie wollen dir Gesellschaft leisten. Die Lehrer sollten wissen, dass die menschliche Physiologie der atomaren Struktur sehr ähnlich ist. In einem Atom ist der zentrale Teil positiv – das Proton. Die Elektronen, die negativ sind, befinden sich an der Peripherie. All die Negativität, die du bei einem Kind findest, befindet sich nur an der Peripherie. Die Negativität entspricht nicht der wirklichen Natur des Kindes. Mit Zuwendung und Liebe (die Bestimmtheit mit Sicherheit nicht ausschließen) kannst du bei ihm die positiven menschlichen Werte zum Erblühen bringen. Das ist die Aufgabe des Lehrers. Wir müssen den Sinn für den Dienst an anderen und für die Freundschaft während der Kindheit unterstützen...“*

Die Ideale einer guten Erziehung wurden schon oft dargelegt. Wie aber schafft es ein Weiser, die Theorie ganz konkret in der Praxis umzusetzen? Dazu kann man hier nur einige Beispiele geben. Sri Sri Ravi Shankar kommt zu folgendem Ergebnis:

*„Wenn wir eine Gruppe von dreißig bis vierzig oder zweihundert bis dreihundert Kindern in der Schule beobachten, hat jedes nur drei oder vier, maximal zehn Freunde. Und sie bleiben immer zusammen während ihrer ganzen fünf oder sechs Schuljahren. Frage deine Kinder, wie viele Freunde sie haben, sie werden sie dir mit den Fingern einer Hand aufzählen. Wenn du nicht einmal mit den zweihundert Kindern deiner Schule Freundschaft schließen kannst, wie willst du es dann mit der ganzen Welt tun, wenn du diese Schule verlässt?*

Im Grunde genommen sind wir nur fähig, mit zwei bis fünf Personen, die wir treffen, befreundet zu sein. Beobachte das bei dir in deinem Leben. Wir können noch nicht einmal mit den Menschen leben, die uns umgeben. Hast du das bemerkt?

*Weißt du, warum wir Konflikte mit den Leuten haben? Weil wir nicht offen sind."*

Der Meister bittet die Schüler immer, jeden Tag einen neuen Freund zu suchen. Jemanden zu treffen, um ihn kennenzulernen... Der erweiterte Umgang unter den Kindern bewirkt das Verstummen des sektiererischen Geistes...

In den Klassenzimmern müssen sich die Kinder auch täglich an einen anderen Platz setzen, neben einen anderen Kameraden. Die sehr kleinen Kinder tun dies ohnehin spontan, in der Regel sind es aber die Lehrer, die sie an den gleichen Platz setzen, um ihnen Disziplin beizubringen, und um sich selbst die Aufgabe zu erleichtern... Die Kinder hängen dann an „ihrem" Platz und kämpfen, um ihn behalten zu können. Ihr Platz wird schließlich zu ihrem Besitz.

*„Das ist sehr schlecht"*, meint der Meister.

Er ermutigt hingegen die Lehrer, den erfolgreichsten Schüler systematisch neben den schwächsten zu setzen. In den Schulen kümmern sich die guten Schüler um die Schwächeren. Die Ersteren übernehmen Verantwortung und festigen ihr Wissen enorm. Die Letzteren verlieren das demütigende Gefühl der Mittelmäßigkeit und machen ohne weitere Maßnahmen beachtliche Fortschritte.

Den Schwächeren zu unterstützen entspricht der üblichen Haltung, die die Kinder im Ashram einnehmen, sei es beim Spiel oder beim Lernen.

*„Geh einmal davon aus, dass du in einem bestimmten Bereich schwach bist und jeder würde kommen, um dir zu helfen. Wie würdest du dich fühlen? Du würdest deine Schwäche nicht mehr empfinden. Obwohl du nicht stark wärst, würdest du die Stärke wahrnehmen. Es ist wichtig, dass die Kinder lernen, einander gegenseitig zu unterstützen.*

*Dieser Prozess richtet sowohl denjenigen auf, der hilft, als auch denjenigen, der die Hilfe benötigt. Es geht darum, sie zu gegenseitigen Stützen werden zu lassen, nicht nur was die Lektionen, sondern auch, was das Benehmen betrifft.*

*Die jetzige Generation hat es von vornherein viel nötiger, diese Werte der gegenseitigen Hilfe zu pflegen. Wir sind dafür verantwortlich. Die Kinder von heute sind die Gesellschaft von morgen. Die menschlichen Werte zu vermitteln ist nicht nur ein Wunsch, sondern vor allem auch eine Pflicht."*

In Sri Sri Ravi Shankars Schulen gibt es also keine Nachlässigkeit. Und niemanden, der ausgeschlossen wird. Seine Pädagogik braucht kein nennenswertes Budget, auch wenn nicht exzessiv gespart wird. Den Kindern fehlt es an nichts. Der Unterricht deckt die modernen und die alten Fächer ab. Der Erfolg bei den nationalen Examen liegt bei 100%.

*„Das Geheimnis des guten Lernens besteht darin, das Leben zu genießen und einen leichten, frischen und glücklichen Geist zu haben. Dann musst du die Seiten nur einmal durchgehen, um sie zu verstehen", sagt der Meister.*

Der Geist kann nur klar sein, wenn er nicht behindert wird. So empfiehlt der Weise den Kindern, nicht brav zu sein und auf ihre Weise mit heiler Haut davonzukommen:

*„Es ist in Ordnung, schelmisch zu sein. Man hat dir so oft befohlen, es nicht zu sein. Ich sage dir, sei schelmisch!"*

*„Unsere Jugend braucht ein tiefes Wissen über ihre Wurzeln und ihr Erbe. Gleichzeitig muss sie ihre Sicht über das Leben erweitern. Wenn ich sage eine breitere Sicht und tiefere Wurzeln meine ich Verantwortung mit Leichtigkeit, Ruhe und Ausgeglichenheit."*

„Welches sind deiner Ansicht nach die wichtigsten Eigenschaften, die unsere Jugendlichen entwickeln sollten?"

*„Die Jugendlichen suchen immer den Erfolg. Sie müssen ihre Einstellung zum Erfolg ändern. Was glaubst du, was Erfolg ist? Die Merkmale für den Erfolg ändern sich. Vor vielleicht zwanzig Jahren war es ein Zeichen von Erfolg, wenn man viel Schmuck trug.*

*Das ist heute nicht mehr der Fall. Wenn du mich fragst, sind ein unveränderliches Lächeln, Vertrauen in das Leben und ein Gefühl von Zugehörigkeit mit jedermann untrügliche Attribute des Erfolgs. Diese Dinge sind es, die unsere Jugend entwickeln sollte."*

„Wie kann man die Jugend vor den schädlichen Auswirkungen von Drogen und Alkohol schützen?"

*„Man gewöhnt sich Dinge an, weil man annimmt, dass sie das Glück bringen werden, das man sucht. Es gibt nur eine Möglichkeit, da hinauszukommen: Zu sehen, dass nur die spirituelle Dimension diese unendliche Freude bringen kann. Und dass der spirituelle Weg nichts Ernstes ist, sondern im Gegenteil, voller „fun"."*

„Warum sollten die weltlichen Erziehungsinstitutionen von Indien über Spiritualität reden?"

*„Weil das einem Grundbedürfnis des Menschen entspricht! Nur die Religion und die Spiritualität können emotionales Wohlbefinden bringen. Man sieht in Russland, was passiert, wenn man dies leugnet..."*

„Was ist das Problem bei der Erziehung aus der Sicht unserer Lehrer?"

*„Das Fehlen von Zugehörigkeit zwischen Lehrer und Schüler."*

„Ich habe es schwer mit meinen Schülern. Es gelingt mir nicht, Ruhe in die Klasse zu bringen. Soll ich die Kinder meditieren lassen?"

*„Auf keinen Fall. Sie könnten es gar nicht. Nein, nein... Man muss ganz einfach lauter sprechen als die Kinder. Lauter schreien. Dann sind sie sofort still. Und dann sollte man mit ihnen spielen. Wie alt sind sie?"*

„Zwischen sechs und zehn Jahr alt."

*„Nein, meditiere nicht mit ihnen!, wiederholt* Guruji, überrascht über die Frage. *„Unmöglich! Das ist so offensichtlich!"*

„Was hast du für eine Botschaft für die Jungen?"

*„Suche nicht Anerkennung durch die Arbeit. Sei aktiv und engagiert. Aktiv zu sein gibt dir die Möglichkeit, kreativ zu sein."*

Sri Sri Ravi Shankar erzieht neunhundert Kinder in Bangalore. Jungen und Mädchen, die von der Arbeit abgebracht wurden, für die sie bestimmt waren. Als Gegenleistung für die Gewinne, die den Familien dadurch entgehen, gibt der Meister den Eltern ein wenig Geld und ersetzt ihre Elendsbehausungen aus Blech durch massive Hütten, die zwar im Schnellverfahren entstehen, aber sauber und einwandfrei sind. Der gesamte Unterhalt eines Kindes kostet einen Euro täglich... Durch die Kurse, die in der ganzen Welt durchgeführt werden, kann das finanziert werden.

Diese ganzheitliche Erziehung, die die Kinder in den Ashrams erhalten, erklärt, warum die indischen Eliten, die vom Westen angefordert werden, so oft aus diesen Schulen kommen.

Die ehemaligen Schüler von Sri Sri Ravi Shankar sind heute erwachsen. Sie haben keine internationale Karriere gewählt. Sie sind mehrheitlich in ihre Dörfer zurückgekehrt, um sich nun ihrerseits darum zu kümmern.

Es ist nicht anmaßend zu sagen, dass es im Westen an der Kompetenz fehlt, um die Gewalt an den Schulen in den Griff zu bekommen. Die Lehrmethoden erweisen sich als überholt. Und die Aggressivität der Jugendlichen wird immer stärker. Um den Teufelskreis zu durchbrechen, denkt Sri Sri Ravi Shankar, dass man ins Auge fassen sollte, die Erziehung der Kinder in der Schule durch externe Programme zu ergänzen.

Beinahe überall ist es unerlässlich geworden, die Lehrer zu unterstützen, *„den Eltern und den Kindern den größten Respekt vor den Lehrpersonen beizubringen."*

Wenn die daran Interessierten selbst neue Regeln aufstellen, besteht die Gefahr, dass es nicht funktioniert. Sri Sri Ravi Shankar hat deshalb ein Programm entwickelt, das sowohl in Indien als auch in der übrigen Welt verwendet werden kann. Es nennt sich Art Excel – All Round Training in Excellence.

Einige amerikanische Staaten haben sehr schnell Interesse daran gezeigt. Besonders jene, wo eines von vier Kindern bewaffnet zur Schule kommt. Seit der Tragödie von Littleton, Colorado, bei der Schüler ihre Klassenkameraden ohne ersichtliches Motiv erschossen, macht man sich langsam damit vertraut, nicht in allen Bereichen eine Supermacht zu sein.

Die pädagogische Feinheit von Sri Sri Ravi Shankar hat auch einen Bombenerfolg, aber auf eine ganz andere Art und Weise...

Man zeigt ihm Dankbarkeit, indem man ihn mit Ehrerbietungen überhäuft. Zum Beispiel durch das Verkünden eines Tages, der den menschlichen Werten gewidmet sein soll, des „Sri Sri Ravi Shankar Tages" in der Stadt Washington. Oder durch ehrenvolle Würdigungen in den Städten von New York und San Francisco und in den Staaten New Jersey und Florida für die „aktive Rolle bei der Verbesserung des Lebens unserer Kinder".

Und durch Diplome, um dem hinduistischen Weisen zu danken, der das einzige nicht westliche Mitglied im Verwaltungsrat der Divinity School der Universität Yale ist.

Beachtliche Huldigungen, die eine Steigerung der Sensibilisierung anzeigen, auch wenn sie dem intensiven Handeln vor Ort eher vorangehen, als dass sie es begleiten.

Sri Sri Ravi Shankar sagt:

*„Wenn du für andere lebst, leben die anderen für dich. Wenn du nur für dich lebst, musst du die ganze Last auf deinen Schultern tragen."*

Das ist das Geheimnis der Leichtigkeit im Haus des Meisters. Wer immer es möchte, kann kommen und sich ausruhen. Die Tür ist offen... Aber es ist keine Bahnhofhalle wo die Abenteurer des spirituellen Tourismus ein und ausgehen. Niemand hält sich länger als nötig dort auf. Sri Sri Ravi Shankar möchte aus seinem Paradies keine Fabrik für Faule machen.

Man erbaut im Ashram eine Bühne für die offizielle Zeremonie zur Übergabe der Diplome. Fliesenleger, Installateure, Elektriker, Maler, Maurer, Schweißer, Mechaniker, Elektroniker, viele Männer haben hier gerade ihre Berufsausbildung abgeschlossen. Sie werden ein Dokument erhalten, das ihre Ausbildung ausweist, von der indischen Regierung als „bestes Programm für ländliche Entwicklung" anerkannt.

Vor wenigen Monaten saßen sie noch tagelang untätig draußen herum. Sie sind seither einen langen Weg gegangen, bis es ihnen bewusst wurde, dass ihre Arbeit ihnen erlauben würde, so manche Situation um sich herum zum Guten zu wenden.

Nun sind sie bereit, in ihre Dörfer zurückzukehren mit einem Beruf in der Tasche und der Fähigkeit, junge Lehrlinge in ihrer ländlichen Region anzulernen, die noch weitgehend von dem Strom des Lebens im eigenen Land abgeschnitten sind. Es ist nicht nötig auszuführen, dass sie voller Vertrauen und mit einer ungeheuren Kraft wieder abreisen.

In den Werkstätten des Ashrams sind bereits ungefähr vierzig Nachfolger gekommen, die ebenfalls eine kostenlose Ausbildung erhalten wollen. Die Ausbildung wird von freiwilligen Berufsleuten geleitet, die ihre Freizeit dafür geben, hier zu unterrichten.

Der durch die Arbeit erzielte Gewinn wird vollständig an die Gemeinschaft der Lehrlinge weitergegeben.

Wenn man ihnen gesagt hätte: „Komm, wir bringen dir eine Arbeit bei", wären sie dieser Aufforderung mit Sicherheit nicht gefolgt. Die Motivation hätte gefehlt. Aber die Schlüsselworte, die sie dazu brachten das Angebot anzunehmen, waren folgende: „Guruji wird sich um euch kümmern." Vier von zehn Männern kennen in diesen kommunistischen Dörfern bereits den Wert dieses Versprechens.

Wenn man sie fragt, was sich durch die neue Erfahrung grundsätzlich in ihnen verändert hat, antworten die Männer, die größtenteils ehemalige Marxisten sind: Der Sinn für das Dienen. Sie sagen, dass sie beim Meister die Werte finden, die zu einer brüderlichen und gerechten Gesellschaft gehören und von denen sie früher geträumt hätten. Nun fallen sie nicht wieder auf die gleichen Schwächen herein. „Beim Kommunismus gibt es viele Worte... Hier aber arbeitet man nach seinem eigenen Gefühl. Es gibt keine Ideologie. In jeder Handlung des Lebens kann man die Unterschiede feststellen. Der Guru kann den Kommunismus zu einer Realität werden lassen. Und wenn es schlecht geht, sucht man nach einer individuellen, nicht nur nach einer kollektiven Lösung.

Wir glauben an die Handlung, das *Karma* und das Wissen. Nicht mehr an die schönen Worte. Man kann die Welt nicht ändern, aber man kann diesen Seinszustand, dieses Bewusstsein verbreiten, dass die Welt uns allen gehört."

Eine wache Minderheit genügt, um viele andere Menschen im eigenen Umfeld zu aktivieren. Das Ziel ist, der gesamten Bevölkerung der Dörfer, für die jeder Tag ein Kampf ist, wieder ein Leben voller Enthusiasmus zu ermöglichen.

Gurudevs humanitäre Arbeit in Indien zielt in Richtung Selbstentwicklung. Den Leuten beizubringen, sich einzubringen, sich gegenseitig zu unterstützen und die Kluft zu überwinden. Was gibt es für eine bessere Lösung?

An einem anderen Ort wäre es zweifellos utopisch, ein solches Programm durchführen zu wollen. Aber mit der Mentalität, die in Indien vorherrscht, lässt es sich leicht realisieren. Wenn du jemandem einen Dienst erweisen kannst, empfindest du Dankbarkeit dafür. Jemand fragt den Meister:

„Wird es einmal eine Zeit geben, in der alle glücklich sind?"

Er antwortet:

*„Wenn die ganze Welt glücklich ist, wem willst du dann dienen? Die unglücklichen Menschen, die hart geprüft wurden, tun dir einen Gefallen, weil sie dir die Chance geben, ihnen nützlich zu sein. Sei dankbar dafür."*

Und diese Worte wurden von vielen, vielen Menschen als Selbstverständlichkeit angenommen.

So ist der Ashram der Ort, wohin Tausende von freiwilligen Helfern das ganze Jahr hindurch kommen, um ihre Wappen als Sevakrieger in Empfang zu nehmen... Da jeder Kurs aus tausend Menschen besteht, ist eine so hohe Zahl leicht zu erreichen. Vo allem beim so genannten „Youth Training Programm". Hier werden die Jungen trainiert, damit sie sich um die fünf Grundbedürfnisse in den mittellosen Dörfer kümmern können: Wohnung, Hygiene, Gesundheit, menschliche Werte und Harmonie in der Vielfalt.

Nayak wird gleich in sein Dorf zurückkehren. Sein Seva wird er jedoch an einem anderen Ort tun. Der Meister befürwortet das Neue für die erste Zeit, damit die Jungen nicht sofort den alten Familien- oder Nachbarsgeschichten ausgesetzt sind.

Nayak ist Moslem. Er hat gelernt, wie er sich seinen Freunden gegenüber verhalten soll, die die gleiche Religion haben wie er. Er möchte ihnen zeigen, wie töricht es ist, gegensätzliche Positionen in der Religion oder in der Spiritualität einzunehmen, ohne dabei jedoch aus Unbeholfenheit Konflikte heraufzubeschwören. Er hat auch gelernt, wie Differenzen – was wunde Punkte von anderen betrifft – beigelegt werden können.

Nayak fühlt sich bereit. Er weiß, dass es viel zu tun gibt. Er ist sicher, es auch schaffen zu können. Das Programm hat sein Selbstvertrauen gestärkt. Er konnte schon einige seiner moslemischen Freunde dazu bewegen, ihn zu diesem YTP zu begleiten. Sie haben es gemeinsam erlebt und sind alle sehr erfreut darüber. Zwei Wochen lang haben sie eine sehr große Zusammengehörigkeit unter jungen Menschen verschiedener Herkunft kennengelernt. Das waren sie nicht gewohnt. Es war sogar das erste Mal, dass sie auf so familiäre Weise mit anderen zusammengelebt haben. Die Gruppe ist erstaunlich homogen daraus hervorgegangen. Tausend Jugendliche. Sie wissen nun, ganz tief in ihrem Inneren, dass so etwas möglich, leicht und sehr schön ist.

Nayak hat gerade sein Studium beendet und sucht eine Stelle. Aber ob er nun schnell eine findet oder nicht, er beginnt sein Seva: Er wird sich kostenlos um die schulischen Belange aller Kinder des Dorfes kümmern, für das er von nun an zuständig ist. Die armen Kinder können natürlich an keinen privaten Abendkursen teilnehmen. Für sie ist außerdem auch keine Hilfe von öffentlicher Seite vorgesehen. Nayak wird sich also darum kümmern, ihre Schulleistung auf ein normales Niveau zu bringen. Die analphabetischen Familien sind auf diese Art von Hilfe sehr angewiesen.

Nach vier bis sechs praktischen Wochen wird Nayak möglicherweise dazu eingeladen, an der zweiten Phase des Programms teilzunehmen. Falls er das Format hat für die Aufgabe, die ihn nach einer weiteren Ausbildung erwartet, wird er für zehn Dörfer zuständig sein. Er muss dann auch das Seva überwachen. Es gibt viele Bereiche, auf die er achten muss: Auf die allgemeine Hygiene, auf die Schulung aller Kinder – Mädchen mit eingeschlossen – und darauf, dass alle Bewohner ärztlich betreut werden. Fünfzehntausend Dörfer machen bereits bei diesem Selbstentwicklungsprogramm mit.

Auf dem Boulevard, mitten in der Stadt Bangalore, führt eine enge Unterführung, die entsetzlich stinkt, zu einer der zahlreichen Elendsbehausungen der Stadt. In den Sträßchen und in den Barackenlagern hat der Lebensstandard die Grenzen des Erträglichen erreicht. Hier leben Männer, Frauen und Kinder, die noch niemals ärztlich betreut worden sind. Dreihundert Menschen brauchen zur Zeit unmittelbare Hilfe.

Sri Sri Ravi Shankar unterstützt keine systematische Einweisung ins Krankenhaus, auch dann nicht, wenn dies möglich wäre.

Die von ihrem Umfeld abgeschnittenen Kranken gehen völlig unter. Ambulante Dienste bekommen ihnen besser. Der Arzt entscheidet dann vor Ort über die Notwendigkeit einer Einweisung in die Klinik. Bei 5% der untersuchten Bevölkerung ist sie unumgänglich. Dr. Radha ist Chirurgin, ihre Schwester, Dr. Ragini, ist Zahnärztin. Sie praktizieren als Allgemeinärztinnen in den Elendsbehausungen: Dreihundert bis fünfhundert Konsultationen sind am Tag zu bewältigen. Da gibt es eine lange Warteschlange. Es ist erstaunlich, dass nun wie durch ein Wunder die Verantwortung für die fast vergessenen Missstände übernommen wird. So lange hatte man mit ihnen und in ihrer Nähe gelebt, ohne sie auch nur zu bemerken. Es gibt Angst in den Augen zu sehen, aber auch Freude, weil man plötzlich das Objekt von soviel Aufmerksamkeit ist. Das Lager ist gut aufgebaut, es besteht ein eingeschliffener Automatismus. Auf einem Spruchband steht:

„Freie medizinische Betreuung", gefolgt vom Namen von Sri Sri Ravi Shankar. Die Leute flüstern einander ins Ohr: Das heißt, dass

Guruji für sie da ist. Sie berühren sein Gesicht auf dem Plakat, das man gerade neben der Mauer aufgestellt hat, und bringen die Hand dann zu den Augen. Jeder hält mit großer Vorsicht das kleine Papier fest, auf dem eine Zahl steht: Ihr Alter. Ja, es werden für alle genügend Medikamente da sein. Erklärungen sind unerlässlich... Beunruhigt euch nicht...

Weil alles so gut läuft, geht es sehr schnell. Kaum sitzt der Patient vor dem Arzt, schon gibt er seinen Platz für den nächsten Patienten frei... Trotz der überaus kurzen Zeit sehe ich den Gesichtern von Ragini und von Radha an, dass jeder die größtmögliche Aufmerksamkeit erhalten hat. Die beiden Ärztinnen konzentrieren sich auf die Befragung des Kranken, voller Mitgefühl, um die Angst zu beseitigen. Sie finden die Mittel, um allen Sicherheit zu vermitteln. Die Diagnose wird sofort gestellt. Die Symptome sind klar. Es handelt sich um charakteristische Probleme, die bei Unterernährung, Würmern, entzündeten Verletzungen, Wunden im Mund, Katarakten und Blindheit – die auf das intensive Licht in Indien zurückzuführen ist – auftreten können.

Und dann gibt es auch Geschichten, über die man gerne ein wenig sprechen möchte. Eine Frau zeigt ihren Arm, der durch eine Verbrennung verletzt wurde. Der Körper ihres Kindes ist ebenfalls mit solchen Verbrennungen übersät. Der wütende Ehemann hat seine Frau mit einer Flamme verbrannt, weil er von ihr noch keine Aussteuer erhalten hat... Sie weiß nicht mehr, wann das war. Solche Aggressionen sind alltäglich... Einer anderen Frau wurden aus demselben Grund die Haare ausgerissen; nur ein paar lange Strähnen wurden ausgespart und hängen jämmerlich herunter...

Eine Kind-Mutter zeigt Ragini ihr Baby: Es hat blaue Extremitäten und blaue Lippen. Sie weiß, dass es Herzprobleme hat. Das Mädchen redet Englisch. Es möchte mir sein Haus zeigen. In einer Art Loch schläft der Großvater. Es gibt keine Worte, um die Küche zu beschreiben. Das gleiche gilt für die Ecke, in der die Toilette untergebracht ist. Oben befindet sich der Platz, den das Mädchen mit dem Kind zusammen bewohnt, und der etwas weniger scheußlich ist. Die Geräuschkulisse des viel zu großen Fernsehapparats übertönt alles. Das stört die junge Mutter nicht. Sie möchte noch Erklärungen von Seiten des Arztes erhalten. Wir gehen zusammen zurück. Sie ist sich über den ernsten Zustand ihres Babys bewusst. Aber sie lächelt. „Wie ist das Leben für dich?“ Sie antwortet auf Englisch: „Fine.“ Ragini bestätigt, dass das Baby in die Klinik muss. Der Blick der Mutter öffnet sich, ohne bedrückt zu wirken.

Gurudev hat mich gebeten, hier einige *Bhajans* zu singen. Ich hatte nicht gedacht, dass ich das alleine tun müsste... Aber ich singe, einfach so, wie wenn nichts wäre... Die Leute lächeln. Es gefällt ihnen. Ich ermutige sie, mitzusingen, was sie auch tun. Vor allem die Kinder... Da ist reine Freude. Der Meister hat recht. Die medizinische Atmosphäre hat an Dramatik eingebüsst... Alles ist gut geworden, es ist schön, mit den Kindern zu spielen und die *Bhajans* durch Lieder zu ersetzen, die in der Schule gelernt wurden... Dutzende streiten sich darum, meine Hände zu berühren, sich in meine Arme zu schmiegen...

Die Eltern verlangen von ihnen, mehr Distanz einzuhalten. Die Kinder scheinen das zu befolgen, nur um zwei Sekunden später doch wiederzukommen. Wo ist das Problem? No Problem. Der Ort der Elendsbehausungen hat sich in ein rauschendes Fest verwandelt. Das Lachen steckt die Menschen in der Warteschlange an. Radha, die bei der Arbeit gestört wird, zieht die Brauen hoch, lächelt aber sogleich... Gurudev leistet gute Arbeit. Umso besser. Was schlimmer ist: Ich werde Läuse haben.

Eine Woche später erfahre ich, dass sich etwas Neues hier ereignet hat. Die Menschen haben die Elendsbehausungen von all ihrem Dreck befreit, außen und innen. In den nächsten Tagen werden Helfer der Organisation hierherkommen, um den Menschen Grundkenntnisse zu vermitteln, damit sie ein besseres Leben führen können. Jene die verstehen, worum es geht und Interesse zeigen, erhalten eine Grundausbildung. Und die neuen „Eingeweihten“ werden veranlassen, dass aus den Elendsbehausungen etwas gemacht wird... Jetzt müssen sie selbst etwas tun... Der nächste Arztbesuch wird erst in sechs Monaten stattfinden.

Andere furchtbare Orte warten auf dieses unverhoffte Minimum an Hilfe. Ragini und Radha hören nicht auf. Sie sind zwischen ihren privaten Konsultationen und der Arbeit in den Vorstädten und in den Dörfern hin- und hergerissen. Ich werde sie eine Zeit lang begleiten, zusammen mit zwei Helferinnen, die begonnen haben, die Umgebung aufzuräumen. Wir werden uns gemeinsam auf den Weg machen, das Auto vollbeladen mit Eimern voller Medikamenten, mit Nahrungsmitteltüten, Bonbons und Früchten. Eine einzige Rosine pro Person wird jedes Mal schon als außergewöhnlich betrachtet...

Wir werden zwei oder drei Stunden fahren, mit einem großen Bild von Gurudev auf den Knien. Hohl und leer... Gut...

Wenn wir zurückkommen, zum Umfallen müde, werden wir die aufgestapelten Eimer wieder zurückbringen. Alles wird verteilt sein, bis zur letzten Tablette, aber es wird genügt haben... Gurudevs Bild wird uns den Rücken stärken...

Die einzigen Worte, die wir einander sagen werden, sind Zahlen: 450 + 300 + 350... Einkäufe in Zahlen. Während des Jahres haben die beiden Ärztinnen sechzehntausend Menschen gepflegt. Sie haben mindestens zwei Mal fünfunddreißig Dörfer und zwanzig Vorstädte besucht. Die Anzahl dieser „*Free medical camps*" erblüht. Die Kurse laufen überall gut. *Shambho*!

„*Gesundheit ist nicht Abwesenheit von Krankheit, sondern im Selbst begründet zu sein. Sie ist der dynamische Ausdruck des Lebens.*"

Langsam wird es sehr heiß in Indien. Der Sommer ist da. Normalerweise schickt mich Gururdev Anfang März nach Frankreich zurück. Dieses Jahr empfiehlt er mir jedoch nichts. Er öffnet weiterhin Türen für Seva. Endlich hat sich die Gelegenheit für einen Besuch bei Vista India, Pitajis wohltätiger Organisation, ergeben. Ich möchte vor Ort feststellen, wie man ihn unterstützen könnte.

Als er in den Ruhestand ging, wünschte sich Pitaji, an irgendeinem Ort in Indien Dienst zu leisten, um dort das Elend ein für alle Mal zu beenden.

Wo in diesem von Armut beherrschten Land Indien konnte man die am wenigsten beachteten Völker finden? Man machte ihn auf Uragapura aufmerksam, auch „das Dorf der Schlangen“ genannt, das sich mitten im Sumpf befand, von Moskitos heimgesucht wurde und mit *Harigans*, den Unberührbaren, besiedelt war. Sie lebten dort in unmenschlichen Verhältnissen, in einer täglichen Tragödie, um die sich niemand kümmerte, vergessen von allen. Die nächsten Naturheiler, die dreißig Kilometer entfernt zu finden waren, hatten mehr als sechstausend Schlangenbisse behandeln müssen. Und diese Zahl schloss jene Opfer nicht ein, die niemals Hilfe gesucht hatten. Jeder wollte Pitaji davon abhalten, in diese Hölle zu gehen.

Es gab kein Trinkwasser – die Leute tranken das Wasser, mit dem man eigentlich die Tiere und das Material wusch. Es gab keine Energie – man kochte das Essen auf Ziegelsteinen. Es gab keine Schulen. Keine medizinische Behandlung – die Frauen wurden mit Ochsenkarren zur Entbindung in die Klinik gebracht. Es war für die Mehrzahl der Mädchen praktisch unmöglich, der Prostitution zu entgehen – die Arbeit auf dem Feld konnte nicht alle ernähren... Die gewalttätigen Familienkonflikte dienten als Ablenkung. Warum sollte man sich für etwas einsetzen, dessen Misserfolg vorprogrammiert war?

Seit sieben Jahren lebt Pitaji unter einem sengenden Blechdach, in einem kleinen Zimmer, das mit Bildern seines Sohnes und denen des großen Meisters Maharishi dekoriert ist, inmitten dieser Region, die durch ihn eine völlige Verwandlung erfahren hat.

Zuerst mussten zweihundertdreißig Meter tiefe Brunnen gegraben werden, um Wasser zu bekommen. Eine Ringstrasse musste um den Sumpf herum trockengelegt werden, damit man beginnen konnte, im Schnellverfahren zu bauen. Kokospalmen mussten gepflanzt werden, um den Familien ein minimales Einkommen zu ermöglichen. Wichtig war es auch, einen Garten mit medizinischen Pflanzen anzulegen, damit die Menschen ayurvedisch behandelt werden konnten. Dieser Garten wurde außerdem zu einer blühenden grünen Oase für die Kunst des Lebens.

Man musste vor allem auch Mittel bereitstellen, um dem Elend der Menschen dauerhaft abzuhelfen. Pitaji hatte auf die Frauen und ihre Qualitäten gesetzt. Ihnen vorrangig zu helfen bedeutete gleichzeitig, die Situation und die materielle Unterstützung ihrer ganzen Familien zu verbessern. Den Männern konnte nicht das gleiche Vertrauen entgegengebracht werden, waren sie doch allzu oft dazu geneigt, ihr ganzes Geld zu vertrinken. Es ging vor allem auch darum, diese Frauen der tiefsten Kaste vor der doppelten Benachteiligung zu retten, die ihnen auch heute noch furchtbare Lebensbedingungen zumutet. Pitaji erzieht hundertfünfzig Mädchen zwischen fünfzehn und fünfundzwanzig Jahren in einem Umfeld, das alles für ihr Wohlbefinden tut. Während zwei Jahren lässt er ihnen den Unterricht zukommen, der ihnen bisher vorenthalten wurde und bildet sie zur Schneiderin aus.

Jeden Monat überweist er ihnen hundert *Roupies*[1] auf ein Bankkonto, sodass sie über eine kleine Aussteuer verfügen, die unerlässlich ist, wenn sie sich verheiraten möchten. Bis zum Ende ihrer Ausbildung haben sie gelernt, autonom zu werden, nicht nur was die Finanzen betrifft. Pitaji sichert ihnen eine Stelle in einem Betrieb zu oder überlässt ihnen eine Nähmaschine, wenn sie es vorziehen, selbstständig zu bleiben. Unter unwahrscheinlich großem Einsatz wurde bis zum heutigen Tag annähernd tausend Mädchen in fünfundzwanzig Dörfern der Umgebung aus der Klemme geholfen. Wichtig ist, dass das andauert. Es sind zu wenig finanzielle Mittel vorhanden, um Vista India zu vergrößern. Aus Mangel an Plätzen und Lehrern warten ununterbrochen zweihundert Frauen auf ihre einzige Chance, dem Schicksal, das sie sonst erwarten würde, zu entgehen.

Pitaji kämpft, um weitermachen zu können. Die Maschinen funktionieren, aber die Elektrizität fällt manchmal aus, oder der Generator streikt, sodass es schwierig wird, einen regelmäßigen Ertrag zu gewährleisten.

Die Mädchen arbeiten gut, aber mit Stoffen aus schlechter Quali-

1 ungefähr 2 Euros

tät, die oft sogar Flecken aufweisen. So werden die sorgfältig genähten Kleider und Taschen schließlich auf den Märkten verschleudert.

Gleichzeitig laufen die internationalen Kleiderunternehmen für Konfektionsbekleidung in Bangalore, dank der lokalen billigen Arbeitskräfte, auf vollen Touren. Die bekanntesten Marken, die in den breiten Straßen der großen Hauptstädte glänzen, lassen ihre Kleider in Indien billiger herstellen. Sie machen phänomenale Geschäfte, obwohl die Verschwendung von teuren Materialien nicht nennenswert eingeschränkt wird.

Beim kleinsten Fehler werden Tausende von Kleidungsstücken einfach weggeworfen... Gäbe es nicht eine Möglichkeit, einen Teil dieser brandneuen „Abfälle" wiederzuverwerten?

Ich habe den größten französischen Kleiderfabrikanten von Bangalore besucht. Ich habe ihm gesagt: „Ich komme deinen Mülleimer leeren." Er hat sofort geantwortet: „In Ordnung. Hundert Kilo Stoff aus guter Qualität, passt Ihnen das?" Das war nicht genug. Er hat eingewilligt und sich dafür stark gemacht, eine bessere Lösung zu finden: Vista India soll Manager-Frauen ausbilden und die Lehrlinge testen, auch wenn dabei am Anfang einige Dutzend Hemden geopfert werden müssen. Aber Achtung: Geschäft bleibt Geschäft!

Was wird wohl dabei herauskommen? Vielleicht eine ganze Menge, vielleicht auch nichts. Die gleichen Gesten, nützlich oder überflüssig, folgen dem Willen Gottes... Wenn man sich nicht am Ergebnis festhält, kann man auch nicht entmutigt werden.

Diese Sevaerfahrung auf dem Gelände, die durch Gurudevs Lehren erleuchtet wurde, hat in meinem Geist die Selbstzufriedenheit über die Pflichterfüllung in Verruf gebracht, ohne die Zufriedenheit über die erfüllten Tage zu beeinträchtigen.

Denn wer dient hier wem? In jener Zeit, zurück von den Elendsbehausungen, trug ich den Dreck an meinem Körper wie eine Zierde. Die Geschichte, die Vinod Kumar erzählte, hat jedoch alle Missverständnisse ausgeräumt.

Vinod Kumar trägt die Verantwortung für zahlreiche Dinge. Selbst aktiv, eine Autorität und diszipliniert, überwacht er die meisten Programme. In Indien ist er bei allen Sevaprogrammen präsent, er ist eine Art Oberbefehlshaber.

Zu Beginn war Vinod sehr stolz und mehr als ein vollendeter *Sevak*. Das brachte ihm das Privileg, den Meister auf Reisen begleiten zu dürfen. Nach einem Aufenthalt in einem der größten Hotels von Taiwan schickte Gurudev gegen zehn Uhr abends alle aus seinem Zimmer, Vinod ausgenommen, den er aufforderte, sich auf das Sofa zu setzen. Vinod wollte das nicht akzeptieren und setzte sich auf den Boden. Aber Gurudev beharrte darauf, und Vinod musste nachgeben. Der Meister fragte ihn nun, was er essen wollte.

Verlegen meinte Vinod, er würde im Restaurant essen gehen und wiederkommen, um zu sehen, ob der Meister ihn brauchte. „Wie soll ich dir sagen, was ich essen will? Das ist unpassend!" Gurudev nahm seine Einwände wieder nicht zur Kenntnis:

*„Bestell was du willst: Pommes frites, Milkshake, einen vegetarischen Burger, was immer du willst!"*

Vinods Proteste halfen alle nicht. Er gab schließlich seine „Bestellung" auf. Gurudev rief den *room service* und ließ das Essen in sein Zimmer kommen. Bald klopfte es an der Tür. Vinod erhob sich, um zu öffnen, aber Gurudev wies ihn an, sitzenzubleiben, öffnete die Tür selbst, nahm das Tablett in Empfang und brachte es Vinod, der so durcheinander war, dass er stehenblieb wie bestellt und nicht abgeholt... Gurudev drückte ihn auf das Sofa und setzte sich vor ihm auf den Teppich! Vinod wusste nicht wie ihm geschah und konnte nicht anders, als wieder aufzustehen. Er konnte es nicht verhindern, dass Gurudev ihm die Pommes frites und den vegetarischen Burger servierte... Nach einiger Zeit schickte sich der Anhänger schließlich in die Situation und konnte sogar sein Essen genießen. Schließlich entspannte er sich und fühlte sich gut. Gurudev erhob sich. Völlig unerwartet änderte er plötzlich seinen Tonfall und fragte ihn:

*„Was denkst du über dich selbst?"*

Vinod war so verwirrt und erstarrt, dass ihm die Stimme versagte. Gurudev fuhr fort:

*„Glaubst du, dass du mir dienst? Das Göttliche dient gerade dir! In*

*jedem Augenblick dient das Göttliche dir! Tag und Nacht. Es bringt dir die Jahreszeiten und die Pflanzen, die Sonne und den Mond... Es versorgt dich mit allem, was du brauchst. Ist das kein Dienst? Gott passt auf dich auf, aber du denkst, dass du dem Göttlichen dienst!"*

Das war ein großer Wendepunkt beim Ego des vorbildlichen Dieners, der nicht einmal mehr im Traum daran dachte, seine Dienstleistungen in den Vordergrund zu stellen. Der Meister sagt:

*„Mach Seva wie Gott es möchte. Gott hat keine Erwartungen. Er lässt dich nicht spüren, dass er die Dinge tut."*

Donnerstag, der 11. April. Die Hitze wird höllisch. Mein Flugzeug nach Paris geht um 13Uhr15. Seit meinem Umweg über die Kleiderfabrik findet das Taxi den Weg nicht mehr. Der Fahrer behauptet, die Anweisungen verstanden zu haben, fragt aber trotzdem immer wieder. Es ist 13Uhr. Der Flughafen ist noch weit entfernt. Trotzdem versuchen wir, noch rechtzeitig anzukommen. Weil wir uns in Indien befinden... Es ist 13Uhr13.

Die Absurdität, die darin liegt, noch weiterzufahren, berührt mich nur flüchtig. Ich versinke im hinteren Sitz – wir werden sehen. Das Auto hält an. Was ist los? Es ist der Flughafen... Ich überlasse meine Koffer dem Fahrer, stürze in die Halle, schwinge meine Mappe und andere schwere Taschen auf das Sicherheitsband und renne zum Schalter. Zu spät. Alles ist geschlossen.

Das Flugzeug ist noch nicht gestartet. Gibt es keine Möglichkeit, mein Herr? Nicht um diese Zeit, Madame! Seine Aufmerksamkeit richtet sich auf irgendetwas hinter mir. Er hat seine Meinung geändert. Beeilen Sie sich. Wo ist ihr Gepäck? Draußen! Der Taxifahrer darf den Flughafen nicht betreten. Es ist 13Uhr16. Zwei Sicherheitsbeamte kümmern sich um meine Koffer. Sie haben fünfunddreißig Kilo Übergewicht, Madame. Das ist wahr, mein Herr! Er lässt alles durch. 13Uhr17. Nun bleibt noch, mein Handgepäck zurückzubekommen. Meine Mappe ist offen. Der Beamte, der die Durchsuchung vorgenommen hat, lächelt die Bücher und die Photos von Gurudev herzlich an. Das war es dann...

Die beiden Beamten helfen mir immer noch. Sie bringen meine Taschen bis zum Flugzeug. Danke, das ist so freundlich. Bitte. Ich zeige ihnen mein Ticket. Nein, nicht nötig. Sie sagen: „Jay Guru Dev.“ 13Uhr19, das Flugzeug bewegt sich in Richtung Abflugpiste.

# 10
# DIE STILLE FEIERN

SEIT DAS PROJEKT FÜR DIESES BUCH ins Leben gerufen worden war, hatte ich Angst, nicht genügend Unterredungen mit Gurudev zu bekommen, um es schreiben zu können. In Indien sagte er mir, wie beschäftigt er sei, und in Europa traten immer wieder andere Hindernisse auf. Wenn ich mir Sorgen machte, schubste er mich. „*Bist du bald fertig mit dieser Angst*?", fragte er mich eines Tages und schüttelte mich an den Schultern... Er entzog sich der journalistischen Unterhaltung und versprach mir gleichzeitig:

„*Du wirst alles haben, was du brauchst.*"

„Es sind Interviews, die ich brauche."

„*In Ordnung, wir werden darüber reden.*"

Jedes Mal, wenn ich ihn bat, während einer ungewöhnlichen Situation wegen des Buches in seiner Nähe bleiben zu dürfen, erlaubte er es mir. Wenn ich es jedoch selbst entschied, sagte er:

„*Hast du schon gegessen? Du solltest essen gehen.*" *Oder:* „*Du bist müde, geh dich ausruhen.*"

Wenn ich protestierte, konnte es sein, dass er streng sagte:

„*Aber ich bin müde!*"

Das im Voraus abgesteckte Projekt ging nicht vorwärts. Ich sah nur noch die Verspätung vor mir, die finanziellen Schwierigkeiten... Wie konnte Gurudev, der doch so aufmerksam war, mich so in Verlegenheit bringen? Ich bat ihn, mir deutlich zu sagen, ob ich diese

Arbeit machen sollte oder nicht. Er sagte ärgerlich: „Ja". Und nichts änderte sich. Also endete die Sache so, dass ich ihm schrieb: „Ich gebe auf." Einige Stunden später fragte er mich:

*„Nun, ist dieses Buch fertig?"*

Und er gab das Erscheinen des Buches öffentlich bekannt. Ich jedoch verlangte immer noch die für mich unerlässlichen Gespräche.

Eines Nachmittags war er in die Küche gegangen, um Zitronenreis zuzubereiten. Ich wartete vor seiner Tür auf seine Rückkehr. Sobald er mich sah, sagte er auf Französisch:

*„In Ordnung!"*

Und zog mich an der Hand in sein Haus. Ich nahm Heft und Tonbandgerät hervor. Er war überhäuft mit dringenden Beschäftigungen, amüsierte sich aber gleichzeitig, mir die Trapezmuskeln zu massieren, mich durchzuschütteln und mit mir einen ruckartigen Tanz zu vollführen...

Er sagte zu mir:

*„Also, was willst du? Schnell, schnell..."*

Das Telefon klingelte schon wieder. Er nahm selbst ab. Zehn Minuten lang lachte er schallend und warf dabei einen Blick auf meine Blätter. Die Fragen waren sorgfältig notiert, mit den richtigen Abständen dazwischen... Endlich war der Meister bereit, er nahm keine Anrufe mehr an:

*„Nun zu dir, schnell, mach es kurz!"*

Sobald ich ihm meine erste Frage stellte, fing er mit seiner Gymnastik an. Die Antwort erfolgte gleichzeitig mit einer Dehnung der Arme und der Lockerung des Nackens... Zweite Frage, Entspannung des Rückens, Stretching der Beine, kurzes Jogging durch das Zimmer... Bei der dritten Frage nagelte er mich fest, indem er hinter mich trat, um mich von dort aus hüpfend zu stören! Gurudevs lustige Verrenkungen standen im Gegensatz zu der Steifheit meiner eigenen Aufgabe. Wie hatte ich nur glauben können, dass er sich so ohne Weiteres fügen würde? Fast alle meine Fragen richteten sich auf die Mängel des westlichen Systems. Er wollte es nicht schlecht machen. Er verhängte also ein ganz weiches Ende des „Nicht-Empfangs" über mich. Die Szene fühlte sich vollkommen richtig an und begeisterte mich. Ich musste nur noch lachen und dankte ihm für den Spaß. Unten an der Seite des Heftes, in das ich diese Episode schrieb, stand zufälligerweise folgendes Zitat:

*„Sei ein bisschen übergeschnappt – dadurch erhebst du dich.*

*Das Leben ist nichts Ernstes. Wenn das Leben zu einem Problem wird, das du lösen musst und du nicht ein wenig verrückt bist, wirst du zu einem Intellektuellen. Du wirst zu einem Schwätzer. Wisse, dass das Leben ein Spiel ist, also spiele es.“*

Die Antwort kommt immer. Auf mehr als eine Art. Drei Monate später, stellte ich Sri Sri Ravi Shankar eine neue Serie von Fragen vor, die den großen Fragen des Publikums entsprechen sollten: Euthanasie, Klonen von Menschen, Abtreibung... Die Antwort eines Weisen, wie er einer ist, könnte anders als erwartet ausfallen...

Ich fragte ihn auch nach seiner Definition der wichtigsten sozialen Rollen in der Gesellschaft – was ist ein Professor, ein Philosoph, ein Historiker, ein Soldat, ein Geschäftsmann, ein Staatsoberhaupt? Was ist eine Familie, eine Gesellschaft, eine Nation? Ich wollte ihn auch über die Beziehung des Göttlichen zur Welt sprechen hören: Über den Namen Gottes und seine Zugehörigkeit zu einem Staatsgebiet... Der Meister kannte die Fragen, ich hatte sie ihm selbst ausgehändigt. Von diesem Moment an hatte er sich so reizend gezeigt, dass ich überzeugt war, dass die Fragen ihm gefallen hatten.

Nun, da sind wir und haben eine Verabredung... Schon beim ersten Wort geht Gurudev ins andere Zimmer hinüber, um sein Gepäck zu sortieren und antwortet fast unhörbar: „Folge mir.“ Er fährt fort mit seinem Hin und Her. Er fängt an, Süßigkeiten vor dem Mikrophon zu zerkleinern. Er weist alle meine Fragen zurück, eine nach der anderen.

„*Next*!“ („Die nächste Frage!“) Manchmal setzt er sich über die Langeweile hinweg und gibt einen lakonischen Kommentar: „*Organspenden? Ja, das kann man tun... „Next*!“ Euthanasie? Er sieht nicht... Er sagt:

*„Das sind unintelligente Fragen.“*

Ich antworte: „Ist es nicht so, dass du die ganze Zeit dumme Fragen beantwortest?“

Um mir die Situation zu erleichtern, drückt er mich an sich und reibt mir den Rücken, wie man es bei einem Kind tut, das sich gerade verletzt hat und zu dem man sagt: „Es ist nicht schlimm, es geht vorbei, es geht vorbei..."

*„Ist es nicht schöner zu spielen?"*

Er fasst mich bei den Händen, springt und tanzt mit mir. Doch dieses Mal ist das Herz nicht dabei. Dieses Spiel des Niedermachens hat mich überwältigt. Ich verstehe es nicht. Da fängt er an zu boxen. Und wir schlagen uns spielerisch.

Während des *Satsangs* an diesem Abend gibt er mir so etwas wie eine Erklärung. Ich notiere mir seine Ausführungen, um darüber nachzudenken, wenn mein Kopf wieder klar ist. Noch bin ich zu schockiert.

*„Der Intellekt kompliziert das Leben, macht es schwer... Wir müssen das Leben so umarmen, wie es kommt... Wenn du ein Haus bauen willst, beziehst du den Hang mit ein und machst nicht alles flach... Das gleiche gilt für den Ackerbau... Wenn das Gelände an einem Hang liegt, musst du es mit Spalierbäumen bebauen...*

*Wenn du etwas falsch machst, sage ich es, damit du es nicht mehr tust. Wenn du jemanden liebst, möchtest du, dass er dich auf deine Fehler hinweist. Du möchtest, dass der Meister seine Autorität über dich behält. Wenn man dir sagt: „Es macht nichts, geh nur, du kannst es tun", nennst du das etwa Liebe? Nein. Ein solcher Moment ist dazu da, um dich etwas zu lehren, nicht um dich anzuklagen... Du sollst dich nicht selbst verurteilen, dich nicht schuldig fühlen, aber deine Fehler sollen dir bewusst werden: Das macht einen großen Unterschied... Wenn du dich beklagst, zerstörst du den Moment... Suche nicht nach Rechtfertigungen oder nach Erklärungen... Wenn du deine Position rechtfertigen willst, entsteht daraus Stress, und jedes Mal wenn du dich bemühst, sie zu verteidigen, macht es dich schwächer... Jeder hat das Recht, zu geben oder nicht zu geben. Das ist nicht käuflich... Beunruhige dich nicht. Was dir zusteht, wirst du erhalten. Genauso wie es keinen Weg gibt das zu bekommen, was dir nicht zusteht. Aber das was dir zusteht, wird ganz einfach zu dir kommen... Das was dir ein klein wenig Unwohlsein verursacht, um dir auf lange Sicht Wohlbefinden zu bringen, ist gut."*

Der Meister sagt noch, dass das, was chaotisch beginnt, in der Glückseligkeit endet. Dass Anfangsschwierigkeiten Gutes verheißen, ohne jedoch notwendig zu sein. Dass ein Sprichwort auf Sanskrit besagt: Wenn du etwas Wichtiges für andere zu tun hast, geht der Weg steil nach oben. Und er fügt hinzu:

*„Aber das muss nicht so sein. Wenn es nicht so ist, ist es auch gut. Es ist in Ordnung."*

Nachdem ich die absurde Idee aufgegeben hatte, dass Sri Sri Ravi Shankar meine Arbeit zum Scheitern bringen wollte, blieb mir nichts anderes übrig, als Vertrauen zu haben. Einige Äußerungen Gurudevs kamen mir in den Sinn:

*„Seht, ihr kennt die Antworten auf die meisten Fragen schon, die ihr mir stellt, nicht auf alle, aber ich sage euch, auf die meisten. Ihr könnt Bücher über alle diese Themen in den Buchhandlungen kaufen. Nun, was ihr wollt ist meine Meinung darüber. Aber meine Meinung, das ist Null! Ein Professor hat Meinungen oder Konzepte über die Dinge, weil er dauernd in der Dimension des Intellekts lebt. Aber einer, der vollkommen aufgeblüht ist, lebt nicht im Intellekt. Er lebt in einer anderen Dimension. Es ist die Dimension der Stille. Verstehst du? Die Dimension des Herzens.*

*Was noch so viele Worte nicht ausdrücken können, kann in einem einzigen Blick enthalten sein. Und was viele Blicke nicht vermitteln können, kann uns ein einziger Moment der Stille lehren. Ist es nicht so? So lange wir von Worten abhängig sind, ist unsere Kommunikation sehr oberflächlich. Wenn man von Kopf zu Kopf spricht, kann es sein, dass man das gleiche sagen möchte, aber man bleibt immer in der Argumentation stecken.*

*Für eine Person, die zuhört, wird das wie eine Diskussion erscheinen. Wenn man von Herz zu Herz spricht, wird es auf jeden Fall eine Einigung geben, selbst wenn man verschiedene Dinge sagt. Worte bedeuten nicht viel.*

*Die Gefühle hinter den Worten sind viel wichtiger. Siehst du das? Wenn eine Mutter sich zum Beispiel über ihr Kind ärgert, kann es sein, das sie zu ihm sagt: „Lass mich in Ruhe!" Das bedeutet nicht, dass sie das denkt, was sie sagt. Wenn ein Geliebter seiner Geliebten sagt. „Ich werde dich ganz roh essen", bedeutet das nicht, dass er es auch tun wird... Die Worte verlieren ihre Bedeutung, und das Gefühl gewinnt die Oberhand. Die Wahrheit kann nicht durch den Intellekt alleine erfasst werden, weil der Intellekt nur einem einzigen Teil des Gehirns entspricht. Sie kann auch nicht nur über die Emotionen verstanden werden, weil die Emotionen nur einen Teil unseres Lebens darstellen. Die Grundlage von beiden, vom Intellekt und von den Emotionen, ist die Stille. Sie ist die wahre Essenz unseres Seins. Wenn du sehr ruhig und still bist, sind die Emotionen, die aufkommen, wirklich heiter, positiv und rein.*

*Wenn du den Worten vertraust, ist das Unwissen.*
*Wenn du die Worte transzendierst, ist das Weisheit.*
*Worte sind zu gering, um die Wahrheit auszudrücken."*

Was ich von Gurudev erhofft hatte, widersprach vollkommen seiner Lehre. Er sollte fertige Antworten liefern, Benehmen vorschreiben, Handlungsweisen einschätzen... Seine Rolle besteht darin, den Geist desjenigen zu erwecken, der sich ihm übergibt. Der Meister lehrt nicht, wenn er nicht ermächtigt wurde, das zu tun. Daraus folgt, dass manche Grenzen der Evolution nicht überschritten werden dürfen, wenn das Ego oder der Verstand Widerstand leisten. Jedem bleibt es dann selbst überlassen – in Kenntnis der Sache – über sein Leben, seine Seele und sein Bewusstsein zu bestimmen.

Ein wirklicher Meister wird nicht alle deine Fragen sofort beantworten. Er wird eher dafür sorgen, dass die Antworten in dir reifen können. Er wird die Antworten sogar von dir fernhalten. Er wird dich in der Verwunderung lassen. Ein Meister hilft dir, vom Kopf zum Herzen zu gelangen.

*„Jede Antwort verdrängt die Frage nur ein wenig mehr, und jede Frage wirft neue Fragen auf. Diese Frage-und-Antwort-Sitzungen nehmen kein Ende. Sie können ewig dauern! Wenn du eine Frage beantwortet hast, tauchen zehn andere auf. Fragen und Antworten*

*bilden ein Paar, und zwar eines, dass keine Familienplanung kennt! Buddha sagte: „Geh über die Fragen hinaus, bleib ohne Antwort“, denn dein Selbst kennt die Antwort auf alle Fragen. Verwandle jede Frage in Verzückung. „Oh!“...“*

Eine Frage, die gestellt wird lässt Gewalt entstehen. Du erwartest, dass etwas zurückkommt. Staunen schafft Stille. Das Ziel des Wissens ist es, Verwunderung zu bringen – diesen unschuldigen Zustand des „Ich weiß nicht“. Der Meister selbst befindet sich in diesem Zustand der Verzückung – auch wenn es sich wie ein Witz anhört, wenn er sagt: „*Ich weiß nicht, wovon ich spreche.*“ Derjenige, der sich in diesem Zustand befindet, weiß alles.

Die spirituellen Praktiken wie das Sadhana, helfen dabei, die Fragen in die entsprechende Richtung zu lenken.

*„Wir formulieren völlig unnötige Fragen und Antworten. Wir füllen unseren Geist mit Informationen, die nicht der Rede wert sind und verstopfen unser Gedächtnis damit. Hab Mitleid mit deinem Gehirn, gib deinem Geist einen Urlaub... ohne... mobiles Telefon!“*

Was auch immer Gurudev tut, es geschieht, um uns stärker werden zu lassen. Die Misserfolge, die er herbeiführt, bringen mehr Kreativität, mehr Geschicklichkeit. Die Anforderungen, die Gurudev an jeden Schüler stellt, entsprechen dessen Fähigkeit, Herausforderungen zu bewältigen. Das ist etwas, was ich nun verstehe. Er wollte nicht, dass ich einfach ohne eigene Meinung klassische Gespräche organisierte, wie er sie in einem dazu passenden Rahmen manchmal durchführte. Dass ich über mich selbst hinauswuchs war in seinen Augen viel wichtiger als die Interessen eines Buches, selbst wenn es sich um einen Bestseller handeln sollte. Für Gurudev gibt es nichts Wichtigeres als das, was die Reife begünstigt, also das Glück des Schülers, für den er die Verantwortung übernommen hat. Nicht einmal die kostbare Verbreitung des Wissens zählt mehr, denn wenn der Einsatz nur mittelmäßig ist, kann er nicht viel bringen. Es braucht sehr viel Liebe, um so denken zu können...

Heute weiß ich, dass er mir erlaubt hat das Buch zu schreiben, das ich schreiben musste. So gut, wie meine Fähigkeiten zu dem Zeitpunkt gerade waren.

Wenn ich zurückschaue, wie diese „verlorene" Zeit ausgesehen hat, merke ich, wie sehr mich der Meister dazu gebracht hat, wichtige Lücken zu schließen. Ich sehe sein Christusgesicht, auf dessen Stirn das Spiel des Lichts manchmal die Zeichnung einer Krone prägt. Ich sehe ihn sanft lächeln mit einem schelmischen Blick.

Er wirft mir zu: *„Hast du es begriffen? Got it?"*

Vor einigen Jahren habe ich ihm gesagt: „Danke für alles, was du mir gibst und auch für das, was du mir verweigerst. Denn Letzteres ist ein noch größeres Geschenk."

Und dann, von Zeit zu Zeit, erwische ich mein Bewusstsein bei einem kleinen Nickerchen...

An manchen Abenden bittet Gurudev die Gruppe der Schüler, sich umzudrehen und ihm den Rücken zuzuwenden. Viele schaffen es nicht, die Augen von ihm abzuwenden. Sie weichen aus, drehen sich nur zu drei Vierteln um... Der Meister sagt:

*„Folge mir nicht. In Wirklichkeit kannst du mir gar nicht folgen, denn ich bin hinter dir. Ich bin hinter dir, um dich vorwärts zu bringen. Du musst alles zurücklassen und weitergehen. Alles – deine Erfahrungen, deine Beziehungen – alles gehört zur Vergangenheit. Lass alles los. Lass die ganze Welt deiner Erinnerungen zurück, mich eingeschlossen. Geh voran und sei frei. Suche nicht mehr weiter. Dann wird das Mitgefühl aus dir fließen. Du kannst mir nicht folgen, denn ich bin hinter dir und in dir. Während einer langen Zeit bist du den Dingen oder den Menschen hinterhergelaufen wie ein Schaf. Nun ist es Zeit, zu einem Löwen zu werden. Be alive! Sei lebendig!"*

An jedem einzelnen von Gottes Tagen findet irgendwo auf der Welt ein Satsang in seiner Gegenwart statt. Die Körbe sind immer voll, die Fragen immer dieselben. Sri Sri Ravi Shankar antwortet so frisch, als hätte er alles gerade erst neu entdeckt. Es geschieht aber auch, dass er stumm bleibt, um seine Lehren durch Zeichen zu vermitteln. Da mimt er zum Beispiel, wie das Wissen durch ein Ohr hineingeht und durch das andere wieder hinausgeht... Dass das die Mühe nicht wert ist... „*So what*...?"

Eines Abends sagt der Meister, dass er sich nicht motiviert fühlt. Und mit einem matten Seufzer: „*Gesegnet sei derjenige, der alles vergessen hat*!" Das lustige Pingpongspiel wird am nächsten Tag fortgesetzt:

„Guruji, du hast so viel Wissen in dir, das ist mehr wert als Gold. Woher kommt das?" *„Ich habe eine Mine in mir."*

„Was ist das Geheimnis deines Lächelns?" *„Es ist ganz einfach der Widerschein deiner Augen."*

„Warum gibt es in Indien viele erleuchtete Meister?"

*„In Kerala wachsen rote Bananen. Wir fragen nicht warum, sondern freuen uns daran."*

„Können wir verschiedene Gurus haben?"

*„Ein einziger Guru ist schon schwierig genug zu handhaben... Warum möchtest du mehrere davon haben?"*

„Wie kann ich so werden wie du?"

*„Es gibt zwei Wege: Entweder du wirst wie ein Kind oder du wirst verrückt!"*

„Kommt es vor, dass ein Guru wütend wird?"

*„Ja, das kommt vor."*

„Bei welcher Gelegenheit?"

*„Wenn aus seiner Wut etwas Gutes entstehen kann. Aber die Leute glauben es nicht... Und es gibt wenige Gelegenheiten."*

„Guruji, ich möchte Gott finden."

*„Hast du wirklich nichts anderes zu finden?! Dieser Gedanke ehrt dich... Was aber wichtig ist, ist die Intensität deines Wunsches, Gott zu finden."*

„Ich würde gerne für eine längere Zeit in die Stille gehen. Geht das?"

*„Eine lange Periode des Schweigens ist nicht nötig. Ein intensives Schweigen ist genügend wirksam. Der Zeitfaktor ist unwichtig. Sei aktiv in der Gesellschaft. Tue den Menschen um dich herum Gutes."*

„Was ist der Unterschied zwischen Geist und Bewusstsein?“

*„Der Geist ist das Bewusstsein. Das sind nur zwei verschiedene Wörter. Geist ist das Wort der Religion. Bewusstsein ist das Wort der Wissenschaft.“*

„Sind wir in der Seele, oder ist die Seele in uns?“

*„Was denkst du selbst darüber?“*

„Ich weiß nicht... Ich bin konfus...“

*„Wer ist konfus?“*

„Ich bin darüber auch konfus!“

„Du bist der einzige qualifizierte Arzt für solche Verrückten, wie wir es sind!“

*„Ich dachte eigentlich, ich wäre mit Engeln im Himmel, und nun sagt ihr mir, dass ich in einer psychiatrischen Klinik bin! Das ist gut, wenn es in einer psychiatrischen Klinik soviel Lachen und soviel Freude gibt, es ist perfekt!“*

„Muss man zum Arzt gehen oder kann man sich einfach auf die Gnade des Gurus verlassen?“

*„Beides ist in Ordnung. Ich will den Ärzten nicht das Brot vom Mund nehmen! Auf jeden Fall musst du Vertrauen in das Bewusstsein haben, das alles erschafft und wieder neu erschafft.“*

„Es gibt Leute, die leichter zu dir kommen können. Sind die besonders gesegnet?“

*„Auf keinen Fall. Lass niemanden zwischen uns kommen. Du bist da, und ich bin da. Das ist alles.“*

„Es wird gesagt, dass schwarz nichts Gutes verheißt. Stimmt das?“

*„Nein, überhaupt nicht. Alle Farben sind schön.“*

„Gibt es Geister?“

*„Ich habe keine Geister gesehen. Frag mich, ob es Shiva gibt, und ich werde ja sagen.“*

„Warum ist dein Sessel immer gelb?“

*„Was ändert das? Gib Äußerlichkeiten keine Bedeutung. Jeder Stoff hat seine eigene Schwingung. Aber du bist viel mächtiger als alles andere! Hab keine Angst. Lebe nicht wie eine Maus. Lebe wie Krishna. Mit Demut und Autorität.“*

„Warum kann die Energie sowohl positiv als auch negativ sein?"

*„Die Energie kann nur zirkulieren, wenn es zwei Pole gibt. Der Energiefluss ist dynamisch. Die Dynamik braucht eine Richtung. Die Natur der Energie ist die Dualität."*

„Wie kannst du das Niveau deiner Energie so hoch halten?"

*„Mmm...? Ich sehe euch alle weiter an."*

„Wie kannst du unsere Wünsche kennen?"

*„Das ist ein Berufsgeheimnis...! Aber du kannst raten, oder?"*

„Warum fragen wir nach deinem Rat, wenn wir wichtige Entscheidungen zu treffen haben?"

*„Ich habe keine Ahnung."*

„Wenn wir einen Zweifel haben, kommen wir zu dir. Wenn du eine Frage hast, an wen wendest du dich dann?"

*„An euch!"*

„Warum wurde ich erschaffen, wenn ich letztendlich doch verschwinden muss?"

*„Verschwinden und wieder neu erschaffen werden... Wach auf: Nichts stirbt auf dieser Welt."*

„Guruji, ist der Geist immer ruhelos?"

*„Ist er es jetzt? Ich bin hier, bei euch, deshalb ist er jetzt ruhig. Fühle dich immer so, als wärst du mit mir zusammen."*

„Wie kann man während des Lebens schon Befreiung erlangen?"

*„Du sitzt am richtigen Ort!"*

„Ich kann nicht so oft und so leicht loslassen, wie ich es gerne würde. Ich lasse mich sehr leicht ablenken..."

*„Du möchtest, dass alles leicht und schnell geht. Es gibt keinen leichten Weg. Vergiss das Loslassen."*

„Ich habe einen zwanghaften Geist. Was kann ich tun?"

*„Gib ihn mir."*

„Was für eine Karriere soll ich machen?"

*„Es ist deine Wahl, meinen Segen hast du."*

„Was denkst du darüber, einem Kind das Leben zu schenken?"

*„Es ist deine Wahl, meinen Segen hast du."*

„Kann man nicht beides haben?"

*„Wenn man keine Wahl hat, ist das ein Segen. Wenn du beides hast, hast du viel Glück."*

„Was sagst du jemandem, der andauernd Probleme hat?"

*„Hab Geduld."*

„Wie kann ich jemanden davon überzeugen, dass du mir soviel Gutes gebracht hast?"

*„Versuch nicht zu sehr, den Menschen zu gefallen. Benimm dich mit Würde."*

„Was ist wirklich komisch?"

*„Dein eigener Geist."*

„Kannst du das erklären: „Ich bin nicht derjenige, der handelt"?"

*„Wenn du selbst einmal sehr beschäftigt bist, wirst du es verstehen. Eine phlegmatische Person kennt so etwas nicht."*

*„Nur Menschen, die dynamisch sind, aktiv und vertieft, können wissen, worum es geht."*

„Ist die Zerstörung ein Teil der Natur?"

*„Was meinst du? Gott kennt keine Ökonomie, oder? Was denkst du darüber?"*

„Für wen und für was soll ich leben?"

*„Lebe für die Welt. Wenn das nicht ausreicht, dann lebe für die Menschen, die du liebst. Und wenn das immer noch nicht reicht, dann lebe für mich. Ich brauche viel Hilfe, um meine Arbeit zu machen – um ein Lächeln in jedes Gesicht zu zaubern..."*

„Ich möchte, dass du für immer bei mir bist."

*„Du hast keine Wahl! Wenn du einmal gelernt hast zu leben, ist es schwierig, es wieder zu vergessen! Die Kunst des Lebens kannst du nicht verlassen, es ist unmöglich: Du bist gefangen!"*

Gurudev läßt eine lange Zeit der Stille vergehen. Dann sagt er:

*„Nimm die Fragen nicht so ernst. All diese vielen Worte, das ist nur, um dich zum Lachen zu bringen. Feiere, singe, tanze, sei weise wie ein Kind... Das Ziel jeder Antwort ist, ein „ja", ein „ach wirklich?" in deinem Geist zu erschaffen. Jede Antwort, die das nicht tut, ist keine Antwort. Sage also ja zu allen Fragen und geh davon aus, dass du sie beantwortet hast...! Überlass mir deine Frage, und du wirst feststellen, dass du dich mitten in der Antwort befindest.*

*Manche Fragen können nur in der Stille beantwortet werden. Wenn du dich fragst: „Wer bin ich?", ist die einzige zutreffende Ant-*

*wort die Stille. Man muss all die darin enthaltenen Formulierungen ebenfalls zurückweisen, wie zum Beispiel: „Ich bin nichts", „Ich bin das kosmische Selbst" oder „Ich bin das Selbst". Behalte nur die eine Frage in deinem Geist: „Wer bin ich?" Der Rest besteht nur aus Gedanken. Gedanken können niemals vollständig sein.*

*Nur die Stille ist vollständig.*

*Wir sehen so viele Menschen sterben. Wir sehen soviel Leid und bleiben unsensibel. Warum? Weil es keine Stille gibt. Wir sind in unseren eigenen kleinen Wünschen, Anziehungen und Abneigungen gefangen. Der Geist ist erfüllt mit seinem eigenen Lärm, er ist unfähig, die Musik dieser Existenz wahrzunehmen. Die Stille ist die Musik der Existenz.*

*Seid ihr alle da? Vielleicht. Nichts ist sicher. Euer Geist ist vielleicht außerhalb, auch wenn ihr hier sitzt."*

Im September 2002 hat Sri Sri Ravi Shankar folgende Botschaft an die Welt geschickt, die er „Versprechen" genannt hat:

*Wenn ich dir etwas versprechen würde, was würde das sein?*
*Ich kann dir nicht versprechen, dass du es immer bequem haben wirst,*
*denn Bequemlichkeit bringt Langeweile und Unbehagen.*
*Ich kann dir nicht versprechen, dass alle deine Wünsche erfüllt werden, denn Wünsche, erfüllt oder unerfüllt, führen zu Frustration.*
*Ich kann dir nicht versprechen, dass du nur gute Zeiten haben wirst,*
*denn es sind die schwierigen Zeiten, die uns die Freude wertschätzen lassen.*
*Ich kann dir nicht versprechen, dass du reich oder berühmt oder mächtig sein wirst,*
*denn all das kann ein Weg ins Elend sein.*
*Ich kann dir nicht versprechen, dass wir immer zusammen sein werden,*
*denn die Trennung macht das Zusammensein so wundervoll.*
*Aber wenn du mit mir gehen willst,*
*wenn du bereit bist, die Liebe über alles zu stellen,*
*verspreche ich dir das reichste und erfüllteste Leben, das möglich ist.*
*Ich verspreche, dass dein Leben eine ewige Feier sein wird,*
*ich verspreche, dich mehr wertzuschätzen als ein König seine Krone*
*und dich mehr zu lieben, als eine Mutter ihr Neugeborenes.*
*Wenn du bereit bist, in meine Arme zu kommen,*
*wenn du bereit bist, in meinem Herzen zu leben,*
*wirst du den finden, den du seit Ewigkeiten suchst...*
*Du wirst dir selbst in meinen Armen begegnen...*

Ich verspreche es.

In absehbarer Zeit wird er nicht mehr in den Westen kommen. Die Samen wurden gesät. Diejenigen, die ihn treffen wollen, werden nach Indien reisen.

# H.H. Sri Sri Ravi Shankar
# & Die Kunst des Lebens

**H.H. Sri Sri Ravi Shankar** wird von Menschen in aller Welt geliebt, von Männern, Frauen und Kindern aller Nationalitäten, aller Religionen, aller Hautfarben, aller Gesellschaft sschichten.

Die Liebe, die er ausstrahlt, die Weisheit, die er mit allen teilt, haben die Herzen vieler Menschen dafür geöff net, eine Gesellschaft zu formen, in der Frieden und Liebe nicht nur Worte sind, sondern wirklich existieren. Viele waren sehr erstaunt, als sie spürten wie viel Liebe, wie viel Hilfsbereitschaft in ihnen liegt.

In welchen Teilen der Welt Sri Sri Ravi Shankar sich auch gerade aufh ält – sei es auf internationalen Konferenzen, Besuchen in ländlichen Regionen, wenn er Manager oder Studenten trifft, oder bei den täglichen Satsangs – die Menschen sind berührt von der Einfachheit und Klarheit mit der er sein umfangreiches Wissen teilt.

1982 begann Sri Sri Ravi Shankar das Sudarshan Kriya® zu lehren, eine kraft volle Atemtechnik, die Stress beseitigt und innere Stille und Harmonie wiederherstellt. Heute wird diese Technik in aller Welt gelehrt. Sie ist das Kernstück der Kurse Die Kunst des Lebens, in denen schon viele Menschen körperliche, mentale und emotionale Heilung gefunden und die Erfahrung des Einsseins gemacht haben.

Sri Sri Ravi Shankar ist der Gründer der Art of Living Foundation, einer von den Vereinten Nationen anerkannten Nicht-Regierungsorganisation. Er ist die treibende Kraft hinter zahlreichen Projekten in aller Welt, die menschliche Werte und den Dienst an der Gemeinschaft fördern.

www.srisriravishankar.org

**Die Kunst des Lebens Deutschland e.V.**
ist ein als gemeinnützig anerkannter Verein; sie arbeitet international im Verbund mit der nützig „Art of Living Foundation", die bei den Vereinten Nationen als internationale Nicht-Regierungsorganisation (NGO) mit besonderem Beraterstatus akkreditiert ist und an UN-Konferenzen teilnimmt, eigene Projekte und Kurse zur Förderung der Gesundheit und der sozialen Lebensbedingungen in über 150 Ländern durchführt. Das wesentliche Anliegen ist die Entfaltung des Bewusstseins und die Entwicklung der Persönlichkeit zu größerer innerer Freiheit und Selbstbestimmung.

**Der Kurs Die Kunst des Lebens TEIL 1**
ist der ideale Einstieg in die Lehren von Sri Sri Ravi Shankar. Dieser Kurs dauert 18-20 Stunden, über 6 aufeinander folgende Tage verteilt; er hat das Leben Hunderttausender unabhängig von Beruf, Alter und kultureller oder religiöser Herkunft bereichert.

Der Kurs ermöglicht unmittelbare Erfahrungen und vermittelt praktisches Wissen, zum Umgang mit denHerausforderungen des täglichen Lebens. Von besonderer Wirksamkeit zur Lösung von Stress ist die Sudarshan Kriya®, ein einzigartiger Atemprozess, der alle Körperzellen reinigt und mit lebensförderner Energie durchflutet. Wir fühlen uns erfrischt und erfüllt – der Geist wird still, und tiefe Freude steigt auf.

**Die Kurse Die Kunst des Lebens TEIL 2/3**
bieten uns die Möglichkeit über 4 bzw. 6 Tage, mit fortgeschrittenen Meditationstechniken in die innere Stille einzutauchen. Danach sind wir gefühlsmäßig erneuert und geistig angehoben, haben Kraft für das Familien- und Berufsleben.

Häufig finden diese Kurse im Europäischen Zentrum Die Kunst des Lebens, Bad Antogast, Oppenau, in der Gegenwart von Sri Sri Ravi Shankar statt.

**Sahaj Samadhi Meditation®**
Die moderne Gesellschaft stellt hohe Anforderungen, denen wir uns oft nicht gewachsen fühlen. Wie können wir uns von der Flut der Informationen und Eindrücke wieder befreien und zu unserer inneren Stille und Kreativität zurückfinden? Wie können wir lieben, wenn wir uns selbst nicht kennen? Die Sahaj Samadhi Meditation bietet eine Antwort. Sie eröffnet uns den Raum der Stille in uns, aus dem alles kommt und ohne den alles bedeutungslos wird. Die Meditation ist in einem dreitägigen Kurs leicht zu erlernen und kann dann täglich ausgeübt werden.

Informationen über unser weiteres Kursangebot, insbesondere für Kinder und Jugendliche (ART Excel/YES!) und Studenten (YES!+), sowie über Die Kunst des Lebens Teil 1 Kurse in Ihrer Region finden Sie auf der Website: www.artofliving.de

Weitere Informationen erhalten Sie gerne:
Die Kunst des Lebens,Europäisches Zentrum,
Bad Antogast 1, 77728 Oppenau, Deutschland
Tel.: +49(0)7804/ 973 90, Fax: +49(0)7804/ 910 924
E-Mail: info@artofliving.de
Website: www.artofliving.de

Das Wissen von Sri Sri Ravi Shankar ist erhältlich auf CDs, DVDs und in Büchern bei
Shankara Europe
Bad Antogast 1, 77728 Oppenau, Deutschland
Tel.: +49(0)7804/ 973 941, Fax: +49(0)7804/ 973 942
E-Mail: info@shankaraeu.com
Website: www.shankaraeu.com

Auf der Website finden Sie alle lieferbaren Titel, u.a.: Die Kunst des Lebens, Die Stille feiern, Aphorismen, Kommentare zu den Bhakti Sutren des Narada und zu den Yoga Sutren des Patanjali.